少年中国地理

星球研究所 著

7

大国工程

少年中国地理

星球研究所 著

大国工程

湖南科学技术出版社
博集天卷 CS-BOOKY

大国工程

穿越 100 年看中国

CHINA

特别鸣谢

为本书提供影像作品的
全体机构和摄影师们！

鲜活的中国地理

“到各地去看看”，相信这是所有孩子共同的向往，我小时候也这样想。我中学毕业是在 20 世纪 50 年代初，有的同学考大学报地理专业，就是想到各地去看看，现在管这叫“旅游”。

旅游的讲究可大了，各人旅游的收益可以大不相同。苏东坡写过“庐山烟雨浙江潮”的诗，没有去过的时候难受得“恨不消”，真去了发现也就那么回事。外行看热闹，内行看门道，关键在于有没有看到“门道”。有的人旅游就是拍纪念照、买纪念品，但是也有人一路看一路问，回来有说不完的感想。旅游不仅是休闲，假如出去前做准备，回来后做整理，那旅游就成了一种学习。

这就很像古代的“游学”，读万卷书，行万里路，开阔视野，体验人生。其实世界上最初的教育就是“游学”，课堂教育是后来的事。孔子授课就不用教室，许多大学者也都有游学的经历。司马迁 20 岁左右就开始游各地的名山大川，正因为有了一生三次远游的经历，他的《史记》才会写得如此成功。

古代游学之风相当盛行，“仰观宇宙之大，俯察品类之盛”，属于治学的重要环节。如今随着技术的发展，“游学”的方式早已今非昔比。有了摄影技术、网络技术，已经可以通过图书“居家游学”，或者通过云课堂“在线游学”，效率大为提高。放在你面前的这套《少年中国地理》，就是陪你“居家游学”的图书。

《少年中国地理》是美丽和智慧交织的产物，精美的图片配上启迪性的知识，每一幅美丽山水的背后，都蕴含着一番科学的道理。这种“游学”补充了课堂教育的不足，可以将地质地理、水文气象、动物植物，甚至于历史考古的知识融为一体，渗透在锦绣山河的美景里，让你在听故事、问道理的过程中，不知不觉地增长见识。

从历史视角看地理，是这套书的一大特点。地理现象通常是从三维空间进行描述，然而《少年中国地理》别具慧眼，从地质构造演变、人类社会发展和当前国家建设三个时间尺度入手，探讨地理现象的来源，用动态演变取代静态描述，在四维时空里展现活的中国地理。

而这恰恰发挥了中国地理的长处。因为东亚大陆是拼起来的，两亿多年前华南板块和华北板块碰撞，四五千万年前印度洋板块和亚欧板块的碰撞，逐步演化形成了如今的三级阶梯地形。“一江春水向东流”的局面，是两三千万年前才出现的。因此，中国地貌本身就是一部移山倒海的活教材。

《少年中国地理》对各地人文历史的介绍，有助于孩子们理解中华民族壮大的过程。我们过于强调华夏文明的一元性，往往忽视了其逐步融合成长的历程。我们自称“炎黄子孙”，其实炎帝和黄帝就不见得是一家。应该歌颂的是我们祖先的凝聚力，将中原和边陲的部族逐步融合为一，才形成了世界上最大的民族。

“谁不说咱家乡好”，乡土地理向来是爱国爱家最有效的教育，而国内几十年来的突飞猛进，更是中国地理历史性的亮点。但是这种家国情怀是需要激发的。反差就是一种激发方式，宇航员回到地球时，会为享有地心吸引力而感到幸福；侨居海外的华人，更加能体会到强大祖国的可贵。另一种激发方式就是集中展现，像《少年中国地理》这样，把中华大地几十年巨变的真相，凝聚成图文放在我们面前。

有时候我们过分相信口头语言或者文字的力量，以为课堂上讲过的东西孩子们就该相信。其实依靠“灌输”的杠杆，虽然可以训练学生的适应力，却不见得真能打动他们的心，因为深入内心的教育只有通过启发这一条途径。高质量的图书和视频，是新技术支持下进行新型教育的好形式。学生自己看、自己听，从真人真事里得出结论，比考试压力下的教育有效得多。这也正是我们欢呼《少年中国地理》出版的原因。

教育的最高原则在于一个“真”字，应试教育的负面效应之一，就是容易误导学生去说套话、说假话，其实那是教育事业的“癌症”。近代教育家陶行知先生说过，千教万教教人求真，千学万学学做真人。衷心祝贺《少年中国地理》的出版，希望这套图书有助于推行“真”的教育，教同学们说真话，求真理，做真人。

中国科学院院士

汪品先

2022年6月30日

以中国山河，致中国少年

地理对青少年的意义，不言而喻！它是青少年探索世界、认知世界的重要途径之一。

星球研究所创立至今已有 6 年。6 年间，我们一直致力于用极致的科普作品，和读者一起探索极致世界，解构世间万物。从 2019 年起，我们陆续出版了典藏级国民地理书“这里是中国”系列，受到了很多读者的喜爱，也获得了非常多的奖项，这让我们倍感荣幸。

在这个过程中，我们收到了许多父母、孩子的留言，他们表达了对地理的热爱，以及期望星球研究所能出版专门针对青少年的科普书籍的愿望。一位家长还分享了他用家庭投影仪给孩子投放星球研究所文章与视频的经历。

这让我们印象十分深刻，也很感动。我们逐渐认识到出版一套专门针对青少年的中国地理科普全书，是必要的。

因为中国地理的丰富，确实值得每一个中国少年去了解！

你知道中国是“万岛之国”吗？

中国不只有海南岛、台湾岛这些知名的大岛，我国总计拥有海岛超过 11000 个[1]，还有许多有待我们了解。

你知道中国西部有一个“冰冻星球”吗？

那里生长着 5.3 万条冰川[2]，冰储量可以装满 100 多个三峡水库[3]。中国是全球中低纬度冰川规模最大的国家。

你知道中国曾发生过超级火山喷发吗？

大约 1000 年前，位于东北的火山——长白山发生了一次超级喷发。火山灰还漂洋过海，如雪花般散落在日本。也正是在这次喷发的基础上，才诞生了如今中国最深的湖泊——长白山天池。

---

1 数据源自自然资源部2018年发布的《2017年海岛统计调查公报》，不含港澳台数据。

2 数据源自冉伟杰等人的《2017—2018年中国西部冰川编目数据集》一文。

3 数据源自刘时银等人的《基于第二次冰川编目的中国冰川现状》一文，中国冰川储量为4300～4700立方千米。而三峡水库的总库容量为39.3立方千米。

你知道中国拥有“地球之巅”吗?

青藏高原平均海拔超过 4000 米，地壳厚度可达 80 千米[1]，是世界上最高、最厚、最年轻的高原。世界上海拔最高的山峰——珠穆朗玛峰，世界上海拔最高的山脉——喜马拉雅山脉，都位于这里。

你知道中国不只有一个“桂林山水”吗?

中国南方无数的石林、峰林、峰丛、溶洞、天坑，构成世界上规模最大、最壮观的喀斯特地貌分布区，涉及湖北、湖南、四川、重庆、贵州、云南、广西、广东等多个省（市、自治区），不仅许多地方有着类似桂林山水的美景，而且还有许多独特的喀斯特景观是桂林山水所没有的。

你知道中国真的是一个“红色国度”吗?

1000 余处以红色陡崖为主要特征的丹霞地貌，遍布中国 28 个省级行政区，江西龙虎山，安徽齐云山，福建大金湖、冠豸（zhài）山，浙江江郎山，湖南崀（làng）山，四川青城山、乐山大佛，甘肃崆峒山、麦积山皆是如此，可谓万山红遍[2]。

你知道中国的黄土高原有多独特吗?

中国黄土高原地区[3]总面积多达 64 万平方千米，是世界上最大、最厚、最连续的黄土覆盖区。这些土质疏松、利于垦殖的黄土，正是孕育华夏文明的摇篮。

你知道中国是个“季风国度”吗?

我们拥有全球典型的季风气候。每年夏天，夏季风裹挟着水汽由南向北推进。由此在中国大地上，雨带随之进退，江河也随之涨落。而每年冬天，冬季风不断南下，往往带来寒潮。

你知道中国是“哺乳动物的王国”吗?

中国是世界上哺乳动物物种最多的国家之一，有 687 种[4]哺乳动物在这片土地和水域生存。

---

1 数据源自侯增谦等人的《青藏高原巨厚地壳：生长、加厚与演化》一文。

2 此处参考黄进等人的《中国丹霞地貌分布（上）》一文。

3 黄土高原的范围存在广义与狭义之分，广义的“黄土高原地区”大致在祁连山、贺兰山以东、阴山以南、秦岭以北，太行山、管岑山以西的广大地区。此处采用广义的概念。

4 数据源自中国科学院生物多样性委员会发布的《中国生物物种名录》2022版一书。

你知道中国自古以来就是“超级工程的国度”吗？

诸多大江大河、人口及资源的分布不均等诸多原因，使得中国大地上，从古至今，一直以大量超级工程著称。古有都江堰、隋唐大运河、京杭大运河，如今则有长江三峡水利枢纽、南水北调工程、西气东输工程，以及全球最大的林业生态工程——三北防护林等。

…………

这真是一片神奇的土地！

中国少年，值得这样的中国山河！中国山河，也值得有更多热爱它、了解它的中国少年！而我们的任务，就是把中国山河用最好的方式呈现给中国少年！

于是，就有了这套《少年中国地理》。我们希望通过这套书，把中国的山河，摆到每一位中国少年的书架上。

但另一方面，中国山河的丰富，远远超出任何一套书的厚度，哪怕这套书有 1300 多页。

所以，我们更希望通过这套书，能激发每一位中国少年，由此亲身走进广阔的中国山河，做一个勇敢的中国地理探索者，这将是全中国最酷的事情之一！

请和我们一起继续那个梦想：

有一天，我们要将中国的雪山看遍。

有一天，我们要将中国的江河看遍。

有一天，我们要将中国的城市看遍。

…………

这里的我们，也包括少年的你。

星球研究所所长

耿华军

耿华军

2022 年 7 月 18 日

目录

1 中国铁路

锻造“钢筋铁骨”

2 中国电力

14 亿人全民通电

底图来源 @ 刘忠文

3 南水北调

惠及 1.4 亿人的超级工程

4 中国运载火箭

铸造“飞天神箭”

风驰电掣
奔逸绝尘
一辆辆列车
如银龙般奔驰在神州大地上

它们载着发电的煤
载着建屋的钢
载着归乡的客
载着每个中国人的梦想
…………

你可知
百年来
铁路承载着中国人怎样的悲欢?
又会将我们带到怎样的未来?

1 中国铁路

锻造『钢筋铁骨』

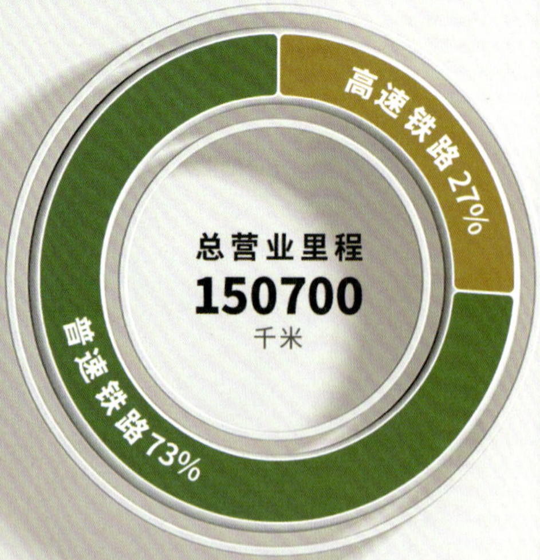
高速铁路27%
普速铁路73%
总营业里程
150700
千米

注：数据未包含港澳台
数据源自：国家铁路局《2021年铁道统计公报》

1949—2021年中国铁路营业里程示意
单位：千米

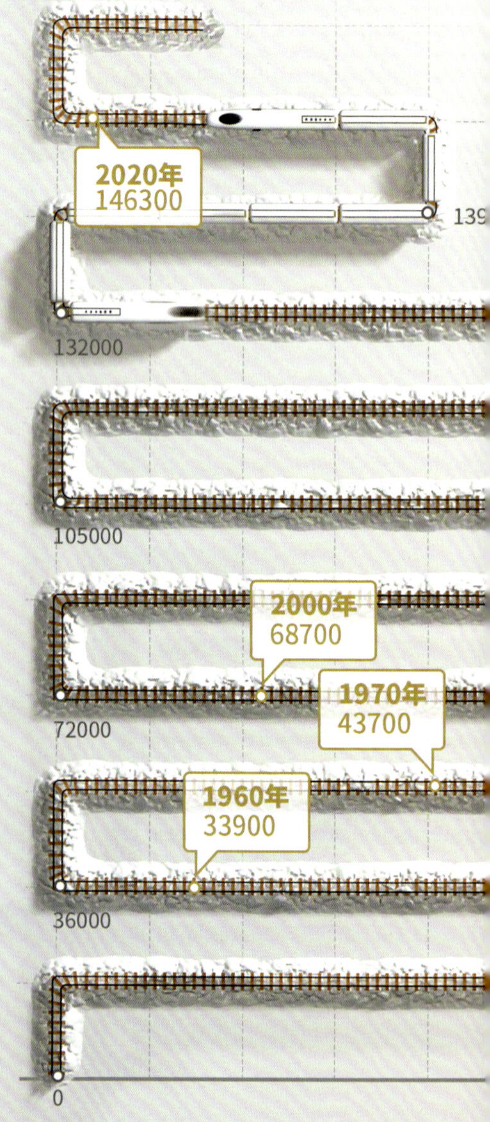
2020年
146300
139
132000
105000
2000年
68700
72000
1970年
43700
1960年
33900
36000
0

▼ 中国铁路网

截至 2021 年底，中国铁路营业里程达 15 万千米，其中高速铁路营业里程 4 万千米。中国铁路从沿海深入内陆，从东部的大城市深入西部的城镇，用铁轨在神州大地上“编织”起了一张“钢铁网络”。

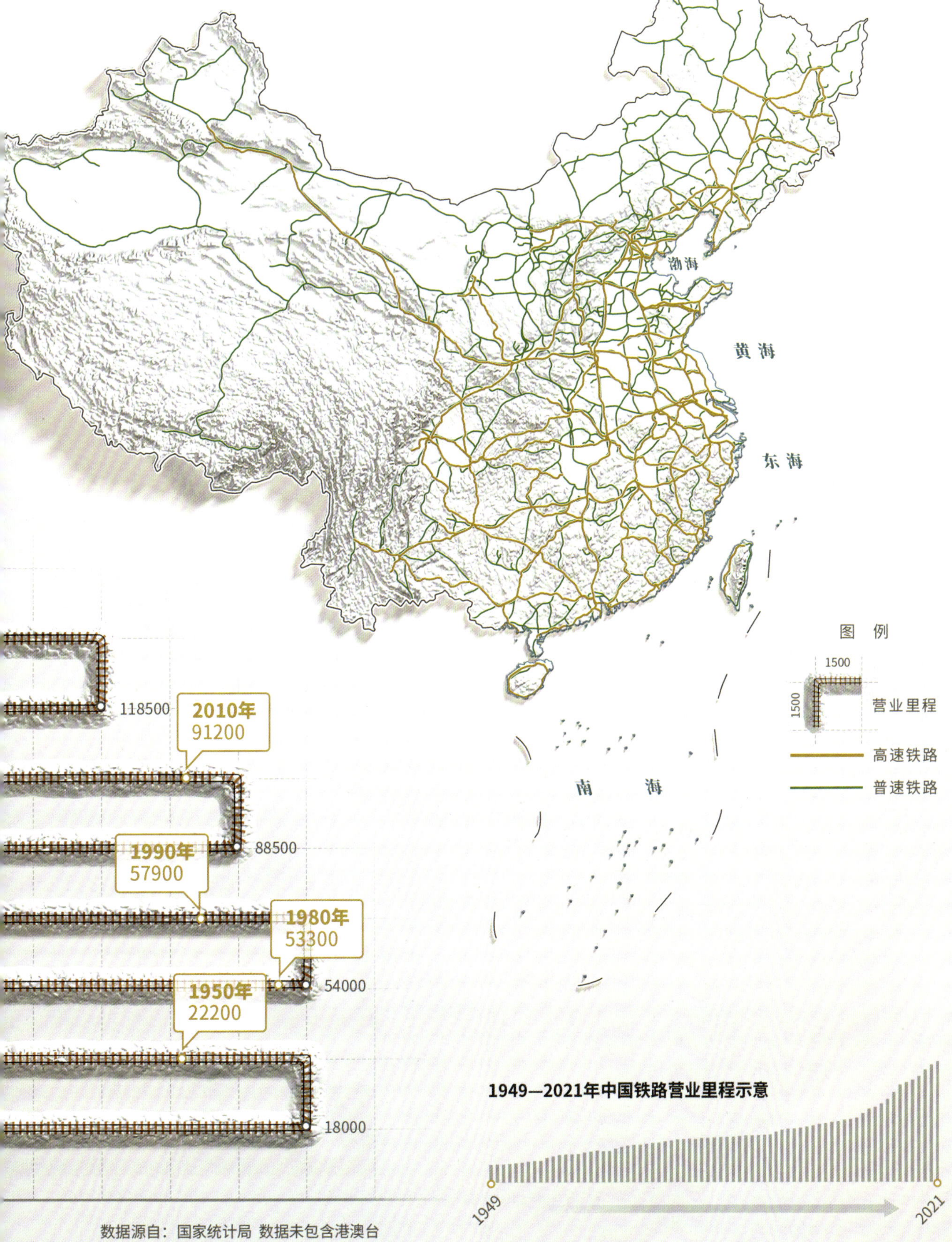

渤海
黄海
东海
南海
图例
1500
1500
营业里程
高速铁路
普速铁路
118500
2010年
91200
88500
1990年
57900
1980年
53300
54000
1950年
22200
18000
1949—2021年中国铁路营业里程示意
1949
2021

数据源自：国家统计局 数据未包含港澳台

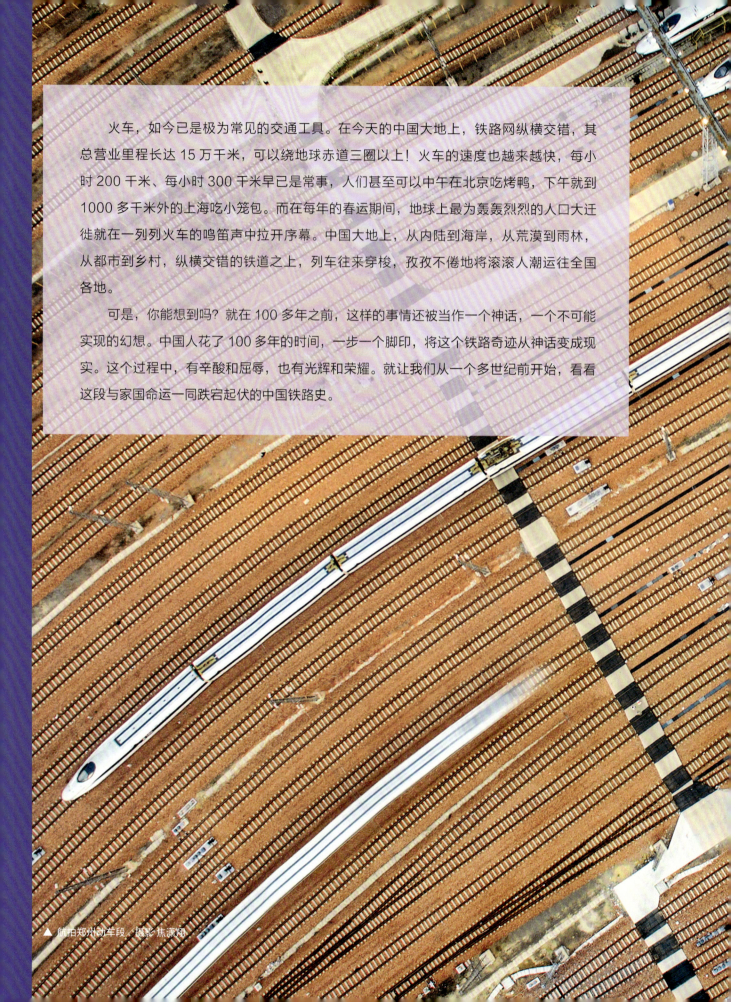

火车，如今已是极为常见的交通工具。在今天的中国大地上，铁路网纵横交错，其总营业里程长达 15 万千米，可以绕地球赤道三圈以上！火车的速度也越来越快，每小时 200 千米、每小时 300 千米早已是常事，人们甚至可以中午在北京吃烤鸭，下午就到 1000 多千米外的上海吃小笼包。而在每年的春运期间，地球上最为轰轰烈烈的人口大迁徙就在一列列火车的鸣笛声中拉开序幕。中国大地上，从内陆到海岸，从荒漠到雨林，从都市到乡村，纵横交错的铁道之上，列车往来穿梭，孜孜不倦地将滚滚人潮运往全国各地。

可是，你能想到吗？就在 100 多年之前，这样的事情还被当作一个神话，一个不可能实现的幻想。中国人花了 100 多年的时间，一步一个脚印，将这个铁路奇迹从神话变成现实。这个过程中，有辛酸和屈辱，也有光辉和荣耀。就让我们从一个多世纪前开始，看看这段与家国命运一同跌宕起伏的中国铁路史。

▲ 航拍郑州动车段／摄影 焦潇翔

从零开始

第1幕

1825年，世界上第一条铁路在英国诞生。在1840年鸦片战争前后，关于铁路和火车的知识也传入了中国。从鸦片战争开始，列强通过战争和不平等条约打开了中国的国门。为了控制中国的交通，开发中国的矿产，把自己国家生产的商品卖到中国的城市、乡村，列强们开始谋求在中国修建铁路的机会。

1865年，一个英国商人为了在中国试行火车，在北京宣武门外修建了一小段铁路。那时的中国人哪里见过这种能发出“轰隆隆”巨响的机械怪物，所以很快这段铁路就被清政府拆除了。1876年，英国人和美国人又在上海修建了**吴淞铁路**。然而，清朝的官员们担心列强在华势力通过铁路过分扩张，勾结地方势力，危及自己的统治。当时的中国人也认为，修建铁路要动土迁坟，会搅扰去世的祖宗，还要占人田产，会使农民丧失生计。轰隆而来的机械巨物又一次惊吓到依旧没做好准备的大清帝国。仅仅一年后，这条铁路就被清政府花钱买下拆毁了。

可工业时代的大幕早已拉开，时代的洪流终究还是将陈旧腐朽的大清帝国裹挟向前。1881年，在一片争议声中，清政府为了运输煤炭，发展经济，终于修建了一条长仅11千米的铁路——从河北唐山到胥各庄的**唐胥铁路**。中国的铁路事业，就在一个年迈帝国的黄昏之中，正式登上了中国乃至世界历史的舞台。

DF 5345

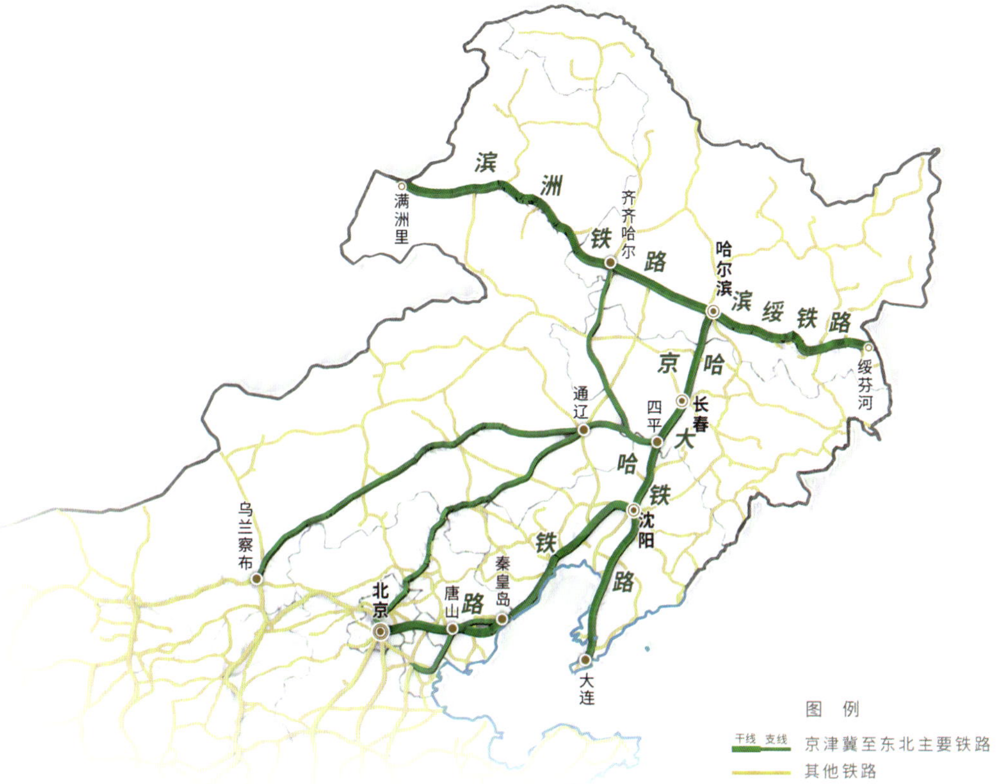
滨洲铁路
满洲里
齐齐哈尔
哈尔滨
滨绥铁路
绥芬河
长春
四平
通辽
乌兰察布
沈阳
北京
唐山
秦皇岛
大连
图 例
干线 支线 京津冀至东北主要铁路
其他铁路

▶ 京津冀至东北主要铁路线路示意图

◀ 七滦铁路，原唐胥铁路现为七滦铁路的一段／摄影 苏宇

随着清朝在甲午战争中惨败，西方列强在中国的土地上大肆建造铁路，以掠夺中国的资源，获取经济、军事利益。沙俄在东北修建的**中东铁路**，就是这一时期的产物。中东铁路全长超过 2400 千米，主线西起满洲里，东至绥芬河，支线连通了哈尔滨、沈阳、大连等城市。此外，在唐胥铁路的基础上，新的铁路线不断延展，最终贯通山海关内外，从北京正阳门直抵沈阳，最终成为**老京哈铁路**[1]的一部分。

中东铁路与老京哈铁路如同“T”形，一横一纵贯穿东北大地，将一个个城镇连接起来。以这两条线路为骨架，东北的铁路网渐次铺开。到民国末年，东北的铁路里程占据全国的 40%，这些铁路为东北的工业建设提供了保障，也为今天从京津冀到东北的铁路通道建设奠定了基础。

天津、上海、武汉、广州等城市，都有着濒海临江的地理区位优势，早在民国政府成立之前，这里就航运发达、商业繁荣。而京畿重地在北方，由于我国的大河一般是自西向东流，那时南方和北方的交流主要靠传统的陆路交通，这远远无法满足日益增长的需求。于是，连通南北各大城市的光荣使命便交由铁路来完成。在华东地区，由上海到南京的**沪宁铁路**，由天津到南京的**津浦铁路**先后建成通车，构成了今日京沪线的雏形。在华中和华南地区，北京到武汉汉口的**京汉铁路**、广州到武汉武昌的**粤汉铁路**又奠定了今日京广线的基础。

1 新京哈铁路不再绕行天津和唐胥铁路，而是经通州、狼窝铺、滦县到达秦皇岛（这一段为京秦铁路），再经沈阳、长春到达哈尔滨。

第2幕 一张大网

修建铁路如疏通经络，让积弱的中国看到了强盛的希望。但这希望又在延绵的战火中转瞬即逝，抗日战争的爆发，让中国的铁路建设陷入停滞。直到新中国成立后，中国的铁路事业才真正开始发展。新中国刚刚成立之时，一穷二白，百废待兴。为了发展经济，巩固国防，哪怕经费不够、技术不足，中国人也要把铁路建设起来，把铁路铺往山脚，铺上高原，铺到边疆！

1952 年，四川成都到重庆的**成渝铁路**全线通车。这是川渝地区的第一条铁路，也是新中国成立后的第一条铁路。之后的几十年间，中国铁路多次“大战西南”，成都至昆明的**成昆铁路**、重庆至贵阳的**川黔铁路**、贵阳至昆明的**贵昆铁路**等铁路线相继落成，将成都、重庆、贵阳、昆明四个西南重镇牢牢连成一体。

在西北地区，人们向荒漠戈壁进发，开通了第一条穿越沙漠的铁路——**包兰铁路**。它 3 次跨过黄河，穿越腾格里沙漠，驰骋在内蒙古包头和甘肃兰州之间。沿包兰铁路向东，经**京张铁路**可抵达北京。在包兰铁路以西，人们在海拔 3000 米处打通天山，建成了连接吐鲁番和喀什的**南疆铁路**。此外，人们翻越昆仑山、唐古拉山，打通了穿行在高原冻土之上的**青藏铁路**——这是世界上海拔最高、线路最长的高原铁路。

从此，在崎岖的西南，在广袤的西北，都有了火车的身影。这些铁路和京津冀地区紧密相连，成为不可或缺的边疆通道。

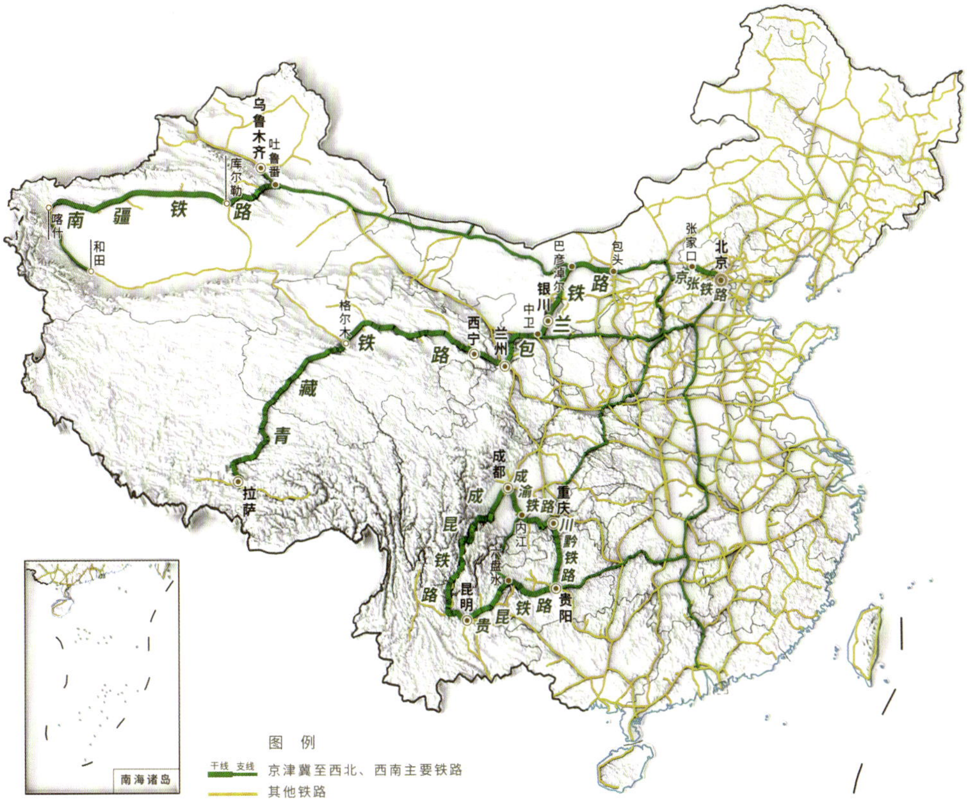
乌鲁木齐
吐鲁番
库尔勒
喀什
南疆铁路
和田
巴彦淖尔
包头
张家口
北京
京张铁路
银川
中卫
包兰铁路
格尔木
西宁
兰州
青藏铁路
拉萨
成都
成渝铁路
重庆
川黔铁路
内江
成昆铁路
六盘水
昆明
贵昆铁路
贵阳
南海诸岛
图例
干线 支线
京津冀至西北、西南主要铁路
其他铁路

▲ 京津冀至西北、西南主要铁路线路示意图

◀ 经过桑丹康桑雪山的青藏货运列车／摄影 陆雨春

▼ 穿行于黄土高原上的包兰铁路／摄影 张一飞

和谐
HXD3D0278

有意思专栏

那些“不可能完成”的铁路

平原、山地、盆地、高原，铁路的触角伸展到我们国家的各个角落，火车的轰鸣声在神州大地上奏响了一首希望的歌。可是，你知道吗？在这首歌的每一个音符背后，都凝结了无数工程师的汗水。他们用智慧建成了一条条“不可能完成”的铁路。

开天辟地

京张铁路

在近代，由于国力衰弱，中国的铁路基本都是由外国人主持投资、设计或建造的。直到 1909 年，中国人才拥有了第一条由自己投资、设计、建造的铁路——京张铁路。

京张铁路连接北京与张家口，从张家口再向西，就是辽阔的内蒙古。人们从北京到内蒙古做生意，大多从张家口经过。在历史上，张家口一带是北京的西北大门和军事前哨。因此，无论是在贸易还是在军事上，修建连通北京和张家口的铁路都非常重要。这也使得英国和俄国竞相争夺京张铁路的筑路权，清政府的官员也明白这条铁路的重要性。就在两国争得相持不下时，清政府最后下定决心：这条铁路由我们自己来修！

拉
朝西北方向前进
推
拉
推
北上

▲ 京张铁路“人”字形轨道示意图

北上的火车有两个火车头，一个在前面拉，一个在后面推。当火车来到“人”字形岔口，即青龙桥火车站时，原本负责拉的火车头改为推，而原本负责推的火车头则变成拉，让火车朝西北方向前进。

修建这条铁路并不简单，它要翻越山峦、跨过沟壑，线路天然坡度达到35.7‰以上。陡峭的坡度、穿山的隧道等技术困难，都需要高明的工程师用智慧巧妙地化解。甚至有人嘲讽说，能够修建京张铁路的中国工程师恐怕还没出生。

而被任命为京张铁路总设计师的詹天佑用自己的行动证明了，中国人能做到！面对火车爬坡路段坡度大的问题，他在青龙桥站设计了“人”字形轨道，通过加长长度来使坡度变缓，巧妙地解决了这个问题。在挖掘隧道的问题上，除了从两端向中间开凿的方式外，詹天佑还采取了从中间向两边进行开凿的方式，保证了工程的如期完成。最终，历时四年，京张铁路顺利完工。中国人用行动向世界证明，我们修建自己的铁路，不是不可能的！

青龙桥车站
过青龙桥后反向前行

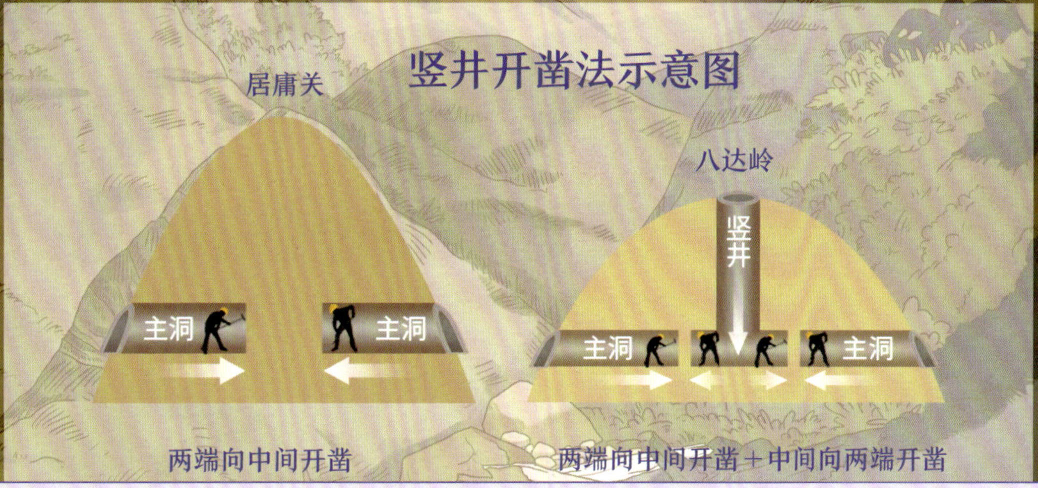

竖井开凿法示意图
居庸关
主洞
主洞
两端向中间开凿
八达岭
竖井
主洞
主洞
两端向中间开凿＋中间向两端开凿

跨越千山万水

成昆铁路

新中国成立之后，修建铁路成为重要任务。特别是偏远的边疆地区，山高路远、交通不便，急需铁路改善交通、发展经济、巩固国防。1952 年，新中国修建的第一条铁路——成渝铁路全线通车，将西南地区两大城市——成都和重庆连接在了一起。此后，修建铁路的大军又多次出征西南地区，修筑了一条又一条铁路大通道。在这之中，最有名的莫过于连接成都与昆明的成昆铁路。

红军在爬雪山、过草地的艰苦长征途中，就曾走过成昆一线。那里山高谷深，江河湍急，到处都是悬崖峭壁。在这种地方打通一条铁路，无疑会极大地方便西南地区的交通。于是，在苏联专家的帮助下，我们提出了修建成昆铁路的东、中、西三种方案。在这三种方案中，中线最短，预计施工难度也较小，工期较短；西线最长，施工难度极大，但经过众多矿产资源富集的地区。苏联专家建议选择中线，他们认为东西两线难度太大，基本不可能实现。

但是为了打通沿线煤炭、钢铁基地，连接少数民族地区，中国的铁路工程师们毅然地选择了西线作为最终方案。当时的苏联专家惊呆了，他们甚至觉得中国人疯了，竟然选择了一条根本不可能修建铁路的路线！也难怪苏联专家这样认为，西线途经地区地形复杂，地震、塌方、泥石流等恶劣地质现象屡见不鲜，甚至被称为“地质博物馆”。然而，中国人遇山开隧道，遇水架飞桥，总共修建了 427 座隧道，991 座桥梁。全线修筑路基土石方 9688 万立方米，如果把这些土石方堆成一米见方的长堤，甚至能绕地球两圈还要多！

历经十余年，中途还经历了苏联撤回专家的波折，铁路工人们付出了巨大的努力，终于在这条“不可能修建铁路”的线路上使火车的汽笛鸣响了。

▶（左）成昆铁路六渡河展线，位于羊臼河站和小村站之间／摄影 张一飞

▶（右）成昆铁路巴格勒展线，图中铁路轨道四次跨越龙川江／摄影 张一飞

有意思专栏

爬上“世界屋脊”

青藏铁路

位于“世界屋脊”青藏高原之上的西藏，有壮美的雪山、静谧的湖泊和活泼好动的高原生灵。然而，拥有如此极致美景的西藏却曾交通闭塞，发展落后。1954 年，青藏公路全线通车，这也改变了西藏无公路的历史。但速度慢、运输成本高的问题依然是发展的一大阻碍。于是，人们开始考虑速度更快、运输成本更低的铁路运输，让火车爬上“世界屋脊”。

为了实现这一目标，1958 年，铁路就已经开工建设，但受限于当时的社会经济条件，到 1984 年，只修建了青藏铁路一期（青海西宁至青海格尔木段）。直到改革开放 20 多年后，青藏铁路二期（格尔木至西藏拉萨段）才开始再次修建。2006 年，这条世界上海拔最高、线路最长的“天路”终于全线通车。

但是，在高原上修铁路谈何容易！青藏高原作为世界上海拔最高的高原，一年四季高寒缺氧，天气复杂多变。低温、缺氧、大风等都是铁路建设的拦路虎。由于氧气含量低，铁路建设者们有可能在建设过程中发生高原肺水肿、脑水肿等高原疾病，严重威胁了铁路建设者们的生命健康。为了缓解高原缺氧的问题，在建设青藏铁路二期时，全线设置了制氧站 17 座，配置高压氧舱 25 台。工人们可以在休息的时候吸取氧气，缓解高原反应。在 5 年建设期间，实现了建设者高原病“零死亡”。

而另一个必须解决的问题便是高原冻土。在寒冷的青藏高原，土壤中的水分会冻成冰，形成冻土。随着季节变换，冻土会不断地冻结、融化，这会使铁路的路基冻胀、下沉，非常不利于火车的行驶。因此，路基问题成了能否修建青藏铁路的关键所在。为了解决这一问题，科学家和工程师采取了铺设块石护坡、通风管，安置热棒、遮阳板等多种方法来给冻土降温，从而保证了路基的稳固。

修建青藏铁路还有一个大挑战——脆弱的生态环

▼ 青藏铁路经过沱沱河／摄影 张一飞

境。青藏高原海拔高，气温低，在这里生长的植物较少且生长缓慢。这里的生态环境一旦被破坏，就很难恢复。除此以外，青藏铁路沿线还要穿越珍稀野生动物分布区，人类活动可能会干扰它们的生存繁衍。于是，在青藏铁路的修建过程中，人们修建起野生动物迁徙通道，采用高寒植被恢复与再造技术等，力求将对青藏高原生态环境的影响降到最低。

从 1958 年青藏铁路一期建设到 2006 年全线通车，这条“天路”来之不易，每一条钢筋铁轨都浸染着勇敢的铁路建设者们的汗水与心血，都闪耀着他们的顽强和无畏。青藏铁路全线贯通，火车的鸣笛声终于响彻青藏高原。

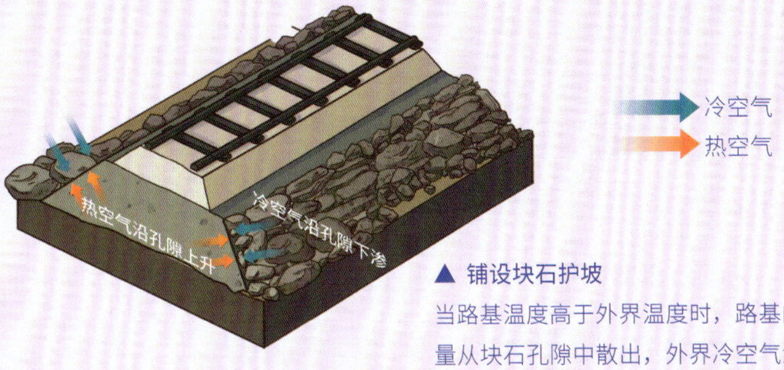
冷空气
热空气
热空气沿孔隙上升
冷空气沿孔隙下渗

▲ 铺设块石护坡

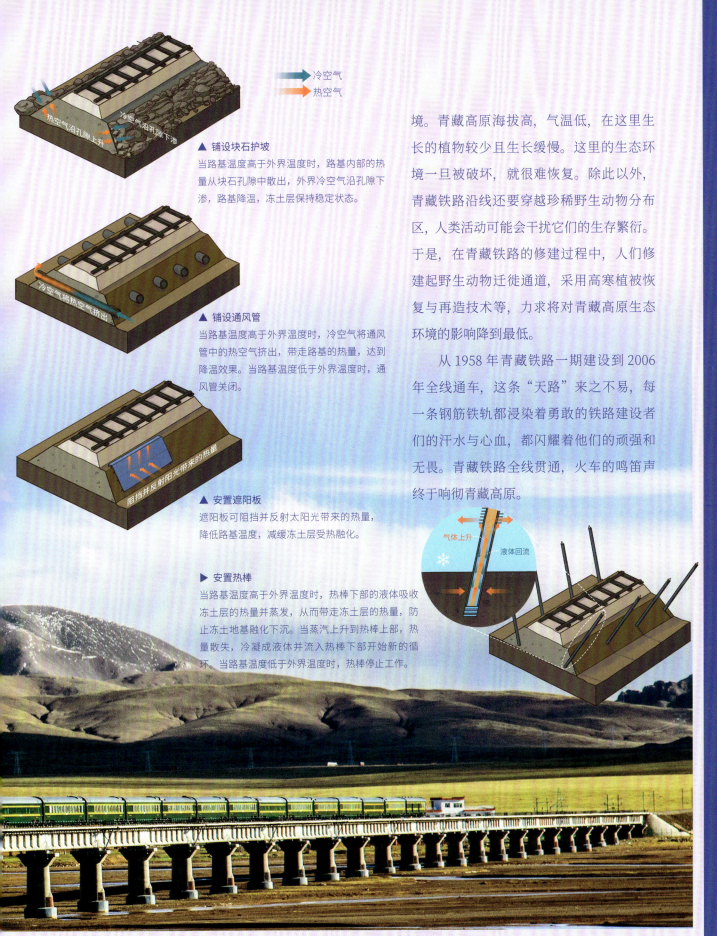

当路基温度高于外界温度时，路基内部的热量从块石孔隙中散出，外界冷空气沿孔隙下渗，路基降温，冻土层保持稳定状态。

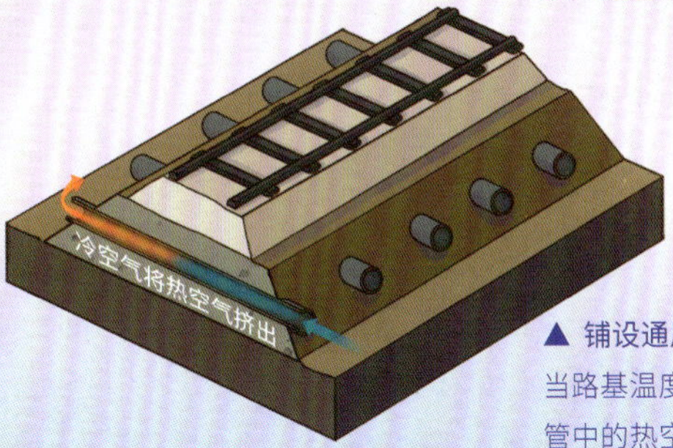
冷空气将热空气挤出

▲ 铺设通风管

当路基温度高于外界温度时，冷空气将通风管中的热空气挤出，带走路基的热量，达到降温效果。当路基温度低于外界温度时，通风管关闭。

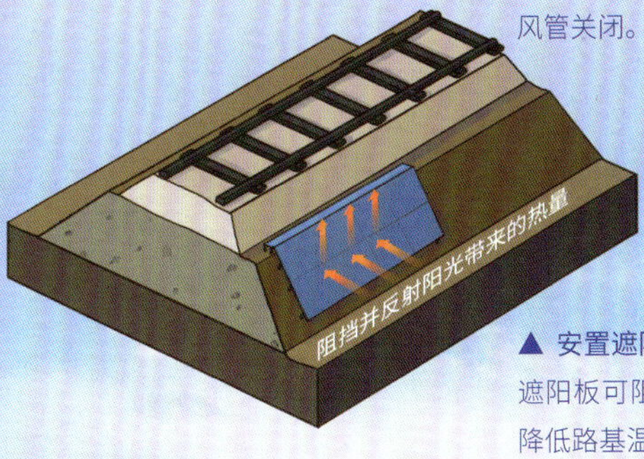
阻挡并反射阳光带来的热量

▲ 安置遮阳板

遮阳板可阻挡并反射太阳光带来的热量，降低路基温度，减缓冻土层受热融化。

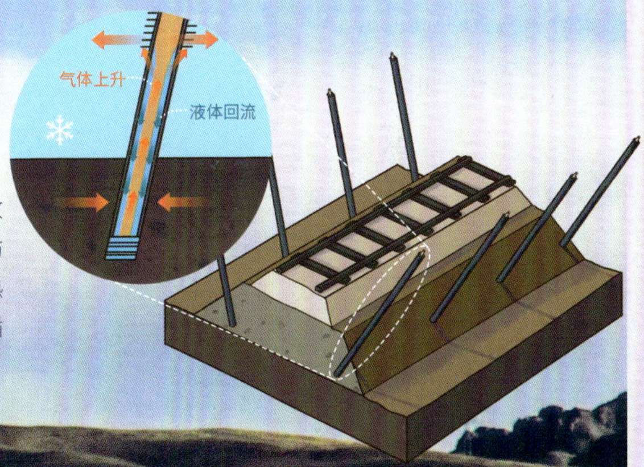
气体上升
液体回流

▶ 安置热棒

当路基温度高于外界温度时，热棒下部的液体吸收冻土层的热量并蒸发，从而带走冻土层的热量，防止冻土地基融化下沉。当蒸汽上升到热棒上部，热量散失，冷凝成液体并流入热棒下部开始新的循环。当路基温度低于外界温度时，热棒停止工作。

当然，这还远远不够。一条条连通中国南北、东西的大动脉正加速跳动。

在新中国成立以前，宽阔的长江曾经是沟通南北的铁路跨不过去的一道“坎”，多年来，列车只能通过渡轮过江。在新中国成立后，随着武汉长江大桥和南京长江大桥两座大桥的建成，长江再也不是那个不可逾越的天堑，曾经被分隔的路段也被进一步打通。原本隔江相望的京汉铁路与粤汉铁路、津浦铁路与沪宁铁路终于“牵起手来”，如今家喻户晓的**京广铁路**、**京沪铁路**就此南北贯通。数十年后，第三条南北大干线——**京九铁路**最终通车，它北起首都北京，南抵香港九龙，全线几乎与京广铁路平行，却又不像京广铁路沿途那样喧闹繁华，仅仅经过南昌这一座省会城市。

京沪铁路、京广铁路、京九铁路这三条南北铁路干线，成为连通京津冀地区至长江三角洲地区、珠江三角洲地区的铁路骨架。

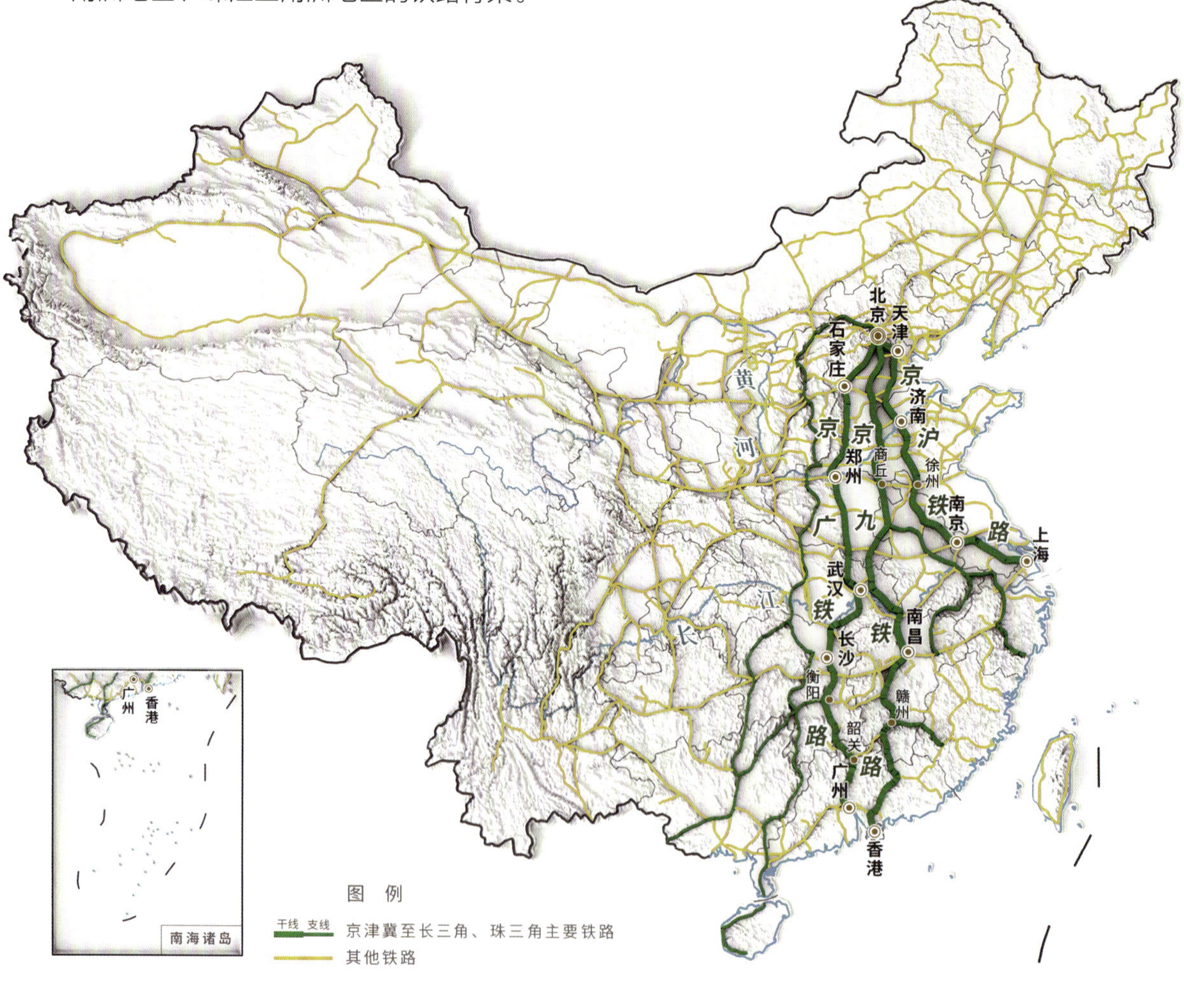
北京
天津
石家庄
济南
郑州
商丘
徐州
南京
上海
武汉
南昌
长沙
衡阳
赣州
韶关
广州
香港
京广铁路
京九铁路
京沪铁路
黄河
长江
南海诸岛
图例
干线 支线
京津冀至长三角、珠三角主要铁路
其他铁路

▲ 京津冀至长三角、珠三角主要铁路线路示意图

除南北通道之外，东西方向的铁路干线也在紧锣密鼓的建设当中。1954 年，一条贯穿中国东、中、西部的大干线正式通车，它东起江苏连云港，西至甘肃兰州，是中国东部地区和西北地区间极为重要的运输通道，这就是**陇海铁路**。不仅如此，在东起兰州，西至阿拉山口市的兰新铁路建成后，陇海铁路得以继续向西延展，并从新疆阿拉山口走出国门，一路奔向遥远的大西洋海岸，架起了一座连接东亚与欧洲的“新亚欧大陆桥”。

1975 年，湖南株洲至贵阳的**湘黔铁路**正式运营，将上海至浙江杭州的**沪杭铁路**、杭州至株洲的**浙赣铁路**以及贵阳至昆明的**贵昆铁路**连为一体，从而铺就了一条从上海到昆明的东西干线。另一条东西干线则沿长江而上，串联起上海、南京、合肥、武汉和重庆，最终抵达成都，一条沟通西南地区与长江中下游地区的东西通道就此形成。

华南地区也不甘落后，1955 年至今，广西黎塘至广东湛江的**黎湛铁路**、广州至茂名的**广茂铁路**和南宁至昆明的**南昆铁路**相继通车，令西南地区和珠江三角洲地区间的大通

◀ 南昆铁路八渡站与南盘江峡谷／摄影 王瑞

除南北通道之外，东西方向的铁路干线也在紧锣密鼓的建设当中。1954 年，一条贯穿中国东、中、西部的大干线正式通车，它东起江苏连云港，西至甘肃兰州，是中国东部地区和西北地区间极为重要的运输通道，这就是**陇海铁路**。不仅如此，在东起兰州，西至阿拉山口市的兰新铁路建成后，陇海铁路得以继续向西延展，并从新疆阿拉山口走出国门，一路奔向遥远的大西洋海岸，架起了一座连接东亚与欧洲的“新亚欧大陆桥”。

1975 年，湖南株洲至贵阳的**湘黔铁路**正式运营，将上海至浙江杭州的**沪杭铁路**、杭州至株洲的**浙赣铁路**以及贵阳至昆明的**贵昆铁路**连为一体，从而铺就了一条从上海到昆明的东西干线。另一条东西干线则沿长江而上，串联起上海、南京、合肥、武汉和重庆，最终抵达成都，一条沟通西南地区与长江中下游地区的东西通道就此形成。

华南地区也不甘落后，1955 年至今，广西黎塘至广东湛江的**黎湛铁路**、广州至茂名的**广茂铁路**和南宁至昆明的**南昆铁路**相继通车，令西南地区和珠江三角洲地区间的大通

◀ 南昆铁路八渡站与南盘江峡谷／摄影 王瑞

▼ 京广线武汉长江大桥／摄影 张炜

1957 年 10 月，武汉长江大桥正式通车，这是第一条跨越长江的铁路公路两用桥，人称“万里长江第一桥”。

▼ 京沪线南京长江大桥／摄影 方飞

南京长江大桥完工于 1968 年，是长江上第一座由中国自行设计和建造的铁路公路两用桥。

道得以贯通。其中的南昆铁路，从南宁盆地一路爬升至云贵高原，相对高差超过 2000 米，沿途地质极其复杂，高山峡谷遍布。在峡谷地区，人们凌空架桥、以桥代路，而当高山挡道，人们则穿山洞、铺隧道，部分路段的桥梁和隧道里程可达到线路长度的 86%，工程的艰巨程度可见一斑。

在西南、西北地区，1958 年通车的**宝成铁路**，从陕西宝鸡向南翻越秦岭直达四川成都，沿途以延长线路的方式减缓坡度，从而使得火车能够顺利爬坡。2017 年，兰州至重庆的**兰渝铁路**顺利通车，这条铁路则以 28 千米的超长隧道——西秦岭铁路隧道贯穿秦岭山脉。打通了秦岭屏障的宝成铁路和兰渝铁路，成为沟通西南地区和西北地区的大通道的主要骨架，入蜀之路不再“难于上青天”。

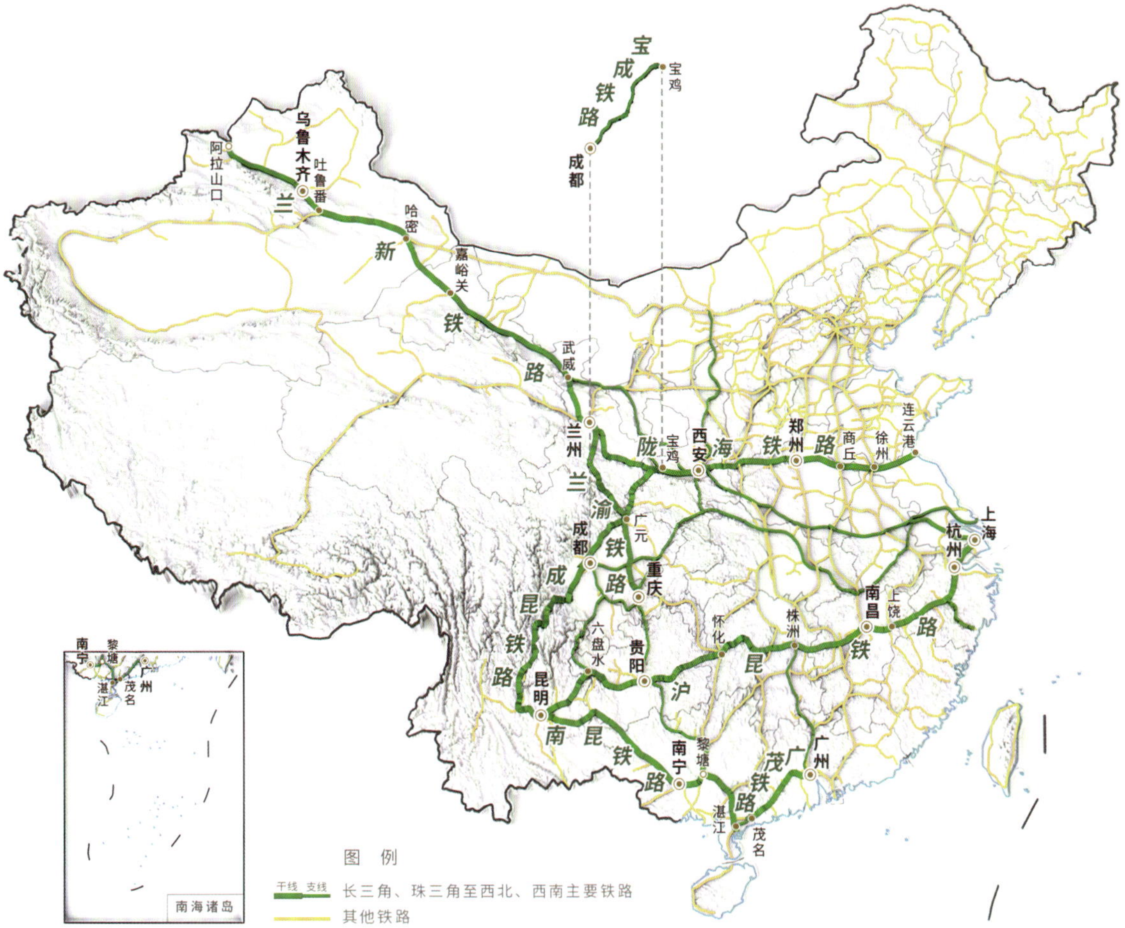

宝成铁路
宝鸡
成都
乌鲁木齐
阿拉山口
吐鲁番
兰新铁路
哈密
嘉峪关
武威
兰州
陇海铁路
宝鸡
西安
郑州
商丘
徐州
连云港
兰渝铁路
广元
成都
重庆
上海
杭州
南昌
上饶
成昆铁路
六盘水
贵阳
怀化
株洲
沪昆铁路
昆明
南昆铁路
南宁
黎塘
茂广铁路
广州
湛江
茂名
南宁
黎塘
广州
湛江
茂名
南海诸岛
图例
干线 支线
长三角、珠三角至西北、西南主要铁路
其他铁路

▲ 长三角、珠三角至西北、西南主要铁路线路示意图

西北—西南通道

乌鲁木齐
阿拉山口

山东半岛—西北通道

乌鲁木齐
嘉峪关
银川
武威
定边
石家庄
太原
济南
青岛

长三角—西北通道

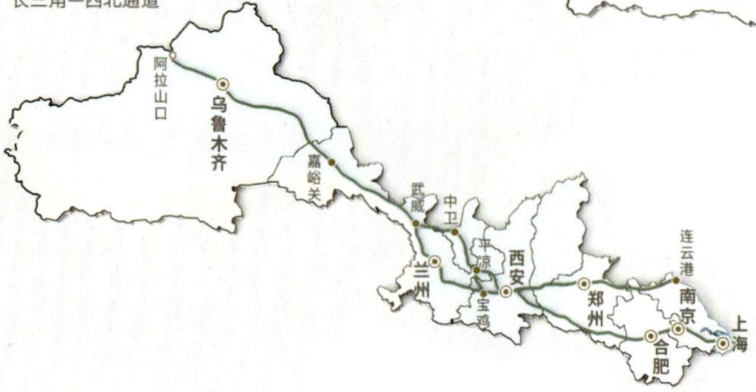
阿拉山口
乌鲁木齐
嘉峪关
武威
中卫
兰州
平凉
宝鸡
西安
郑州
连云港
南京
合肥
上海

长三角—成渝通道

西安
成都
重庆
武汉
合肥
南京
启东
上海

长三角—云贵通道

上海
杭州
上饶
温州
怀化
贵阳
曲靖
昆明

重庆
贵阳
怀化
衡阳
柳州
昆明
韶关
广州
南宁

珠三角—西南通道

乌鲁木齐
阿拉山口
吐鲁番
库尔勒
哈密
喀什
和田
嘉峪关
格尔木
拉萨
南宁
广州
深圳
香港
凭祥
湛江
茂名
澳门
海口
三亚
南海诸岛

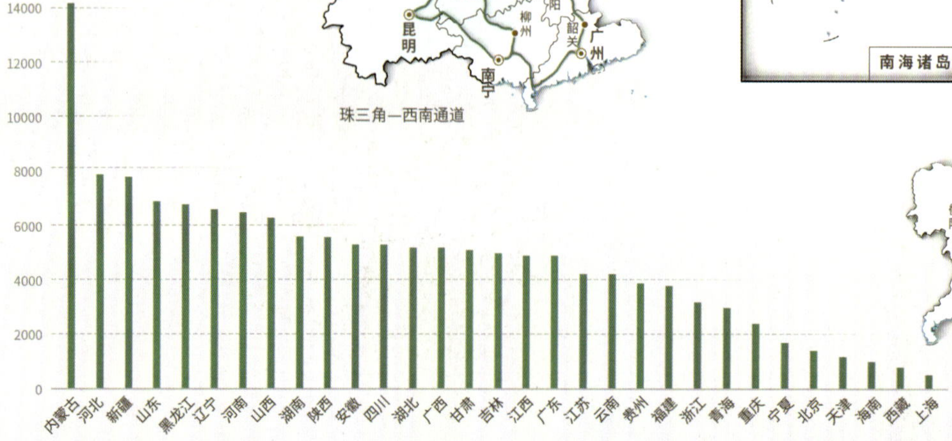
单位：千米
14000
12000
10000
8000
6000
4000
2000
0
内蒙古
河北
新疆
山东
黑龙江
辽宁
河南
山西
湖南
陕西
安徽
四川
湖北
广西
甘肃
吉林
江西
广东
江苏
云南
贵州
福建
浙江
青海
重庆
宁夏
北京
天津
海南
西藏
上海

数据来源：国家统计局 数据未包含港澳台

◀ 2020 年各省（市、区）铁路营业

上海
杭州
南昌
衡阳
赣州
韶关
深圳
广州
香港

长三角—珠三角通道

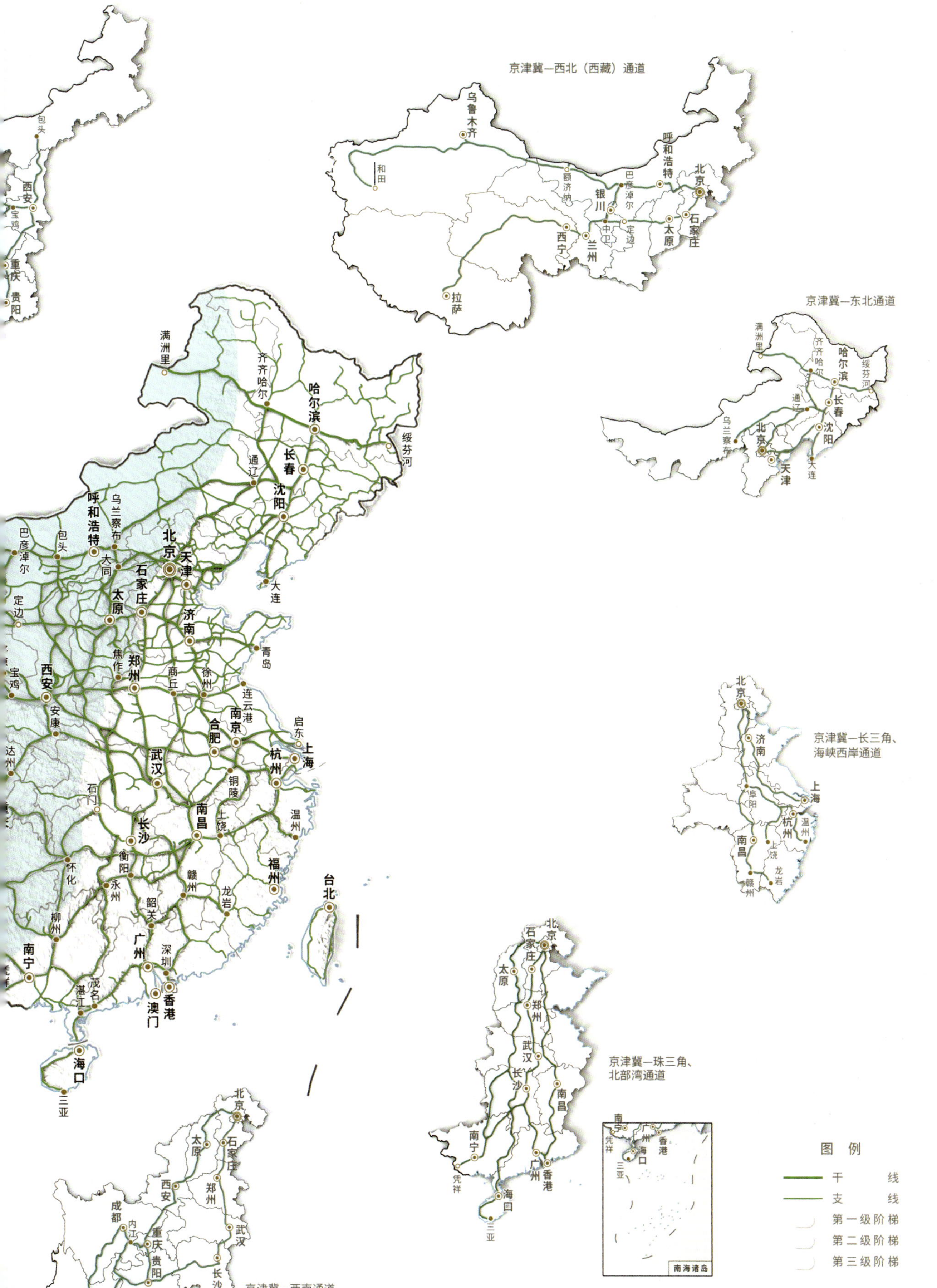
京津冀—西北（西藏）通道
乌鲁木齐
和田
额济纳
呼和浩特
北京
巴彦淖尔
银川
中卫
定边
太原
石家庄
西宁
兰州
拉萨
京津冀—东北通道
满洲里
齐齐哈尔
哈尔滨
绥芬河
通辽
长春
沈阳
乌兰察布
天津
大连
京津冀—长三角、
海峡西岸通道
济南
阜阳
上海
杭州
温州
南昌
上饶
龙岩
赣州
京津冀—珠三角、
北部湾通道
郑州
武汉
长沙
南宁
广州
香港
凭祥
海口
三亚
南海诸岛
京津冀—西南通道
西安
成都
内江
重庆
贵阳
昆明
包头
宝鸡
大同
青岛
焦作
商丘
徐州
连云港
安康
启东
合肥
南京
达州
铜陵
石门
怀化
衡阳
永州
韶关
福州
台北
柳州
深圳
茂名
湛江
澳门
图例
干线
支线
第一级阶梯
第二级阶梯
第三级阶梯

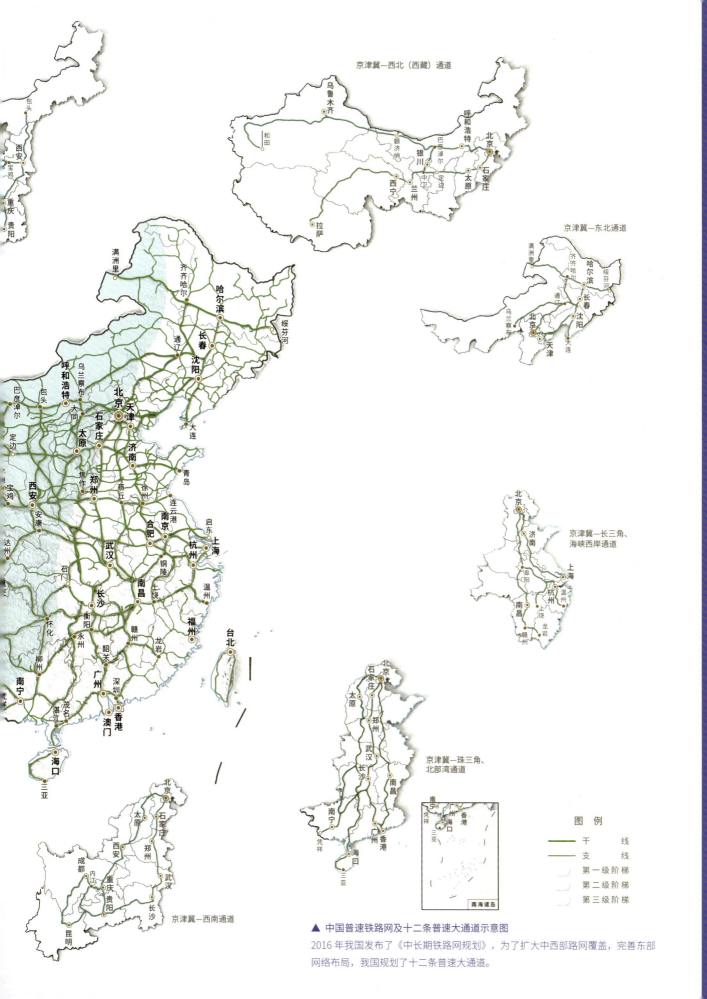

▲ 中国普速铁路网及十二条普速大通道示意图

2016 年我国发布了《中长期铁路网规划》，为了扩大中西部路网覆盖，完善东部网络布局，我国规划了十二条普速大通道。

钢铁丝绸之路

有意思专栏

自古以来，就有“丝绸之路”联系着亚欧大陆上的亚洲文明与欧洲文明。低缓的沙丘，悠长的驼铃声，皑皑的雪峰……古代的中国人在这条路上见识到许许多多的异域风情，古代的欧洲人也由此见识到神秘的东方文明。如今，由铁路架起的“亚欧大陆桥”“新亚欧大陆桥”以及依托于前两者发展起来的“中欧班列”，让亚洲与欧洲之间拥有了一条又一条“钢铁丝绸之路”。

最初的“亚欧大陆桥”主要在俄罗斯境内，从俄罗斯东部太平洋沿岸沿西伯利亚铁路向西进入欧洲，也被称作“西伯利亚大陆桥”或“第一亚欧大陆桥”。1992年，东起我国沿海地区的“新亚欧大陆桥”开通，其也被称为“第二亚欧大陆桥”。它从我国江苏连云港出发，沿陇海铁路、兰新铁路向西，在新疆阿拉山口出国境，奔过荒漠、草原，经过高山、大川，跋涉10000多千米之后，最终抵达荷兰鹿特丹港。

以两条“大陆桥”为基础，近年来中国和沿线国家联合开通了中欧班列。目前，中欧班列铺划了东、中、西三条通道。东通道以京哈、哈大、俄罗斯西伯利亚等铁路为主要干线，自我国经俄罗斯通往欧洲。中通道经过了京广、集二、俄罗斯西伯利亚等铁路干线，将我国与蒙古、俄罗斯及欧洲各国相连。西通道则是经新亚欧大陆桥等铁

赫尔辛基
[芬兰]
圣彼得堡
[俄罗斯]
阿姆斯特丹
[荷兰]
柏林
[德国]
巴黎
[法国]
布拉格
[捷克]
华沙
[波兰]
明斯克
[白俄罗斯]
莫斯科
[俄罗斯]
马德里
[西班牙]
布达佩斯
[匈牙利]
索非亚
[保加利亚]
安卡拉
[土耳其]
阿什哈巴德
[土库曼斯坦]
德黑兰
[伊朗]
大西洋
地中海
黑海
里海
新亚欧
西
阿拉伯
印度
图例
首都
一般城市
中欧班列途经的中国铁路口岸
未定 国界
地区界
军事分界线
已有铁路通道
规划铁路通道
铁路轮渡线

▶ 中欧铁路通道规划图

路干线，实现我国与中亚及欧洲各国的相互连接。西通道的铺设也打破了我国大部分内陆地区不临海、不靠边的区位限制，拉动了内陆地区的经济发展。

自 2011 年首次开行到 2022 年 1 月，中欧班列累计开行列车超过 5 万列。重庆、武汉、西安、成都、郑州、义乌等多个城市现已相继开通中欧班列。义乌的小商品、南昌的家电、郑州的汽车配件等货物被源源不断地运往中亚及欧洲各国。德国的黑啤、丹麦的巧克力、波兰的牛奶等商品则被运到中国。在全球新冠肺炎疫情蔓延期间，一箱箱防疫物资也通过中欧班列从中国运往欧洲，为世界抗疫、防疫工作发挥了重要作用。

从亚欧大陆桥到新亚欧大陆桥，再到中欧班列，原本的一两条国际铁路运输线已发展成了一个国际运输网络，将我国不同地区与中亚、欧洲各国相互连通。我国与这些国家和地区间的贸易往来和文化交流，也正沿着一条条“钢铁丝绸之路”蓬勃发展。

冰
洋
鄂霍次克海
西伯利亚
赤塔
[俄罗斯]
亚
大
陆
桥
满洲里
哈尔滨
二连浩特
日本海
阿拉山口
乌鲁木齐
霍尔果斯
北京
渤海
桥
陆
连云港
黄海
郑州
太
兰州
西安
上海
杭州
武汉
东海
成都
重庆
平
贵阳
厦门
昆明
广州
洋
孟加拉湾
南
海

▼ 穿过古城关隘的兰新线／摄影 杨诚

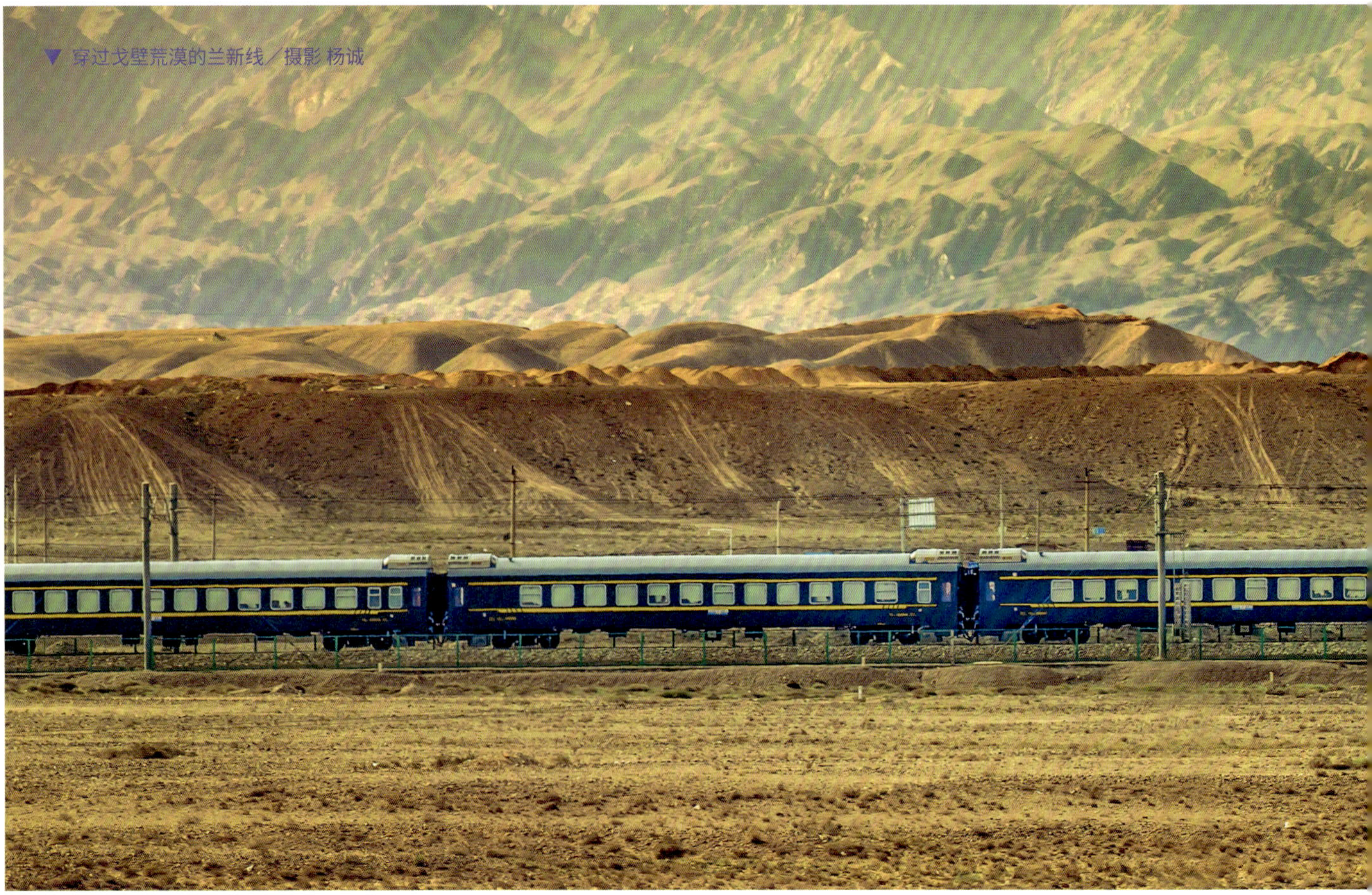
▼ 穿过戈壁荒漠的兰新线／摄影 杨诚

第3幕 快，更快

当时间来到20世纪90年代，改革开放的浪潮席卷全国，经济发展日新月异，全国的人口流动空前频繁。越来越多的人离开家乡，到各大城市追寻致富梦想。

然而，在庞大的客流面前，缓慢的铁路系统就显得力不从心了。那时，行驶在祖国大地上的列车平均时速只有48千米，和20世纪60年代平均时速166千米、最高时速超过200千米的日本新干线相比，简直是云泥之别。

发展滞缓的铁路系统无法应对日益增长的客流，特别是在每年春节前后，“一票难求”的局面必会按时出现：火车站售票窗口前排起了望不到头的长队，有的人甚至通宵排队，却也买不上一张车票。

不仅如此，经济增长意味着我们能生产出更多的货物，煤炭、钢铁的产量接连创下新高。那些生产出来的煤炭和钢铁，没有办法通过铁路运输到需要它们的地方，“有煤运不走”的情况成为家常便饭。而与此同时，高速公路、民航崛起，两面夹击让铁路运输毫无招架之力。如何扭转这个局面，成为摆在人们面前的一大难题。

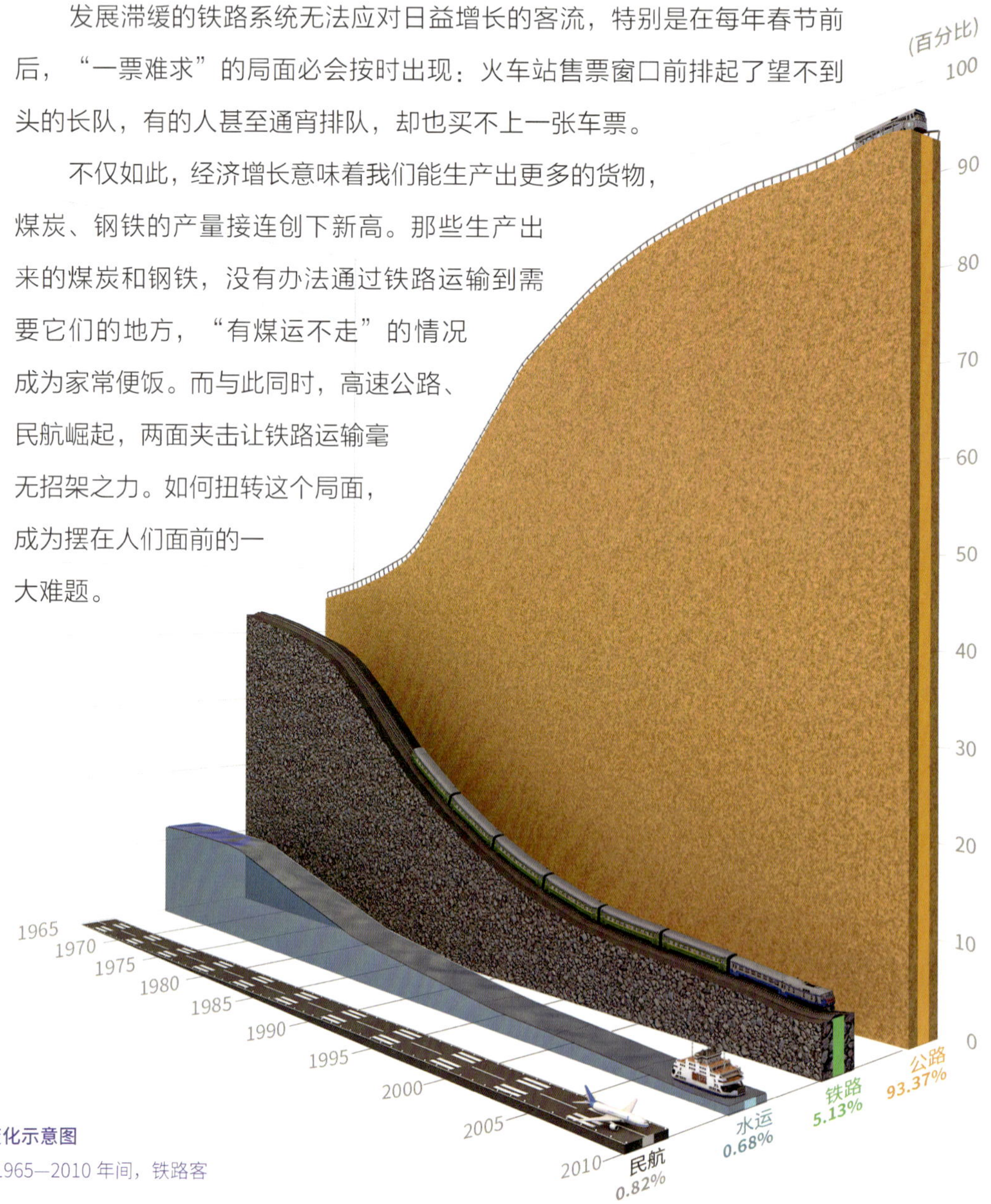
(百分比)
100
90
80
70
60
50
40
30
20
10
0
1965
1970
1975
1980
1985
1990
1995
2000
2005
2010
民航 0.82%
水运 0.68%
铁路 5.13%
公路 93.37%

▶ **中国客运量构成份额变化示意图**

随着公路和民航的发展，1965—2010年间，铁路客运份额持续下降。

和谐号
CRH
和 谐 HXD1D0549

▲ 在上海站相遇的“和谐”电力机车与“和谐号”动车组／摄影 吕威
我国将“设计开行时速 250 千米及以上（含预留），并且初期运营时速不小于 200 千米的客运专线”定义为高速铁路。

力挽狂澜的重大任务首先落到了现有的铁路提速改造上。

1997 年，中国铁路第一次大提速的大幕正式拉开。以京广线、京沪线和京哈线三大干线为主，78 列“夕发朝至”的列车闪亮登场，它们的最高时速提升到 140 千米。此后，铁路提速工程更是开展得如火如荼，1998 年、2000 年、2001 年，第二、三、四次大提速相继圆满完成，提速线路长达 1.3 万千米，占全国总里程近 20%，最高时速达到了 160 千米。2004 年，铁路迎来了第五次大提速，京沪线、京广线、京哈线、陇海线四条大干线上，货运线路最高时速突破 160 千米，客运线路开通“Z”字头直达列车，最高时速更是达到了 200 千米！

2007 年 4 月 18 日，第六次铁路大提速最突出的亮点——“和谐号”动车组列车横空出世，它在以北京、天津为中心的环渤海地区，以上海、南京、杭州为中心的长江三角洲地区和以广州、深圳为中心的珠江三角洲地区等地区内及地区间的铁路干线上呼啸奔驰，最高时速达 250 千米。

至此，历时 10 年、成果斐然的中国铁路提速大改造终于落下帷幕，我国铁路既有线路提速达到世界先进水平。

有意思专栏

火车票上的字母代表什么？

K “快” 快速列车

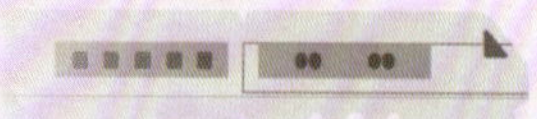

代表快速旅客列车，这是普速列车中速度较慢的列车，运营时速达到120千米。同时也是经停站较多的列车，会经停一些县级城市。如从包头到广州的K599列车，全程时长近42个小时，经停站达到26个。

T “特” 特快列车

代表特别快速旅客列车，最高运营时速达到140千米，其经停站相比直达特快列车较多，除了主要省级城市、副省级城市以外，还会经过少量的地级市。

D “动” 动车组列车

代表动车组旅客列车，运营时速达到200～250千米，常见的“和谐号”动车组中部分车型就属于这一类。

Z “直” 直达特快列车

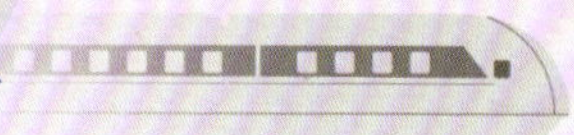

代表直达特别快速旅客列车，2004年首次亮相，最高运营时速达到160千米。直达特快列车一般是一站直达或者是经停主要城市。如从北京到广州的Z35列车，全程只停留郑州、武昌、长沙三个主要车站。

G “高” 高速动车组列车

代表高速动车组旅客列车，运营时速达到250千米以上，2017年亮相的“复兴号”京沪高铁列车便是其中之一，从北京到上海的时间也缩短到了5小时以内。

C “城”

城际列车

代表城际动车组旅客列车，这是专门服务于特定的相邻城市或城市群的客运专线列车，有着不同的速度等级，如从北京到天津的城际列车全程只需要 30 分钟。

X “行”

货物列车

代表行包快运专列，这是运送货物的列车，如运送煤炭、汽油或者猪、牛、羊等动物。

S “市”

市郊列车

代表市郊列车，是连接市区与郊区，或者是连接城市周围的卫星城而设立的铁路专线。如 2008 年开通运行并不断延伸的北京市郊铁路 S2 线，能从北京昌平到达河北怀来县。

Y “游”

旅游列车

代表旅游列车，是连接多个旅游景区的列车，方便游客一次性游览多个景点。如中国铁路乌鲁木齐局集团打造的“环游北疆”旅游列车，坐上列车就可以观赏到喀纳斯、那拉提、巴音布鲁克草原、赛里木湖、霍尔果斯口岸等北疆主要景区。

L “临”

临时旅客列车

代表临时旅客列车，这是当铁路无法满足当前客运需求时，特别是春运、寒暑假时期，临时加开的旅客列车。

有时我们还会发现，有的车次只有数字，没有字母，这意味着它是普通客运列车或普通快速列车。

▶ 北京市郊铁路 S2 线／摄影 张乔

每年三四月间，山桃花、野杏花开满整座山坡，列车穿行于花海之中，因此被称为“开往春天的列车”。

有意思专栏

火车机车有哪几种？

火车想要动起来，需要“火车头”——也就是火车机车来拉动它。从火车诞生到现在，火车机车也不是一成不变的，我们可以根据驱动火车行进的动力方式将火车机车分为蒸汽机车、内燃机车、电力机车三种。

蒸汽机车： 蒸汽机车通常带着“大烟囱”，通过在车头里的锅炉中烧煤，进而烧开热水，产生蒸汽，为机车提供动力。它通常速度不快，但动静不小，从你身边经过时像一头咆哮着的钢铁巨兽。这种机车如今已经逐渐被淘汰，在描绘 19 世纪社会的电影纪录片中，你会经常看到它的身影。我国第一台真正自主制造的蒸汽机车于 1952 年 7 月正式诞生，命名为“八一号”，此后改称为“解放型”。2005 年 12 月 9 日，中国最后一列蒸汽机车结束了它在铁路干线运营的使命，曾经奔驰在中国大地上的蒸汽机车退出了历史舞台。

▼ 蒸汽机车主要结构及运行原理示意图

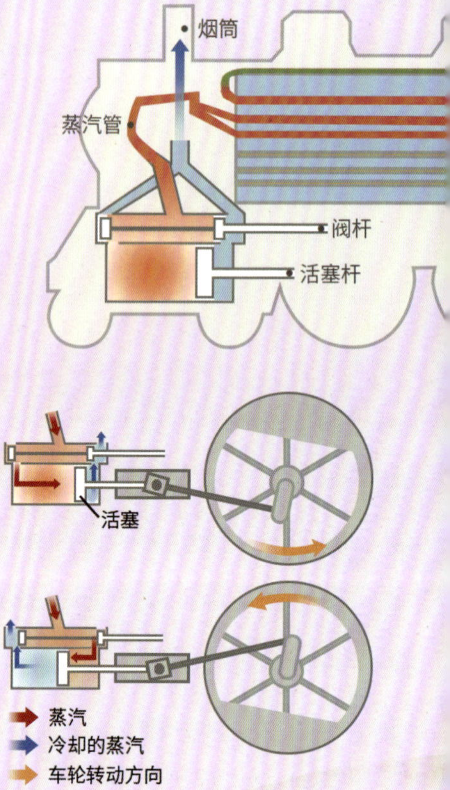
烟筒
蒸汽管
阀杆
活塞杆
活塞
蒸汽
冷却的蒸汽
车轮转动方向

▲ 内燃机车主要结构示意图

水
煤炭
烟筒
过热箱
蒸汽管
煤水车
汽缸
动轮
从轮
导轮

内燃机车：如果说蒸汽机车“吃”的是煤炭，那么内燃机车“喝”的多是柴油。柴油作为燃料在机器内部燃烧，其产生的动力通过传动装置带动车轮转动。相比蒸汽机车，内燃机车的速度更快。从 20 世纪前半叶开始，它们就开始逐步取代蒸汽机车，在铁路上奔驰。内燃机车有三种驱动类型：液力传动、电力传动和机械传动。其中电力传动类型应用广泛。“东风（DF）”系列正是我国主要的电力传动内燃机车型号之一，燃料在汽缸里燃烧所产生的热量带动发电机发电，产生的电能再供电动机使用，从而驱动车轮旋转，使得列车运行起来。

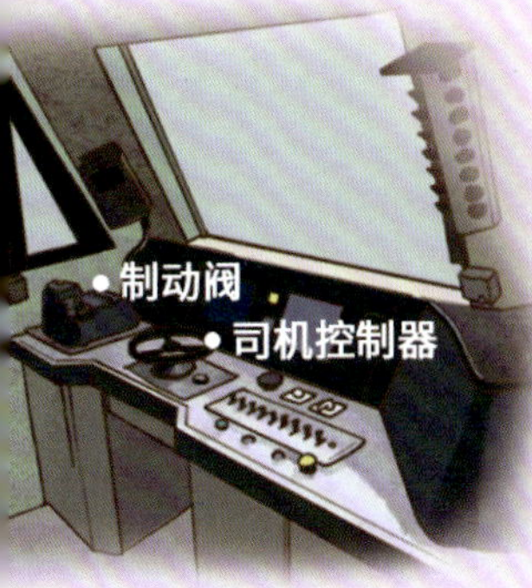
制动阀
司机控制器

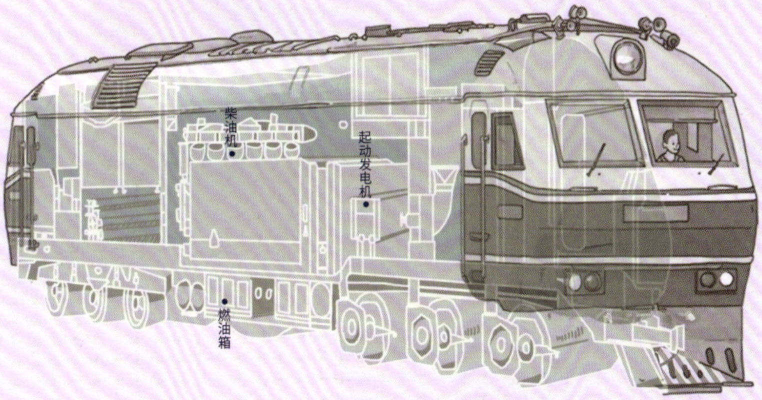
柴油机
起动发电机
燃油箱

受电弓
和谐
HXD1C0453

电力机车：和蒸汽机车、内燃机车相比，电力机车是一个爱干净的家伙。它既不“吃”煤，也不“喝”柴油，而是通过车顶上的受电弓，从外部的供电网络获取电能，驱动车轮运行。和谐型（HXD）电力机车是我国主要的电力机车之一。目前大秦铁路上运行的重载货运列车，正是由和谐 D1 型（HXD1）电力机车所牵引的，在它强有力的拉动下，大量煤炭等资源被源源不断地送往东部地区 。

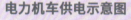

电力机车供电示意图

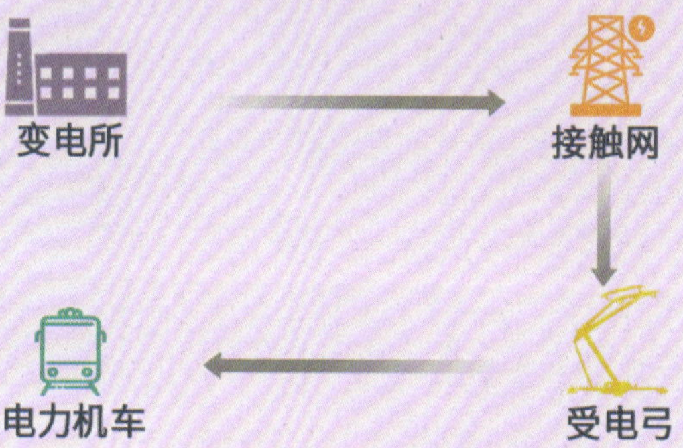
变电所
接触网
受电弓
电力机车

变电所
接触网
受电弓
和谐号
CRH
和谐号
动车组
钢轨

▲ 动车组供电示意图

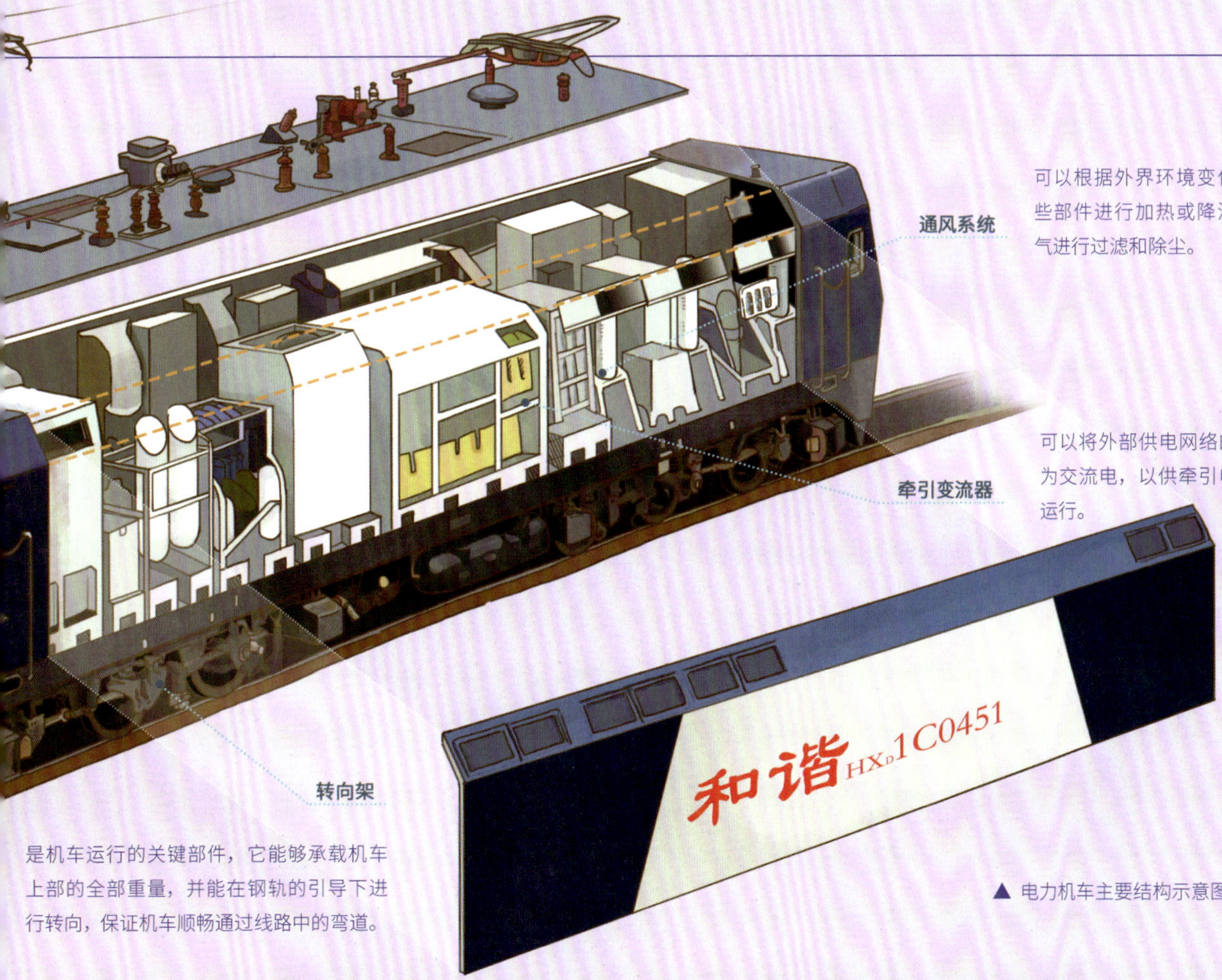

通风系统
可以根据外界环境变化，对内部某些部件进行加热或降温，还可对空气进行过滤和除尘。
牵引变流器
可以将外部供电网络的直流电转化为交流电，以供牵引电动机启动并运行。
转向架
是机车运行的关键部件，它能够承载机车上部的全部重量，并能在钢轨的引导下进行转向，保证机车顺畅通过线路中的弯道。
和谐 HXD1C0451

▲ 电力机车主要结构示意图

动车组：在蒸汽机车、内燃机车及电力机车等不同类型的机车的带动下，列车便可以在铁轨上行进。但过去的火车大多只有一个火车机车作为动力，拖动一组车厢向前行进。这样的火车，速度很难进一步提高。于是人们就考虑使用多个动力车厢拖动不带动力的车厢行进，一种新的火车类型就此诞生，这就是动车组，它由带动力的动车、不带动力的拖车组成。动车组的动力车厢既可集中分布在列车首尾，也可散布在列车的不同位置。而根据动车组不同的动力类型，又可以分为内燃动车组和电力动车组，当前运营的动车组主要是电力动车组。

中国动车组部分编号规则

示例：CRH XXX X X-XXXX

- XXXX：车组号
- X（-前）：子型号
- X：技术平台代码
- XXX：动车组设计的最高运行速度目标值
- CRH：China Railway High-speed，中国铁路高速动车组

高铁时代

第4幕

经过历时 10 年的提速大改造，中国铁路局面焕然一新，但是中国铁路的速度就这样止步于此吗？不，“再快一点”的使命，将交给全新的高铁时代！

2004 年，一张宏伟的高铁蓝图横空出世，这就是“四纵四横”的客运专线铁路规划，这份规划的出台意味着，一个全新的高铁时代将呼啸而来！

▼ 中国“四纵四横”快速客运通道示意图

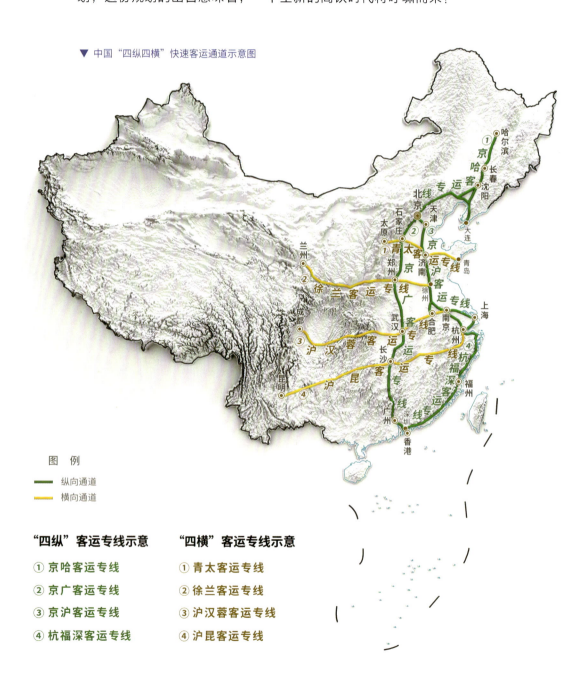

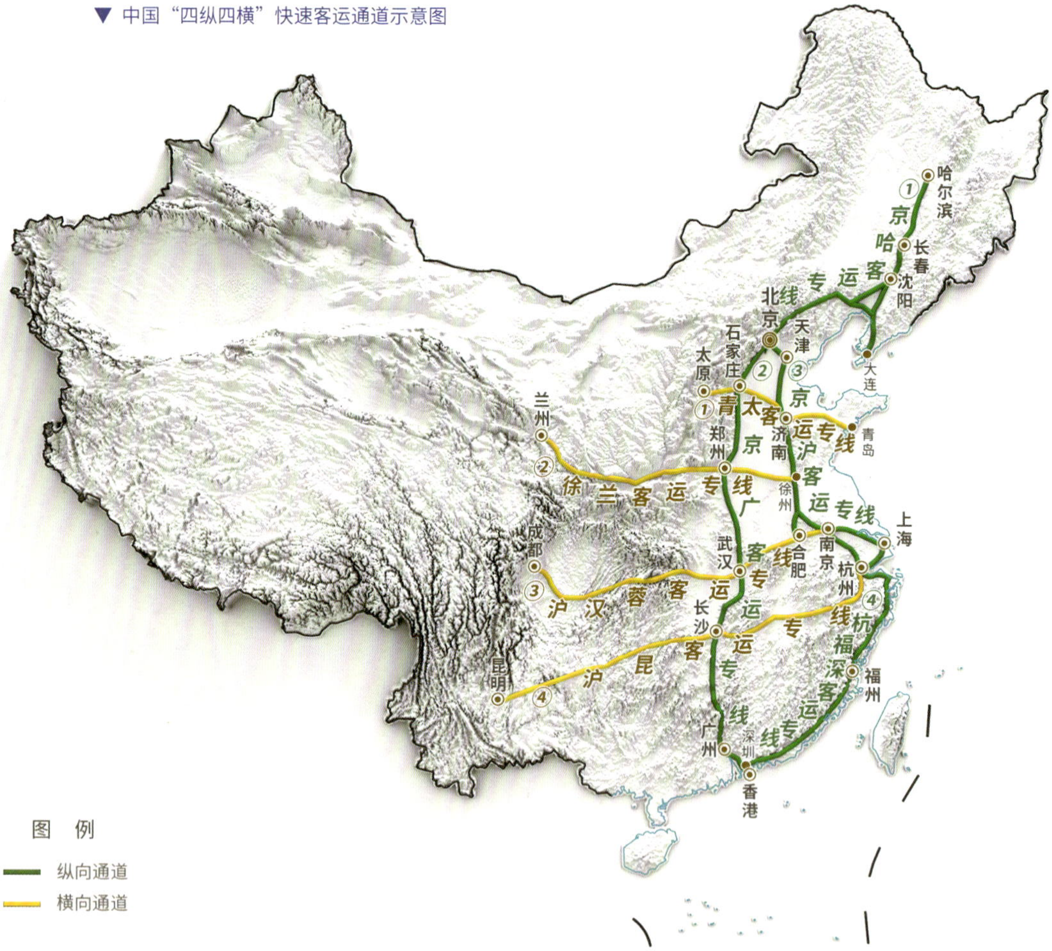

哈尔滨
长春
沈阳
大连
北京
天津
石家庄
太原
济南
青岛
郑州
兰州
徐州
南京
合肥
上海
杭州
武汉
成都
长沙
昆明
福州
广州
深圳
香港
① 京哈客运专线
② 京广客运专线
③ 京沪客运专线
④ 杭福深客运专线
① 青太客运专线
② 徐兰客运专线
③ 沪汉蓉客运专线
④ 沪昆客运专线
图例
纵向通道
横向通道

“四纵”客运专线示意

① 京哈客运专线

② 京广客运专线

③ 京沪客运专线

④ 杭福深客运专线

“四横”客运专线示意

① 青太客运专线

② 徐兰客运专线

③ 沪汉蓉客运专线

④ 沪昆客运专线

在 2008 年北京奥运会开幕前夕，崭新的北京南站与世人见面。同它一起亮相的还有中国铁路史上第一条设计时速 350 千米的高速铁路——**京津城际铁路**。通过这条高速铁路，仅用半个小时，我们就可以从北京抵达天津！

从此以后，中国的高铁建设势不可当。到了 2009 年年底，横向的石家庄至太原、合肥至武汉，纵向的宁波至福州、武汉至广州等多条快速客运专线相继通车。其中的**武广高铁**，以超过 1000 千米的长度和 350 千米的运营时速，当仁不让地成为领跑全球的高铁大干线。回想七十多年前，从武汉到广州需要两天两夜的时间，而如今，仅仅三四个小时，你就可以早上在广州喝早茶，中午到武汉啃鸭脖，昨日今夕，恍如隔世。

▼ 京津城际铁路通过北京中轴线／摄影 肖壮

列车在永定门前飞驰而过，这是古老文明和新时代的碰撞。

在这之后，时速 350 千米的高铁梯队不断扩容，郑州至西安、上海至南京、上海至杭州陆续开通高速铁路。“四纵四横”的先驱陆续建成，中国高铁的宏伟目标逐渐清晰。接下来，这“四纵四横”共八条骨架线路中，谁将第一个问世?

答案是毫无疑问的，那就是北京到上海的**京沪高铁**。在京沪高铁之前，老京沪铁路各段已经运行约 100 年，早已不堪重负。而这一线路沿线人口众多，经济发达，无论是客运还是货运的密度，均达到全国平均水平的数倍。因此，京沪高铁的开通是众望所归、大势所趋。2011 年，京沪高铁果然不负众望，以全新的姿态在大众面前亮相。在建成后的第三年，其客运量就突破 1 亿人次。不仅载客多，跑得还快！和谐号动车组曾在京沪高铁实际营运的线路上，跑出了 486.1 千米的试验时速。

▼ 京沪高铁／摄影 杨诚

▼ 行驶在长沙南站附近的列车／摄影 李咸良
长沙南站为京广高铁和沪昆高铁交会地。

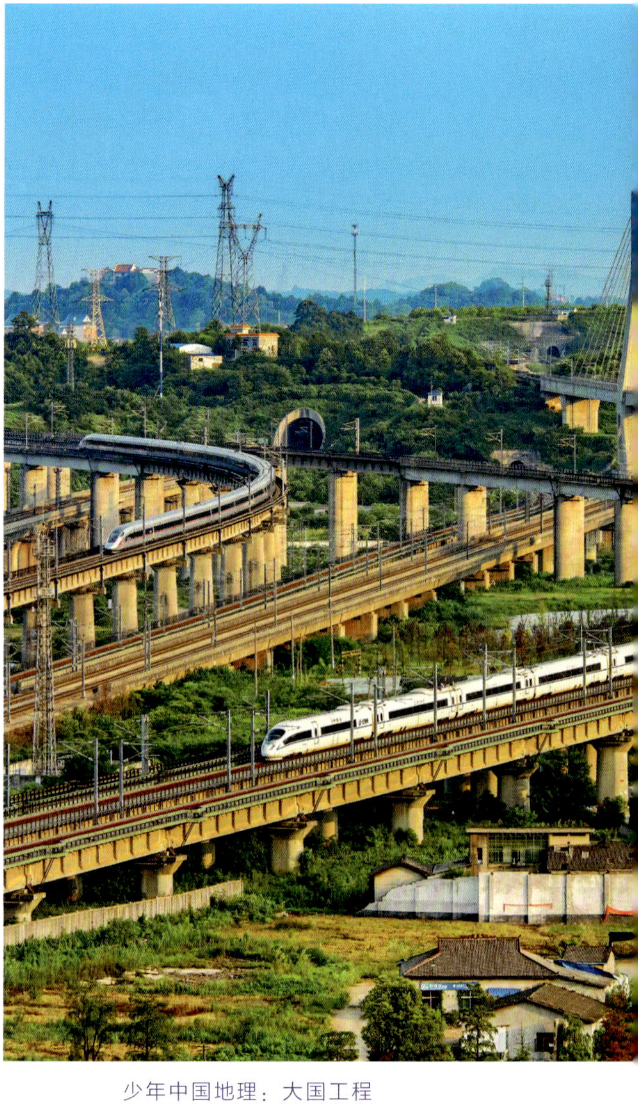

之后，**京广高铁**北京—武汉段通车，**哈大高铁**穿越严寒与风雪连通哈尔滨和大连，**杭福深客运专线**在东南沿海蜿蜒前行，连接杭州、福州及深圳，中国高铁“四纵”规划的主骨架基本上完成了。我们可以乘着高铁，从白山黑水的东北一路向南，直达四季常青的岭南。

而“四横”骨架的建设同样如火如荼，四条东西干线平行展布，它们分别是穿越高山峡谷的**沪昆客运专线**，沿长江溯源而上的**沪汉蓉客运专线**，深入黄土高原、戈壁、荒漠的**徐兰客运专线**，以及洞穿太行山、通向海洋的**青太客运专线**。而干线间连接线路的建设也毫不逊色。2014 年年底通车的贵广高铁，穿行于溶洞密布的喀斯特山区；2017 年年底通车的西成高铁，拥有 7 座超过 10 千米的隧道，成为首条贯穿秦岭的高速铁路。

▼ 动车组列车通过沪汉蓉客运专线重庆—利川段／摄影 武嘉旭

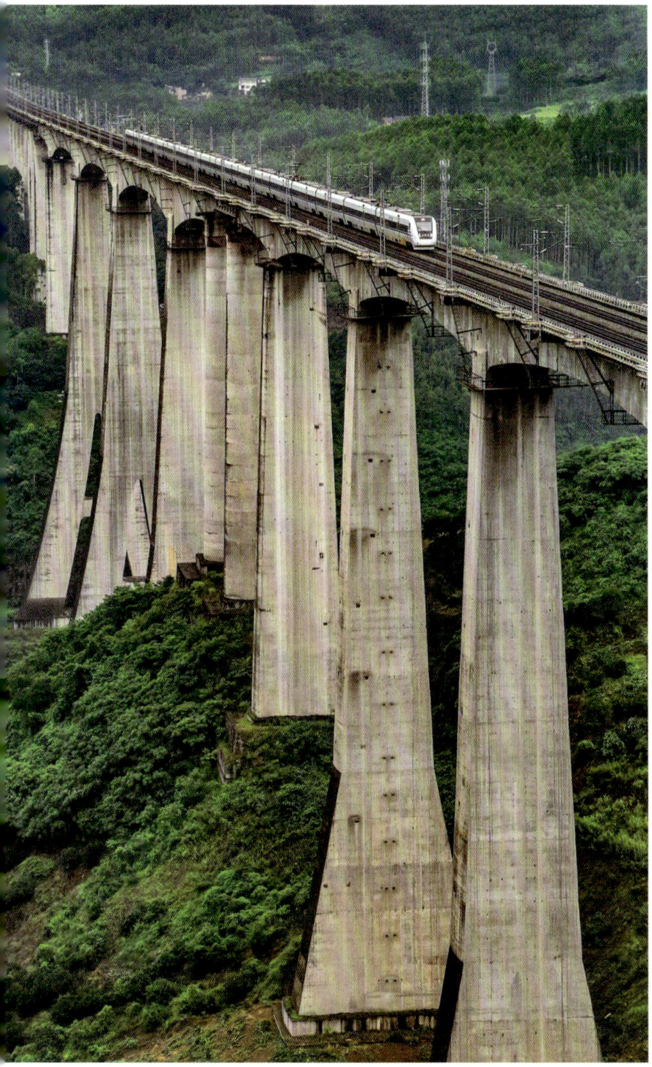

▼ 动车组列车穿行于青太客运专线太行山间／摄影 张普超

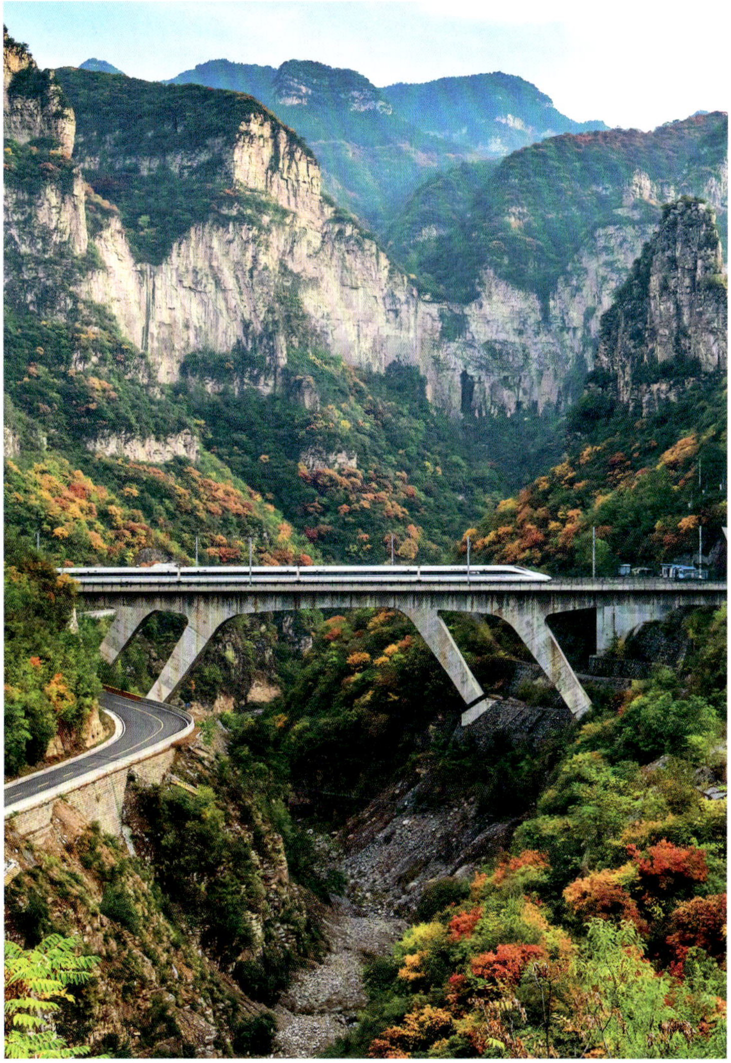

▲ 京哈高铁／摄影 刘慎库

就这样，在无数铁路人的汗水浇灌下，“四纵四横”从蓝图一步步变成了现实。2017 年年底，随着“四纵四横”的最后一横——连接石家庄和济南的石济高铁的开通，“四纵四横”高铁网宣告建成，比原计划提前了 3 年。尽管已是硕果累累，但是中国铁路人依然雄心勃勃，他们又规划出一张“八纵八横”的远大图景。

▼ 兰新高铁／摄影 张一飞

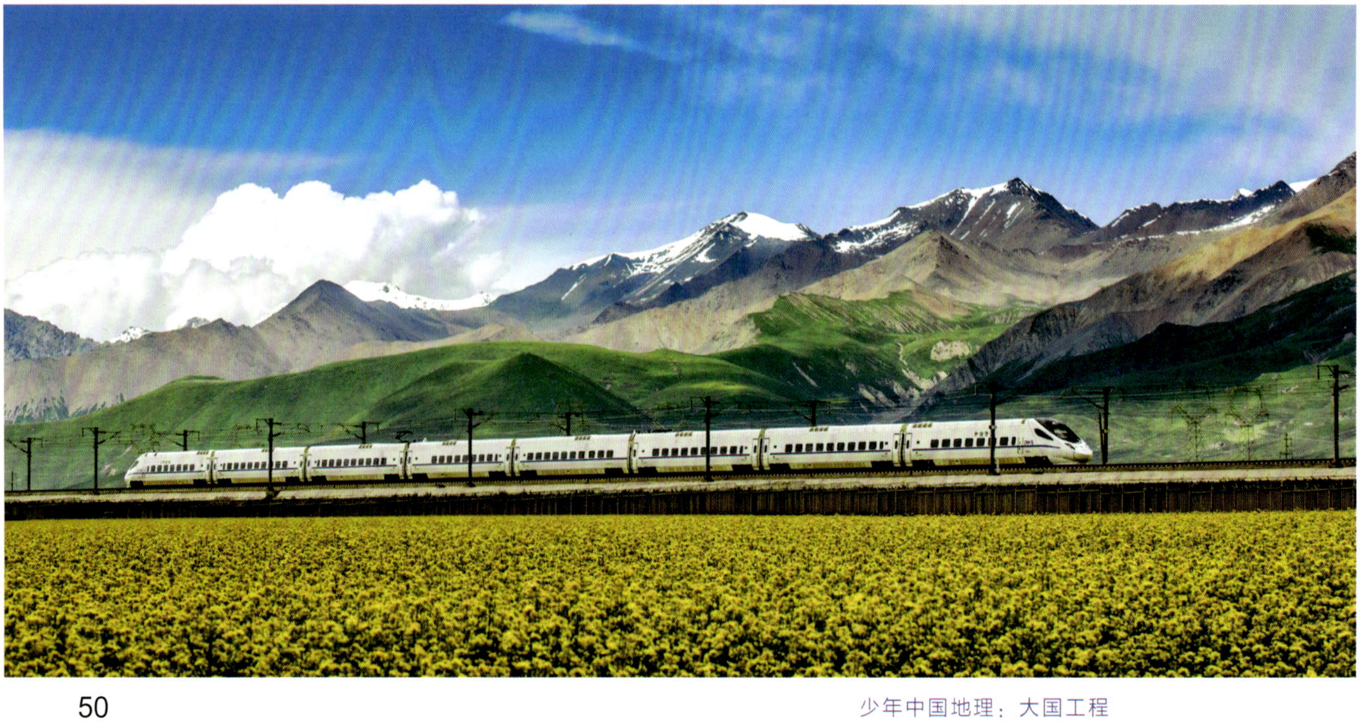

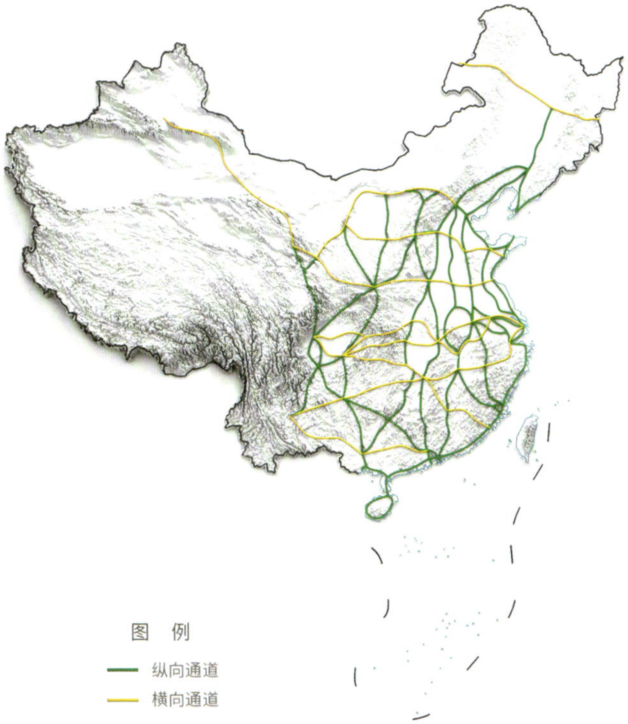
图例
纵向通道
横向通道

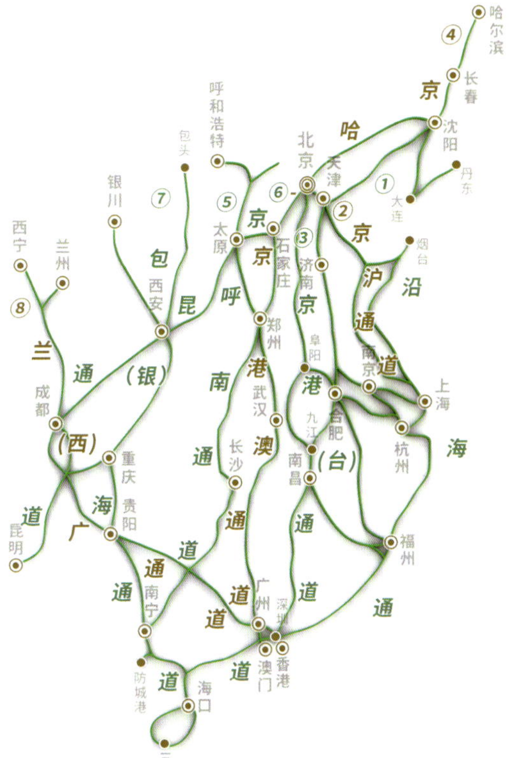
哈尔滨
长春
沈阳
丹东
大连
北京
天津
呼和浩特
包头
银川
西宁
兰州
太原
石家庄
济南
烟台
郑州
阜阳
南京
上海
西安
成都
重庆
武汉
合肥
九江
杭州
长沙
南昌
贵阳
昆明
福州
南宁
广州
深圳
澳门
香港
防城港
海口
三亚
①
②
③
④
⑤
⑥
⑦
⑧

“八纵”通道示意

① 沿海通道

② 京沪通道

③ 京港(台)通道

④ 京哈—京港澳通道

⑤ 呼南通道

⑥ 京昆通道

⑦ 包(银)海通道

⑧ 兰(西)广通道

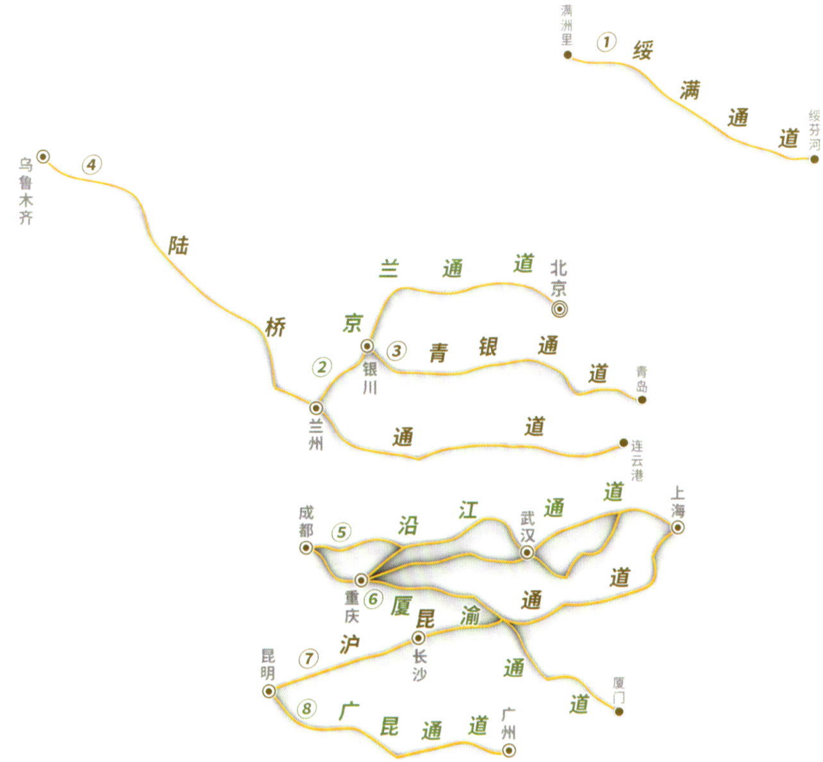
满洲里
① 绥满通道
绥芬河
乌鲁木齐
④ 陆桥通道
兰州
② 京兰通道
北京
银川
③ 青银通道
青岛
连云港
成都
⑤ 沿江通道
武汉
上海
重庆
⑥ 厦渝通道
厦门
昆明
⑦ 沪昆通道
长沙
⑧ 广昆通道
广州

“八横”通道示意

① 绥满通道

② 京兰通道

③ 青银通道

④ 陆桥通道

⑤ 沿江通道

⑥ 厦渝通道

⑦ 沪昆通道

⑧ 广昆通道

▲ 中国“八纵八横”快速客运通道示意图

注：为更清晰地展示各通道的走向及名称，“八纵八横”示意图上对通道名称用了两种颜色做区分。

▲ 南昆高铁南盘江特大桥／摄影 潘泉

南盘江特大桥在云南省红河州弥勒市与文山州丘北县交界处跨江而过，全长 852 米，桥面高出江面 270 米，主桥单跨 416 米，是目前世界最大跨度客货共用高速铁路特大桥。

有意思专栏

百年铁路史的科技新篇章：京张高铁

2022 年冬奥会在北京、张家口两座城市举行。2019 年年底，服务冬奥会和沿线居民、游客等的京张高铁顺利完工。京张高铁从北京北站出发，与 100 多年前建成的京张铁路并肩前行，它从八达岭长城脚下穿梭而过，最终抵达冬奥会另一个主办地——张家口。

在京张高铁施工过程中，难点之一是线路有两处直接下穿八达岭长城，而开凿的隧道经过八达岭长城核心区，文物较多，要怎么做才能使文物不受到破坏呢？这是铁路建设者们面对的一大难题。通常打通隧道都会使用爆破技术，而在京张高铁施工过程中，铁路建设者们专门为穿越八达岭长城的隧道研制了一种新的爆破技术——精准微损伤控制爆破技术。在爆破时，人们可能只是感到有一辆车驶过，即使你正爬着长城，也不会感受到任何震感。

“智能”是京张高铁一个亮丽的标签。京张高铁是世界上首条时速达 350 千米的智能化高铁，从北京到张家口的时间从原来的 3 小时 7 分钟缩短至 56 分钟。京张高铁的智能化让列车的运行组织和乘坐体验都全面升级。它实现了自动驾驶、智能行车，司机只需摁下按钮，就可以实现自动出站、到站。

对乘客而言，则可以摆脱纸质火车票，凭借手机二维码、面部识别或个人身份证件就能够进入高铁站乘车。进入车站内，也有智能机器人时刻准备着为我们服务。在乘车时还能享受无线充电、5G 信号服务。车厢内还会根据外部环境的变化实现灯光、温度、车窗颜色的自动调节。对滑雪爱好者来说，车厢内还提供了存储滑雪器材的地方，凭借二维码就可以存取自己的器材。可以说，京张高铁的每一个角落都展现着科技为我们带来的便利。

从京张铁路到京张高铁，中国的铁路事业从艰难起步到领先世界。这期间，许许多多的铁路工作者奉献了无数的汗水，他们跨越艰险，克服阻碍，将铁路铺进了山坳，铺到了边疆，铺上了高原。

从 1909 年京张铁路的建成到 2019 年京张高铁的通车，回首这 110 年，我们从被人嘲笑修不出铁路，到克服恶劣地质条件修成成昆铁路，化解冻土难题修建青藏铁路，再到如今京张高铁以智能化领先世界，这些铁路成就，正是无数辛勤的铁路人创造的一个又一个奇迹！

▶ 京张铁路冬奥列车经过居庸关长城／摄影 舒浩洋

第5幕 尾声

200 多年前，人类开启了全新的工业时代，铁路成为国力的象征。彼时的中国“山雨欲来风满楼”，中国铁路在风雨飘摇中筚（bì）路蓝缕。在 20 世纪初，面对此情此景，孙中山先生感慨道：“今日之世界，非铁道无以立国。”

一个世纪后，11 万千米的普速铁路和 4 万千米的高速铁路构成了中国大地上纵横交错的“钢铁脉络”。沿着这些脉络，列车将无数的物资送达五湖四海，将无数的人带往四面八方。

从零开始，从线到网，从慢到快，从普速时代到高铁时代，一个多世纪的酸甜苦辣，一个多世纪的兴衰成败，这是一部中国铁路的往事浮沉录，也是一部用轮轨“写下”的中国复兴史。

▼ 广州南动车段“高铁航母”／摄影 林颖轩

2 中国电力

14亿人全民通电

在熊熊的烈火中
在奔腾的江河里
在喧嚣的风声中
在炎炎的烈日下
…………
人们驯服自然之力
终于将它化身为电

此时
无数高塔矗立天地间
无数线缆穿过河与山
无数电力经由高塔线缆
穿过密林
跨过荒野
点亮万家灯火
驱散神州大地的黑暗

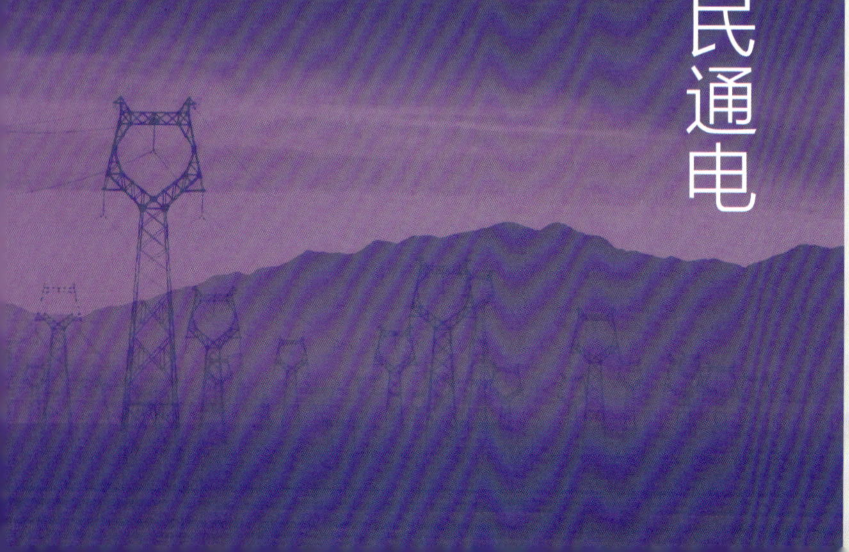

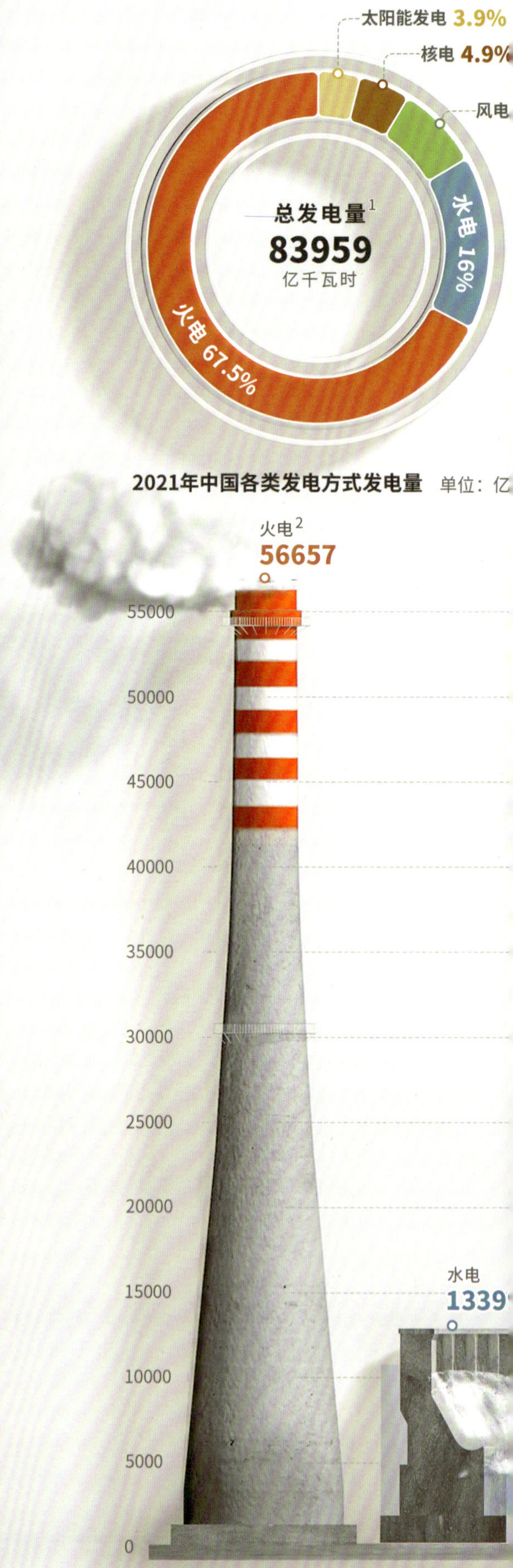
太阳能发电 3.9%
核电 4.9%
风电
水电 16%
火电 67.5%
总发电量[1]
83959
亿千瓦时
2021年中国各类发电方式发电量 单位：亿
火电[2]
56657
水电
1339
55000
50000
45000
40000
35000
30000
25000
20000
15000
10000
5000
0

▼ 中国特高压输电网及各类发电站分布示意图

2021 年中国产出了约 8.4 万亿千瓦时电量（不含港澳台），其中火力发电占比最高，占总发电量的 67.5%，其次为水力发电。截至 2021 年年底，中国 220 千伏及以上输电线路回路长度达到 84.3 万千米，电网规模位列世界第一。这些输电线路纵横交错，为全国 14 亿庞大人口带去源源不断的电力。

渤海
黄海
东海
南海
图 例
特高压输电网
(截至2020年)
已建成主要输电通道
主要发电站
(截至2021年)
火 电 站
装机容量≥120万千瓦
水 电 站
装机容量≥30万千瓦
风 电 站
装机容量≥5万千瓦
太阳能电站
装机容量≥1万千瓦
核 电 站
注：数据未包含港澳台

目各项百分比之和不等于100%，是数据四舍五入

力发电量中包含了极少数的其他方式发电量。
火力发电量为56655亿千瓦时，其他方式发电量为
瓦时。

源自：中国电力企业联合会《中国电力行业年度发
告2022》

数据未包含港澳台

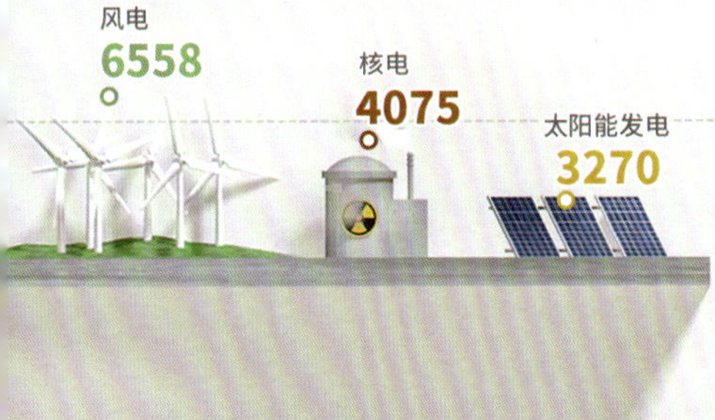

风电
6558
核电
4075
太阳能发电
3270

电视、手机、电脑、冰箱、空调……种种电器，在生活中早已是寻常可见。在这寻常可见的背后，却有着非同一般的意义。在高寒的高原，在无际的草原，在偏僻的山坳，在遥远的边疆……无论在中国的哪个角落，只要是有人的地方，就会有源源不断的电力，驱动各式各样的电器，给人们的生活带来各种现代化的便利。

这是一个伟大的成就。它意味着，中国生产出了能够满足 14 亿人使用的电力。在 2021 年，中国人依靠火、水、风、光、核等力量，生产出了 8 万多亿千瓦时的电量，超过了全世界总发电量的四分之一。

这是一个不凡的成就。它意味着，我们拥有一张能够覆盖 14 亿人的电网。无数的电塔、电线杆耸立在山峦之上，耸立在幽深峡谷，耸立在千里沃野。它们架着一条条输电线缆，如血管一样，将源源不断的电力输送到神州大地的每一个角落。

放眼全球 200 多个国家和地区，中国是第一个，也是唯一一个拥有 14 亿的庞大人口，却依然能做到全民通电的国家，家用电器每一次接通电源，都是这项成就的最好体现。我们不禁发出疑问，如此伟大的中国电力，究竟是如何实现的?

▼ 傍晚的乌鲁木齐市区灯火通明，远处为天山山脉博格达峰／摄影 刘坤

▶ 2021 年世界各国发电量 TOP10

在《BP 世界能源统计年鉴 2022》中，2021 年中国（不含港台）发电量为 85343 亿千瓦时，中国香港特别行政区发电量为 371 亿千瓦时，中国台湾地区发电量为 2909 亿千瓦时，合计 88623 亿千瓦时。需注意的是，由于数据来源的差异，这里的数值与正文所引用的数值略有差异。

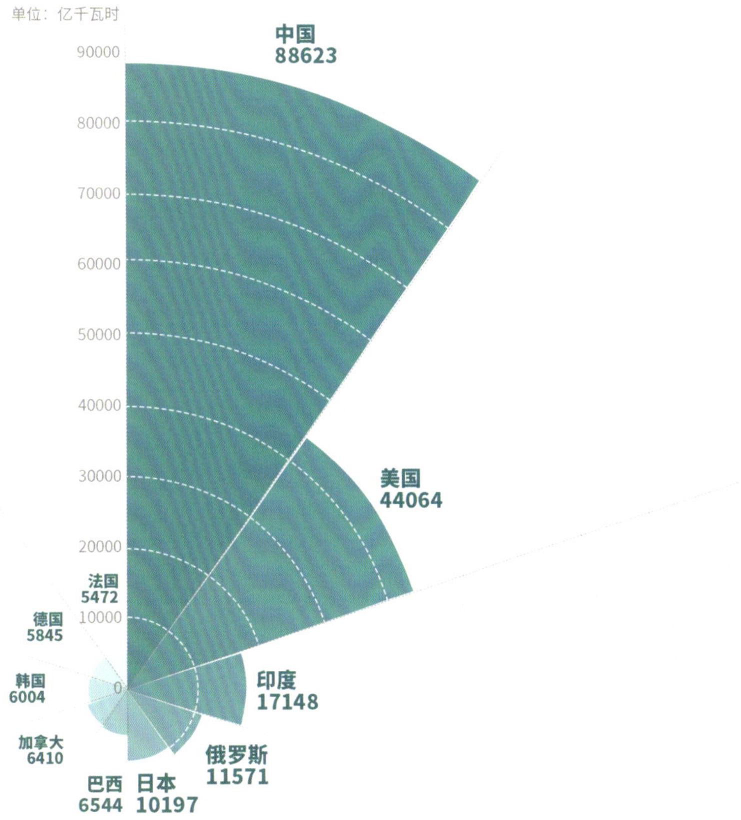

单位：亿千瓦时
90000
80000
70000
60000
50000
40000
30000
20000
10000
0
中国 88623
美国 44064
印度 17148
俄罗斯 11571
日本 10197
巴西 6544
加拿大 6410
韩国 6004
德国 5845
法国 5472

第1幕 火力发电：充电 67.5%

在 2021 年中国产出的约 8.4 万亿千瓦时的电力中，有 67.5% 的电力来自火力发电，占了全国发电量的大半壁江山。由于火力发电技术成熟高效，且燃料较为易得，上至煤炭、石油、天然气，下到秸秆、垃圾，都可以成为火力发电的原料，中国的火电厂也因此能够在大江南北遍地开花。

在中国这个“煤炭大国”，丰富的煤炭资源支撑了中国大部分火电厂。2021 年，中国燃煤发电厂的装机容量占全部火力发电厂装机容量的 86%。2020 年全国上下约 4700 处煤矿，一年出产 39 亿吨原煤，其中超 60% 的原煤被运往火电厂中。它们在火电厂的锅炉里熊熊燃烧，烧开锅炉内的水，如云雾般的水蒸气翻腾奔涌。巨量的水蒸气推动汽轮机，带动发电机产生电力。

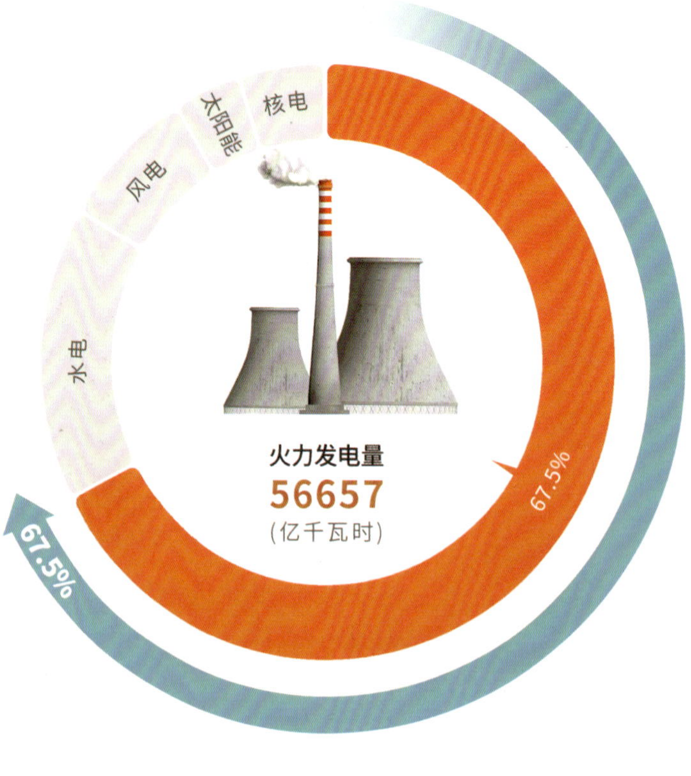

核电
太阳能
风电
水电
火力发电量
56657
(亿千瓦时)
67.5%
67.5%

▲ 2021 年中国火力发电量及占比

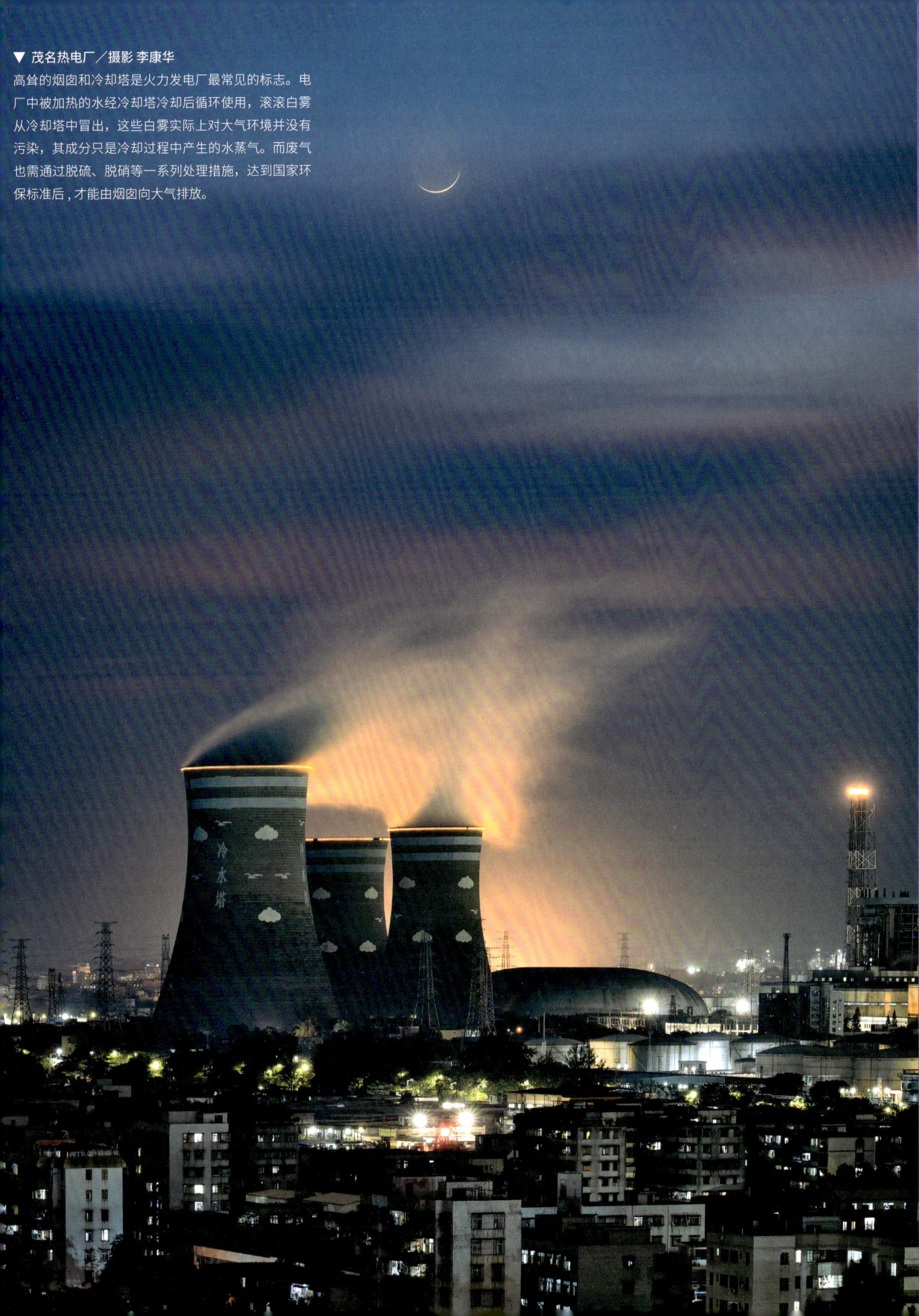
冷水塔

▼ 茂名热电厂／摄影 李康华

高耸的烟囱和冷却塔是火力发电厂最常见的标志。电厂中被加热的水经冷却塔冷却后循环使用，滚滚白雾从冷却塔中冒出，这些白雾实际上对大气环境并没有污染，其成分只是冷却过程中产生的水蒸气。而废气也需通过脱硫、脱硝等一系列处理措施，达到国家环保标准后，才能由烟囱向大气排放。

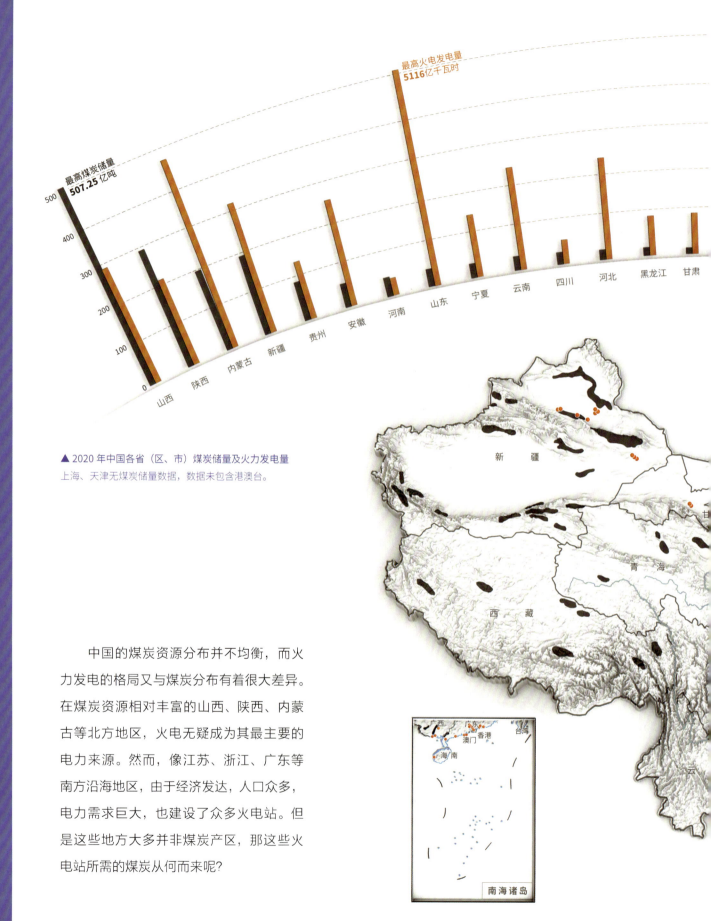

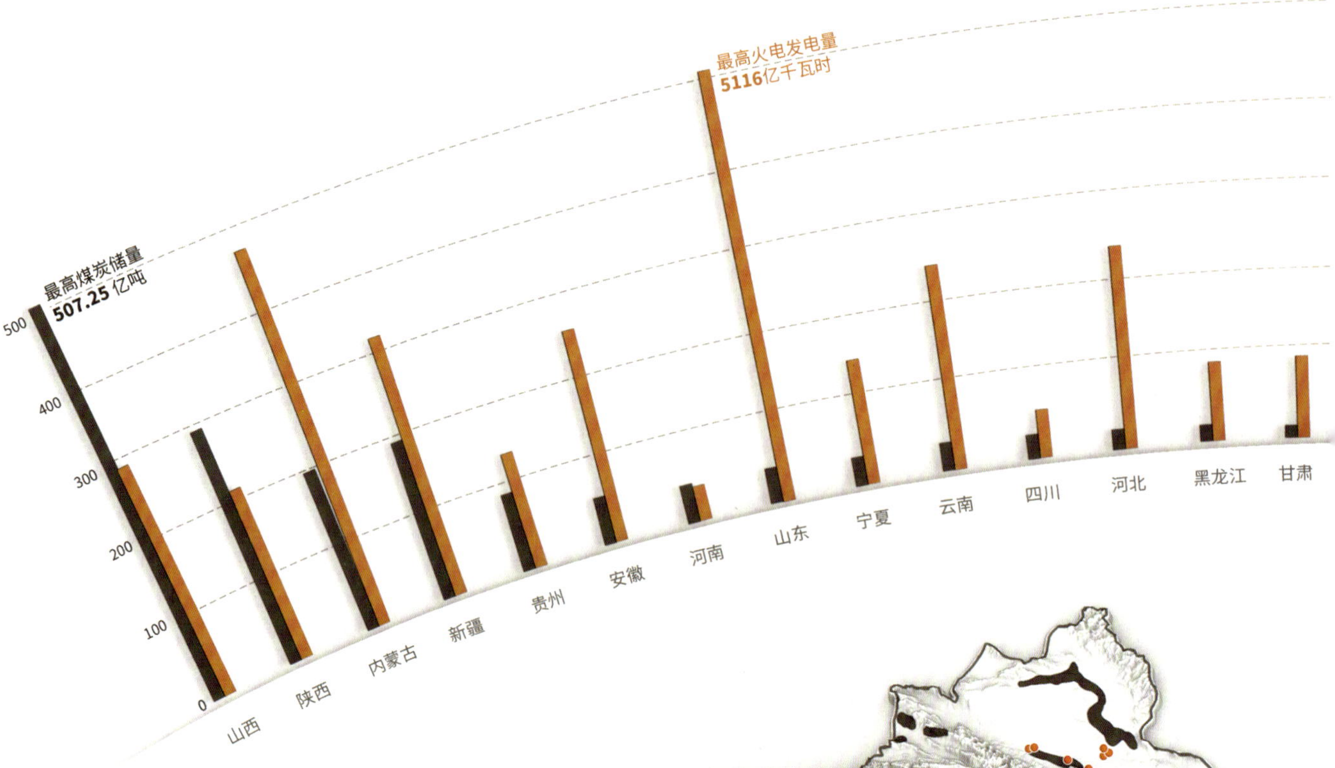
最高火电发电量
5116亿千瓦时
最高煤炭储量
507.25 亿吨
500
400
300
200
100
0
山西
陕西
内蒙古
新疆
贵州
安徽
河南
山东
宁夏
云南
四川
河北
黑龙江
甘肃

▲ 2020 年中国各省（区、市）煤炭储量及火力发电量

上海、天津无煤炭储量数据，数据未包含港澳台。

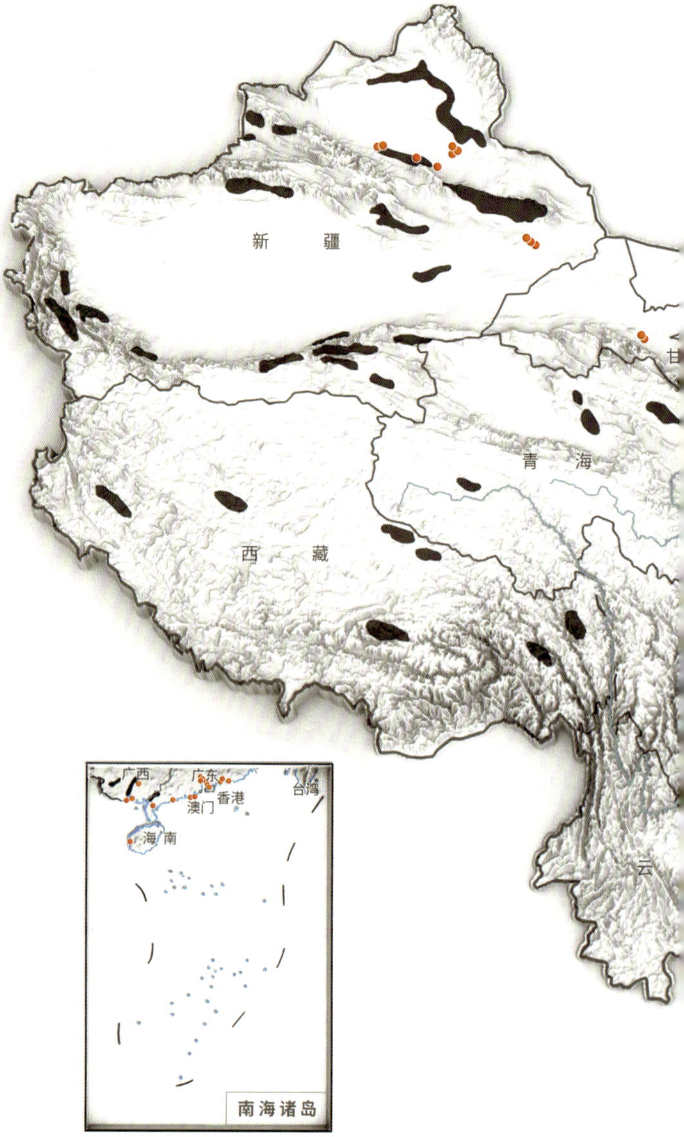
新　疆
青　海
西　藏
广西
广东
澳门
香港
台湾
海南
南海诸岛

中国的煤炭资源分布并不均衡，而火力发电的格局又与煤炭分布有着很大差异。在煤炭资源相对丰富的山西、陕西、内蒙古等北方地区，火电无疑成为其最主要的电力来源。然而，像江苏、浙江、广东等南方沿海地区，由于经济发达，人口众多，电力需求巨大，也建设了众多火电站。但是这些地方大多并非煤炭产区，那这些火电站所需的煤炭从何而来呢？

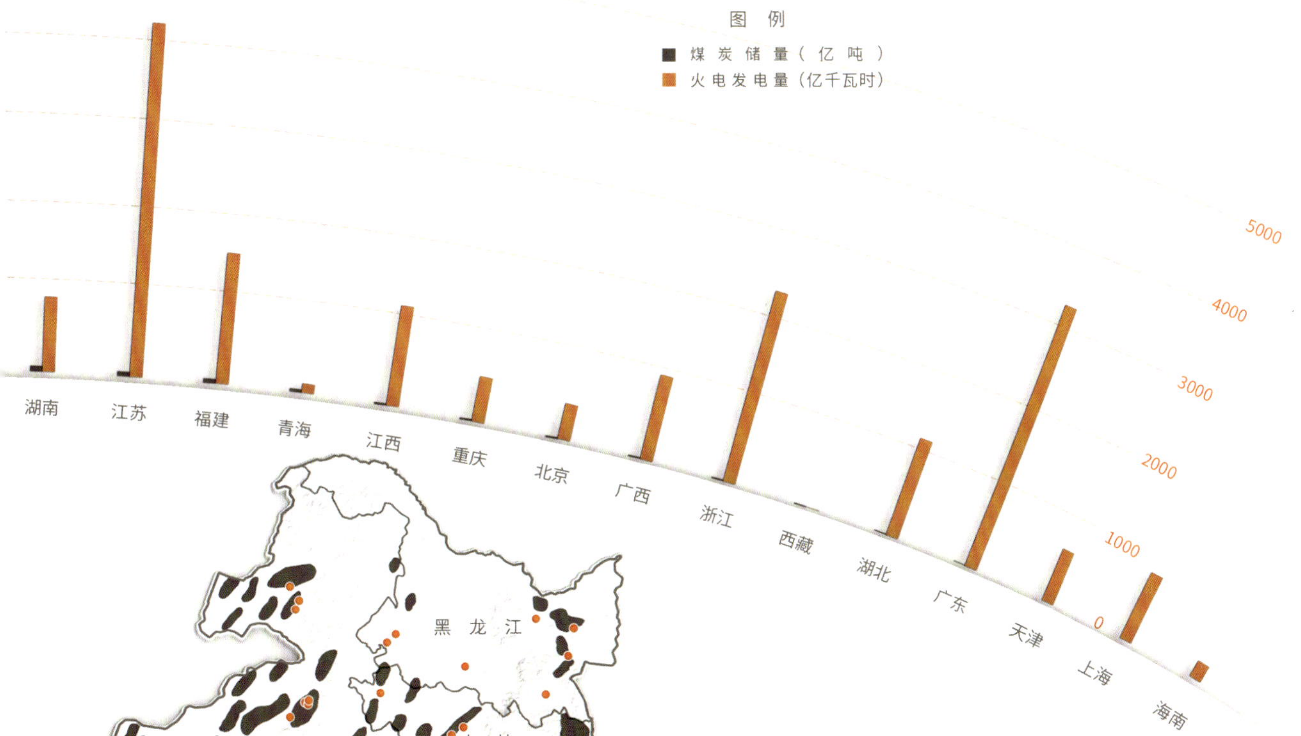
图 例
煤炭储量（亿吨）
火电发电量（亿千瓦时）
5000
4000
3000
2000
1000
0
湖南
江苏
福建
青海
江西
重庆
北京
广西
浙江
西藏
湖北
广东
天津
上海
海南

黑 龙 江
吉 林
辽 宁
蒙
古
北京
天津
河 北
山 西
山 东
陕西
河 南
江 苏
安 徽
上海
湖 北
浙 江
重庆
湖 南
江 西
州
福 建
台湾
广 西
广 东
澳门
香港
海 南
图 例
火电站（截至2021年）
装机容量≥120万千瓦
煤 田
注：数据未包含港澳台

◀ 中国煤炭资源及火电站分布图

▲ 大秦铁路／摄影 王嘉

铁路运输成为解决这一问题的第一个方式。从西向东，自北向南，神州大地之上架起道道铁路，一列列运煤火车将内陆地区的煤炭运送到一个个海港、河港，再由更加廉价的水运通道，将煤炭送往沿海地区日夜不息的火力发电站中。

其中，在山西大同与河北秦皇岛之间，连接着一条赫赫有名的重载铁路——大秦铁路。它以不到全国铁路 0.5% 的营业里程，完成了全国铁路超 20% 的煤炭运量。2008 年春节期间，南方地区雨雪冰冻肆虐，大量输电、运输线路受损，近 17 个省被迫拉闸限电。而就是在这个时期，大秦铁路单日运量首次突破 100 万吨，并持续了整整 20 天，大量煤炭燃料被源源不断地送往南方，可谓真正的“雪中送炭”。

2019 年 9 月通车的浩吉铁路则是一条纵贯南北、逾越山川的重载铁路。它跨越 7 个省级行政区，将内蒙古、山西、陕西等地的煤炭，运送到华中地区。

“重载铁路”是一种专门运输大型货物、载重量非常大的铁路，列车牵引质量（列车的自重与所载货物的重量之和）能达到 8000 吨以上，地球上最重的动物蓝鲸的体重不过 200 吨，也就意味着重载铁路可以拉着至少 40 头蓝鲸呼啸而行，堪称铁路中的“大力士”！

其他的重点煤运铁路还有：从陕西神木到河北黄骅的神黄铁路、从内蒙古呼和浩特到河北唐山的唐呼铁路、从陕西西安到江苏南京的宁西铁路、从山西瓦塘到山东日照的瓦日铁路……一条条煤运铁路纵横交错，形成一个庞大的运输网络，它们如同一条条钢铁动脉，将全国 60% 以上的煤炭送往四面八方。

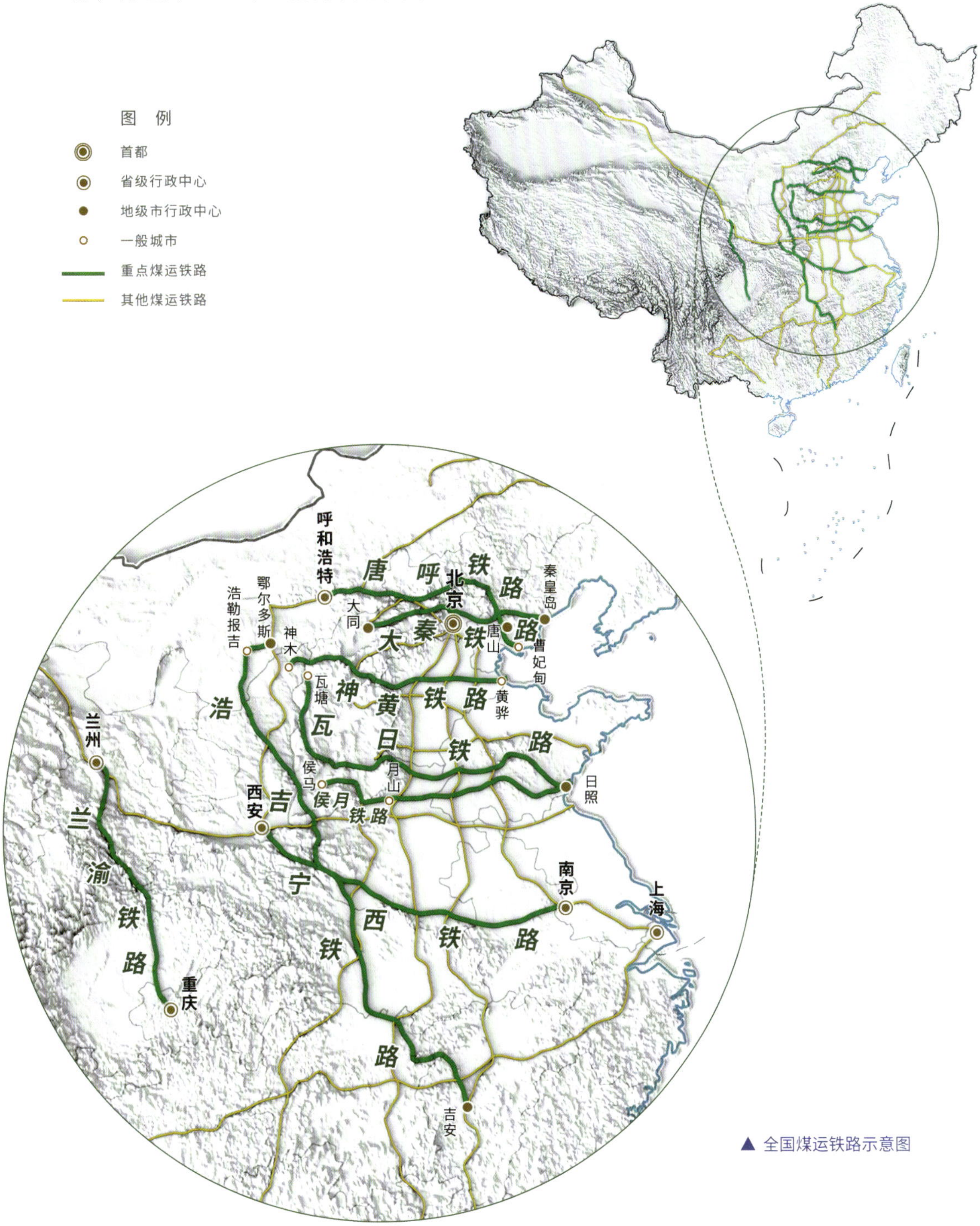

图 例
首都
省级行政中心
地级市行政中心
一般城市
重点煤运铁路
其他煤运铁路
呼和浩特
唐呼铁路
北京
秦皇岛
大同
大秦铁路
唐山
曹妃甸
鄂尔多斯
浩勒报吉
神木
瓦塘
神黄铁路
黄骅
浩吉
瓦日铁路
兰州
侯马
月山
侯月铁路
日照
西安
宁西铁路
南京
上海
兰渝铁路
重庆
吉安

▲ 全国煤运铁路示意图

然而，随着用电需求的高速增长，浩浩荡荡的“西煤东运”“北煤南运”仍然不是一劳永逸的解决方法。为了更便捷地获得燃料，一系列坑口、港口电站在煤矿、港口附近修建起来。坑口电站的“坑”，指的是煤矿的矿坑。坑口电站就是在煤炭产地附近建设的燃煤电站，发电原料煤“唾手可得”，或是仅需要短距离的公路运输即可获得。坑口电站燃烧煤炭后产生的废弃煤灰，还可以重新填充到煤炭矿坑之中。这样看来，坑口电站其实一点也不“坑”！在内蒙古呼和浩特，建有一座世界上最大的燃煤电厂——托克托电厂，其装机容量达到了 672 万千瓦，而在距离它 50 千米的地方就是准格尔大型煤田。因此，托克托电厂是一座名副其实的坑口电站。

大型坑口、港口电站的建设能大大减轻煤炭运输的压力，而发出来的电只需要通过远距离输电技术，就能够源源不断地输送给用户。但是电厂与用电中心之间，有时相隔数千千米，如此远距离输电，电阻的存在会造成较大的电力损耗。因此，在传输功率一定的情况下，要减少电力损耗，保证输电的经济性，人们必须尽可能地提升输电电压。

▼ 托克托县的火力发电站／摄影 陈剑峰

▲ 酒泉至湖南 ±800 千伏特高压直流输电线路／摄影 刘忠文

为了实现高压远距离输电，中国人付出了巨大的努力。1954 年，我国自行设计并施工建设了第一条 220 千伏的高压输电线路，它的传输距离仅有 369 千米，相当于北京到济南的直线距离。而这样的一条输电线路，在技术上落后世界约 30 年。

不甘落后的中国人不断地突破技术难关，从高压到超高压，从超高压到特高压，远距离输电技术进展突飞猛进。到 2019 年，我国最高电压等级已达到交流 1000 千伏和直流 ±1100 千伏，单条输电线路的输电距离突破 3000 千米，相当于乌鲁木齐到南京的直线距离！如今，我们从落后世界 30 年，追赶到了世界前列。

铁路和输电线路两张网络相互交错，连接了煤矿和火电厂、能源中心和用电中心，为我国工业发展和居民生活等提供了源源不断的电力。然而，尽管火力发电厂的除尘、脱硫、脱硝技术日益成熟，但化石燃料的消耗、温室气体的排放仍然造成了严重的资源与环境问题。我们还需要寻找更加清洁的电力来源。

电力传输中的损耗 Q 可以通过公式 $Q=I^2Rt$ 计算，当电阻 R 无法忽略时，电流 I 越小，则损耗越小；而输电功率计算公式为 $P=UI$，因此当功率 P 额定时，为了降低电流 I，则必须提升电压 U。

第2幕 水力发电：充电83.5%

在中国，无论是水力资源的蕴藏总量，还是可开发的装机容量，均位于世界首位。如此丰富的水能资源，如此巨大的开发潜力，注定会让水力发电在我国拥有至关重要的地位。2021 年，水力发电占到全国总发电量的 16%，它与火力发电一起，供给了全国 83.5% 的电力。

水力发电不需要燃料，也不会排放废气。它所需要的只是流水的势能，即水流从高处向低处流动时所产生的能量。当奔腾不息的水流从高处飞奔而下时，它所带来的能量就会持续推动水轮机旋转，从而带动发电机组产生源源不断的电力。2021 年，全国水力发电量达 13399 亿千瓦时，相当于减少燃烧标准煤[1]40532 万吨。除此之外，合理选址、设计的水电站，还可以兼具防洪、航运、供水、调水、排沙等功能，可谓一举多得。

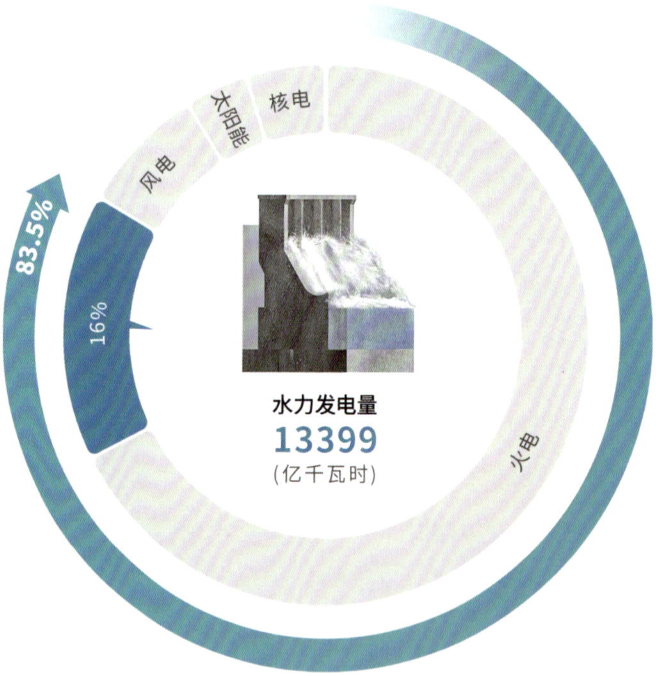
核电
太阳能
风电
83.5%
16%
水力发电量
13399
(亿千瓦时)
火电

▲ 2021 年中国水力发电量及占比

1 不同种类的能源所释放的能量大小不同，为了方便比较，将不同能源的热量按一定比例换算成标准煤的质量。根据国家能源局2021年1月26日发布的信息，2021年我国火电供电煤耗为302.5克标准煤 / 千瓦时。

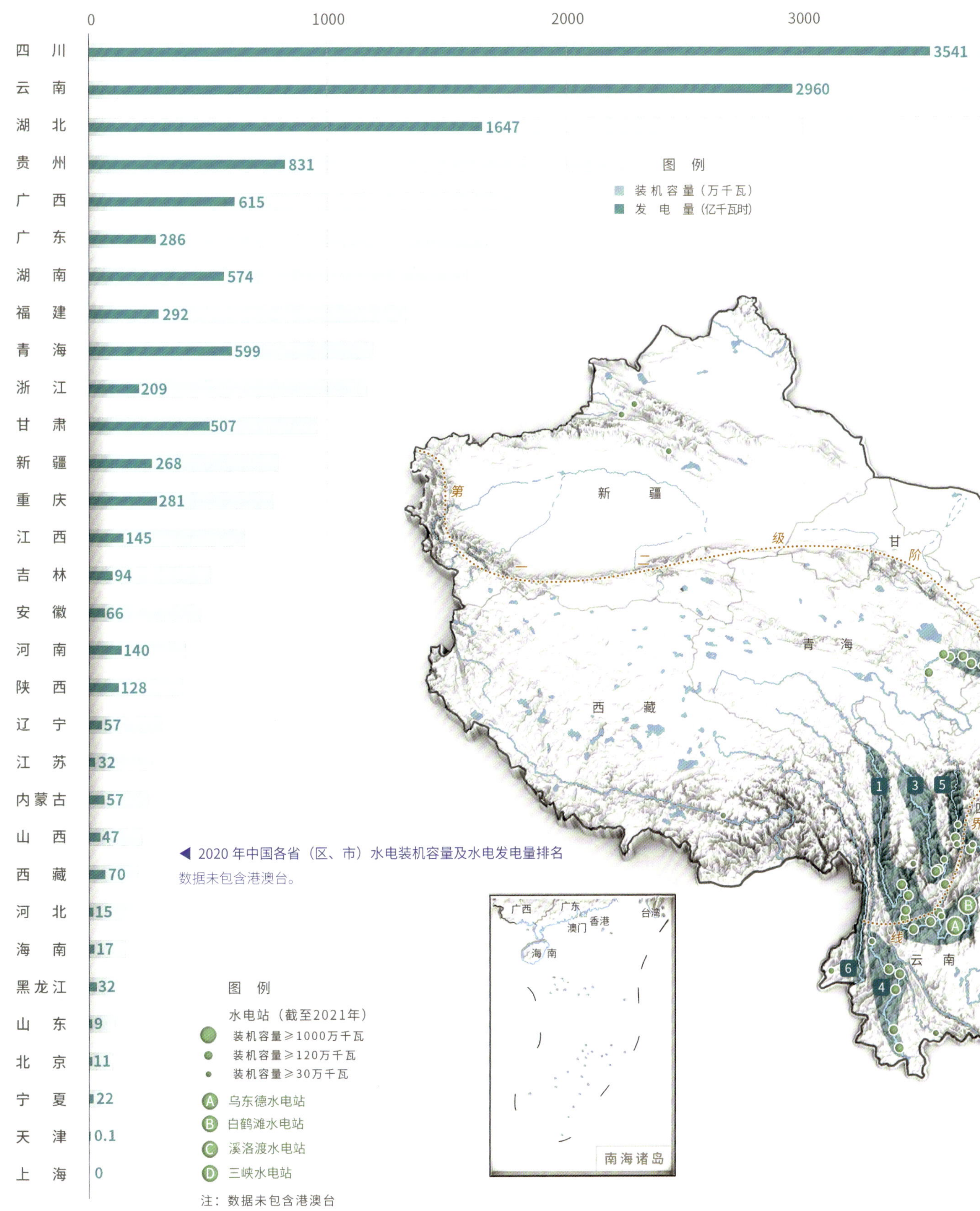

0
1000
2000
3000
4000
5000
6000
7000
800
图 例
装机容量（万千瓦）
发 电 量（亿千瓦时）
四 川 3541
云 南 2960
湖 北 1647
贵 州 831
广 西 615
广 东 286
湖 南 574
福 建 292
青 海 599
浙 江 209
甘 肃 507
新 疆 268
重 庆 281
江 西 145
吉 林 94
安 徽 66
河 南 140
陕 西 128
辽 宁 57
江 苏 32
内蒙古 57
山 西 47
西 藏 70
河 北 15
海 南 17
黑龙江 32
山 东 9
北 京 11
宁 夏 22
天 津 0.1
上 海 0

◀ 2020年中国各省（区、市）水电装机容量及水电发电量排名

数据未包含港澳台。

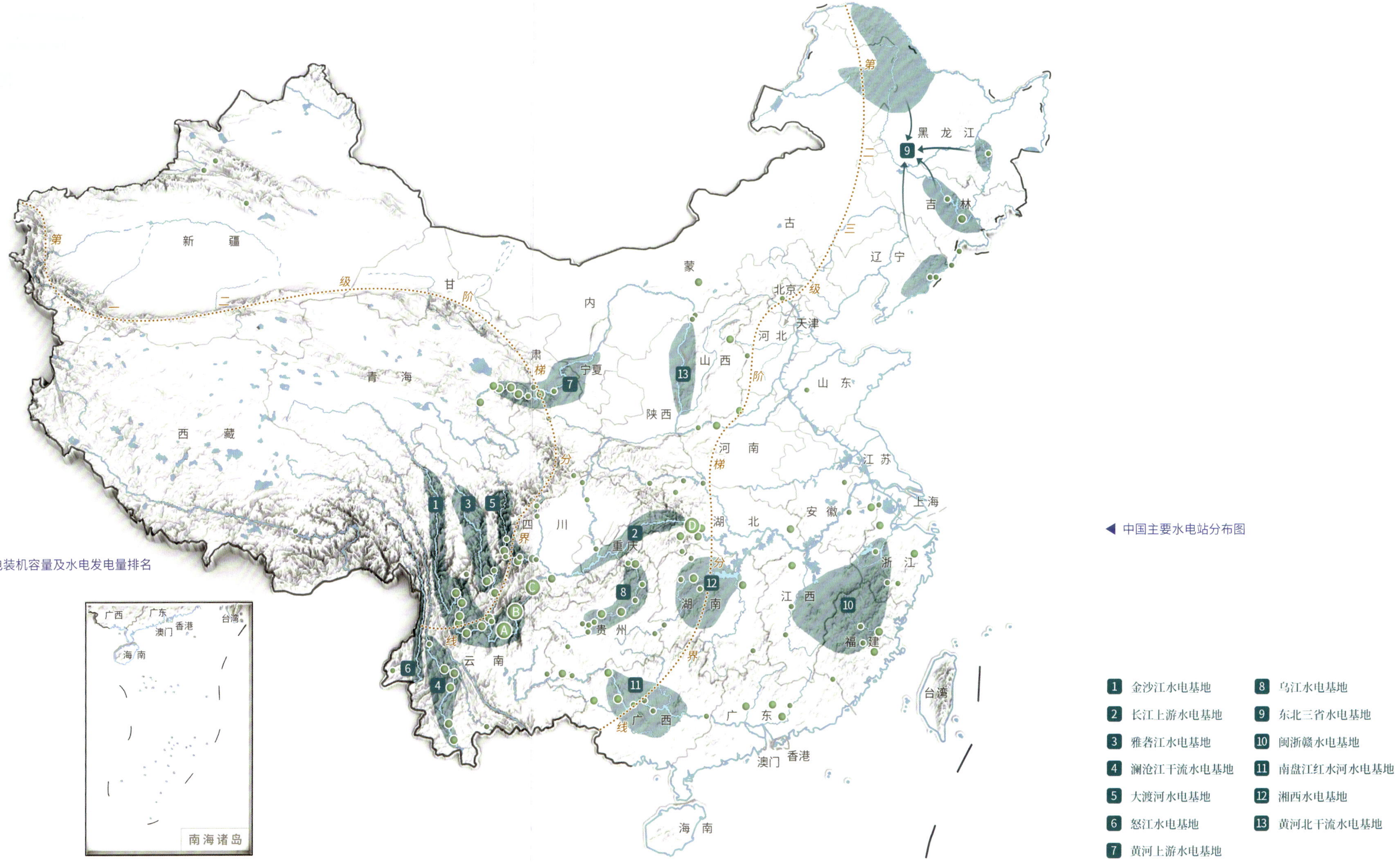

新 疆
西 藏
青 海
甘 肃
内 蒙 古
黑 龙 江
吉 林
辽 宁
北京
天津
河 北
山 西
山 东
宁夏
陕 西
河 南
江 苏
上海
安 徽
湖 北
四 川
重 庆
贵 州
云 南
湖 南
江 西
浙 江
福 建
广 西
广 东
香港
澳门
台湾
海 南
第一级阶梯
第二级阶梯
第三级阶梯
分界线
南海诸岛
图 例
水电站（截至2021年）
装机容量≥1000万千瓦
装机容量≥120万千瓦
装机容量≥30万千瓦
A 乌东德水电站
B 白鹤滩水电站
C 溪洛渡水电站
D 三峡水电站
注：数据未包含港澳台
1 金沙江水电基地
2 长江上游水电基地
3 雅砻江水电基地
4 澜沧江干流水电基地
5 大渡河水电基地
6 怒江水电基地
7 黄河上游水电基地
8 乌江水电基地
9 东北三省水电基地
10 闽浙赣水电基地
11 南盘江红水河水电基地
12 湘西水电基地
13 黄河北干流水电基地

◀ 中国主要水电站分布图

▲ 新安江水库泄洪／摄影 方君尧

新安江是钱塘江上游干流。1960 年，我国自主设计建造的第一个大型水库新安江水库在此建成。图中为 2020 年 7 月 9 日，为了缓解安徽、浙江等省的防汛压力，新安江水库自建成以来首次九孔全开泄洪。奔涌的水流化作白色巨浪，以排山倒海之势扑面而来。

和煤炭资源一样，我国的水能资源分布也极不均衡。其中，西南地区集中了全国 60% 以上的可开发水能资源。全国 13 大水电基地中，西南地区独占 7 席。为什么西南地区拥有如此多的水电基地？这还得从影响水电站分布的两大主要因素说起。第一，河流要有足够大的落差，这样河水才会有奔腾浩荡的气势来推动水轮机，从而带动发电机产生电能。第二，涓涓细流推不动巨大的水轮机，因此，能够修建水电站的河流水量必须足够大。

这两个条件使得西南地区注定成为水电站集中分布的地区。第一，西南地区横跨第一级阶梯和第二级阶梯，从平均海拔 4000 米以上的第一级阶梯迅速下落至平均海拔 1000 ～ 2000 米的第二级阶梯，地形崎岖，海拔落差极大。第二，西南地区主要为亚热带季风气候，大部分地区年平均降水量在 800 毫米乃至 1000 毫米以上，孕育出许多水量巨大的大江大河，金沙江、怒江、澜沧江等穿梭其间，奔腾而下。

“多才多艺”的水电站

矗立在滔滔江河之上的水电站，在为千千万万城市、乡村输送电力的同时，还肩负着其他的功能：拦蓄洪水、助力航运、调节水量、养殖水产、旅游观光……这样“多才多艺”的水电站，也被称作“水利枢纽”。在我国的大江大河之上，有不少这样的水利枢纽默默地发挥着各式各样的作用。

三峡水利枢纽

所谓“三峡”，即长江流经的瞿塘峡、巫峡、西陵峡三段峡谷的总称。重峦叠嶂的三峡曾引来不少水利专家的注目。他们希望能在这里修建大坝，在汛期阻挡上游的滔滔洪水，保障长江中下游地区的安全。随着三峡水利枢纽工程的顺利完工，曾经的理想终于变

▼ “超级工程”三峡水利枢纽／摄影 黄正平

成了现实。三峡总库容 393 亿立方米，其中防洪库容 221.5 亿立方米，可以在雨季容纳足够多的上游来水，保证长江中下游地区的安全。三峡水利枢纽的拦蓄和调峰功能等使号称“九曲回肠”的长江荆江河段的防洪标准从十年一遇提高到百年一遇！

当然，三峡水利枢纽更为人所熟知的是它的发电功能。人们利用奔涌的长江水所带来的水能，让三峡水利枢纽成为全世界最大的水力发电站和清洁能源生产基地。它的装机容量达 2250 万千瓦，相当于世界第一大燃煤电厂——内蒙古托克托电厂装机容量的三倍多。

除此之外，三峡水利枢纽还在航运方面发挥着巨大的作用。曾经的三峡，航道狭窄、水流湍急，险滩、暗礁较多，只能通航 1000 吨级船舶，且夜间无法行船，号称“自古川江不夜航”。三峡水利枢纽完工蓄水后，三峡河段水位显著上升，加上其他航道工

程，使得这里的通航条件大大改善。同时，三峡水利枢纽还修建了世界上最大的五级船闸以便于大型船舶通过大坝。三峡船闸分为五个呈阶梯状的闸室，如果船由下游驶向上游，当船进入最低一级闸室时，闸室两边的闸门关闭，连接第一级闸室与第二级闸室的阀门打开，此时第一级闸室与第二级闸室就如同一个连通器，第二级闸室往第一级闸室里充水，使得两级闸室水位齐平。随后阀门关闭，闸门打开，船就可以平稳地驶入第二级闸室。以此类推，船舶如同爬楼梯一样一级一级向上，最终到达第五级船闸，船舶就可以顺利地通过三峡大坝。

五级船闸过坝大约需要 4 个小时，遇上运输高峰期可能花费更长的时间，这对需要快速过坝的船舶来说并不实际。于是，水利枢纽的另一个重要建筑物——垂直升船机登

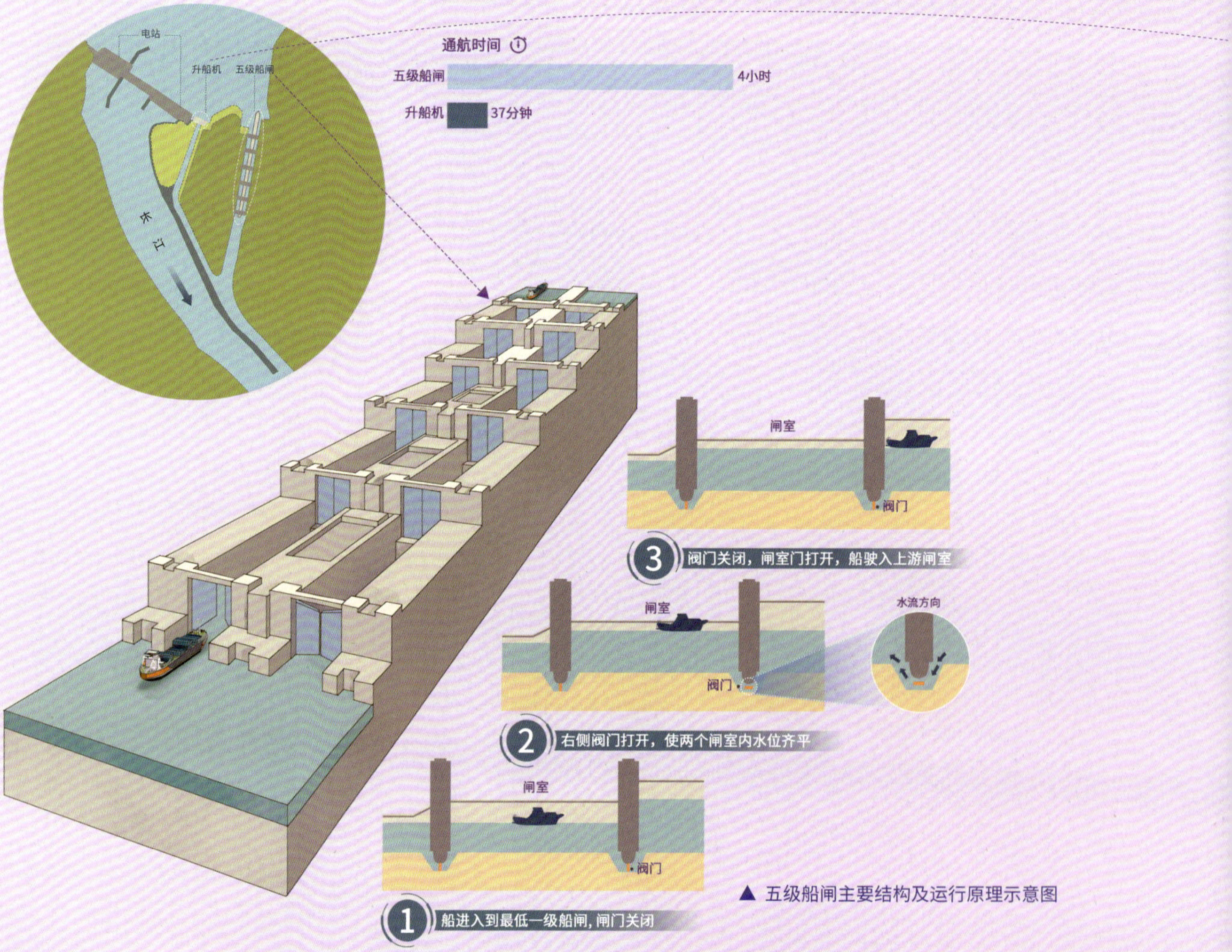
电站
升船机
五级船闸
长江
通航时间
五级船闸
4小时
升船机
37分钟
闸室
阀门
3 阀门关闭，闸室门打开，船驶入上游闸室
闸室
阀门
水流方向
2 右侧阀门打开，使两个闸室内水位齐平
闸室
阀门
1 船进入到最低一级船闸，闸门关闭

▲ 五级船闸主要结构及运行原理示意图

场了，它可以让船只坐上快捷的“超级电梯”。船只首先沿着下游引航道进入一个宽23米、长132米，形似游泳池的承船厢。接着，载着船只的承船厢不断抬升，最大抬升高度可达113米，相当于37层楼高。直到承船厢水面与上游水面齐平，最后船只离开承船厢，进入上游引航道。整个过坝过程只需要花费约37分钟，这种“电梯式”服务给船只提供了一个快速便捷的过坝通道。它与五级船闸相互配合，形成了“大船爬楼梯，小船乘电梯”的景象。

▼ 升船机主要结构及运行原理示意图

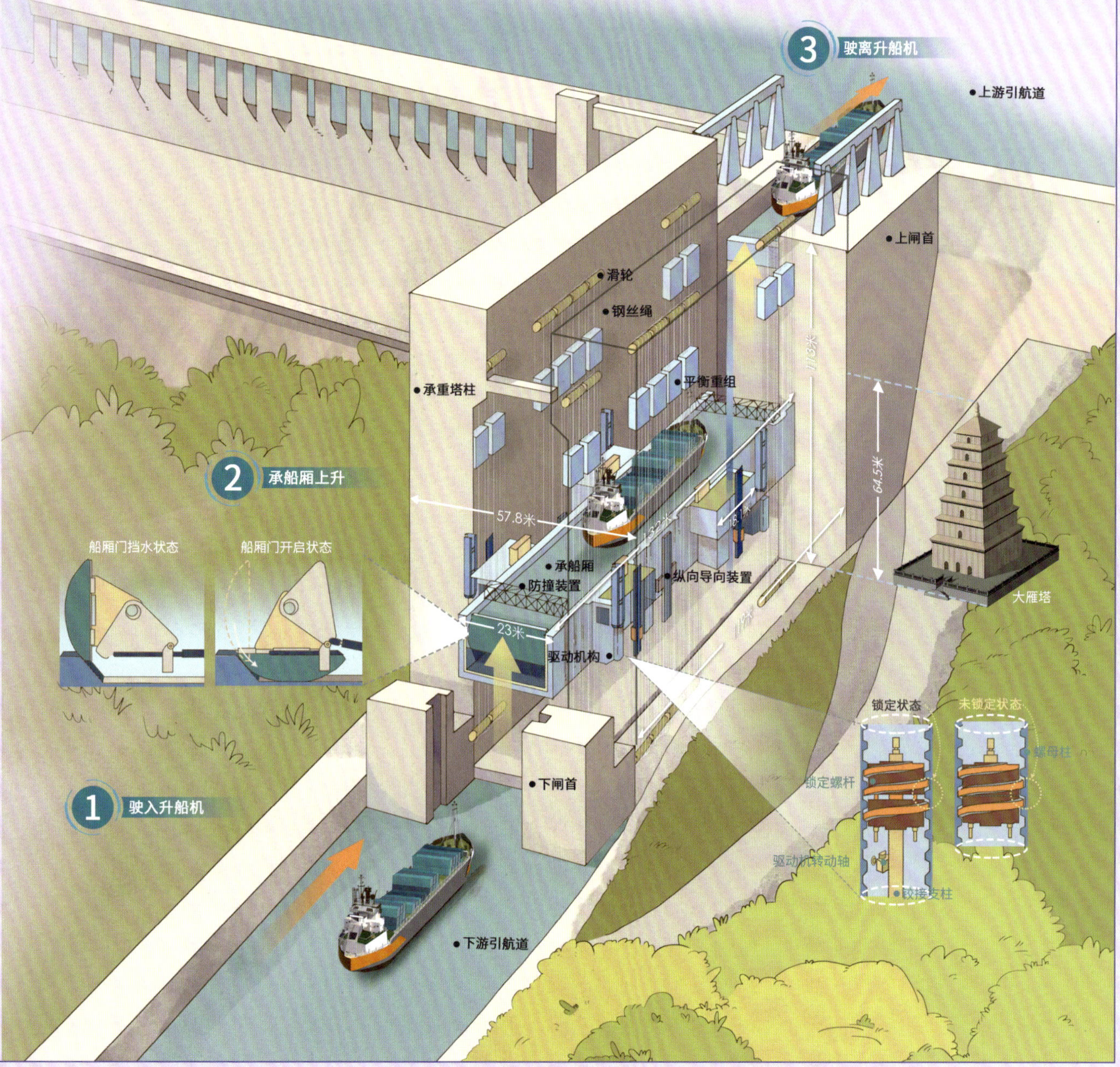
3 驶离升船机
上游引航道
上闸首
滑轮
钢丝绳
平衡重组
承重塔柱
64.5米
大雁塔
2 承船厢上升
57.8米
132米
18.1米
承船厢
防撞装置
纵向导向装置
船厢门挡水状态
船厢门开启状态
23米
驱动机构
锁定状态
未锁定状态
螺母柱
锁定螺杆
驱动机转动轴
铰接支柱
下闸首
1 驶入升船机
下游引航道

小浪底水利枢纽

小浪底水利枢纽位于河南洛阳市以北的黄河干流之上，它同样具有发电、供水灌溉、旅游观光等重要功能。除此以外，它更担负着一个重要使命。黄河是世界上含沙量较大的河流之一，“一碗水半碗沙”曾是黄河的最大特点。而黄河下游泥沙不断沉积，最终形成了“地上悬河”，如果发生决口，后果更是不敢想象。为了防范黄河下游“地上悬河”所造成的洪水隐患，减少泥沙淤积，小浪底水利枢纽登场了。

小浪底水库库容 126.5 亿立方米，有着较强的水量调节能力，使下游的防洪标准由六十年一遇提高到千年一遇。同时水库中有 75.5 亿立方米为拦沙库容，用于储存大坝拦截下来的泥沙。这使得黄河下游河道可以减少泥沙淤积 78 亿吨，相当于能让下游河床 20 年不会抬高。同时，工程还通过扰动河底泥沙，调水制造洪峰，

▲ 小浪底大坝泄洪／摄影 唐振明

▼ 气势如虹的小浪底大坝，坝顶长 1667 米、宽 15 米／摄影 林治坤

滚滚黄沙就在这河水的冲刷下，奔流而去。

除了防洪和拦截泥沙以外，小浪底的另一个重要功能就是防凌。黄河下游河段由西南向东北方向流淌，在初春天气转暖时，低纬度河段的冰已经融化，高纬度河段依旧结冰。当低纬度河段的冰水往高纬度河段流时，冰会阻塞河道，从而导致河水水位上升，产生凌汛。初冬河流结冰期，因高纬度河段先结冰，同样会出现凌汛现象。除此以外，黄河下游河道狭窄多弯，也容易导致冰凌堵塞河道，水位急剧上涨。而小浪底水利枢纽对河流水量的调节能够有效地控制低纬度河道来水，减轻高纬度河道的泄洪压力，使得黄河下游地区基本解除了凌汛的威胁。

由此看来，水电站并不只是发电那么简单，它往往还带有航运、防洪等多样“才艺”，而这些“多才多艺”的水电站其实都是许许多多的工程师精心设计的“佳作”。与此同时，不可忽视的是，水电站的建设除了有利的一面，还存在着一定的弊端。比如，水库中容易富集氮、磷等物质，导致水质富营养化，大坝也会阻挡鱼类的洄游路线。而我们要做的，正是把这些弊端减到最少。

河流落差大、水量大的西南地区成为我国非常重要的水电基地。然而，和火力发电不同的是，水力发电的“原料”难以运输。若要将水力发电的电力从西南地区送往东部用电中心，除了依靠远距离输电技术以外，别无他法。这就意味着，水力发电的崛起和繁荣，必然与远距离输电技术的发展相伴相生。

1988 年，“万里长江第一坝”——葛洲坝水电站落成，与之配套建成的就是一个电压等级达到 ±500 千伏、输电距离长达 1046 千米的超高压直流输电工程。这是我国第一个超高压直流输电工程，它将华中地区与华东地区的电网联系在了一起。

世界上规模最大的三峡水电站，2018 年全年发电量首次突破 1000 亿千瓦时，创全球水力发电量的新高。而距其千里之外的江苏、广东、上海，就通过三个 ±500 千伏的直流输电工程，与这个“超级发电机”紧密相连。

2010 年，随着云南小湾水电站所有机组全部投产发电，全球首个 ±800 千伏特高压直流输电工程正式登上舞台，源源不断的电力从云南输送到 1400 多千米外的广东。从这一刻起，曾经落后世界数十年的中国，便率先在输电技术领域迈入了特高压直流输电时代。

向家坝水电站、溪洛渡水电站、锦屏一级水电站……一座座水电站坐落在西南的大江大河之上，不断刷新着输电距离和输电电压的世界纪录。而长江中上游、黄河上游的水电，以及众多煤炭基地周边的火电，均能够通过绵延千里的输电工程向东部地区输送。“西电东送”这一世纪工程的基本格局也就此形成。

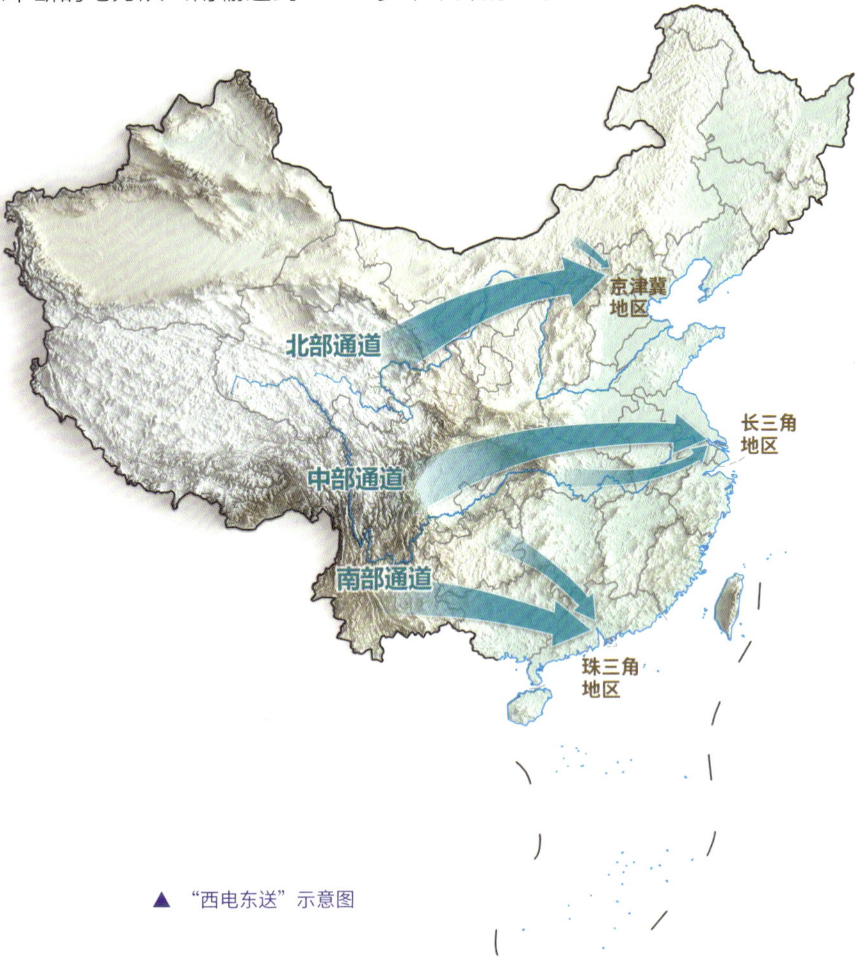
京津冀
地区
北部通道
长三角
地区
中部通道
南部通道
珠三角
地区

▲ “西电东送”示意图

▼ 位于雅砻江下游的二滩水电站／摄影 石磊

第3幕 风能与太阳能发电：充电95.2%

2021年，火力发电与水力发电合力，为全国人民提供了83.5%的电量。再借助风能与太阳能的力量，就可以满足全国人民95.2%的用电需求。不过，想要借助风与光的力量，并非易事。人们必须跨过三大难关。

第一道难关是土地的问题。在风力发电中，流动的风推动风机叶片持续旋转，从而带动发电机产生电力。风力发电转化率低，因此为了获得充足的电力，需要架设众多巨大的风机叶片。这些叶片单叶长度可达数十米，会占用大量空间，同时，对运输和安装而言都是巨大的挑战。太阳能光伏发电同样效率很低，单个太阳能电池的工作电压一般仅有0.45～0.50伏，工作电流甚至不如一节5号电池。只有将太阳能电池不断串联、并联，令多个电池拼装成组件，多个组件排列成阵列，才能达到足够的发电功率。太阳能光热发电也是如此，只有利用足够多的镜面，才能汇聚足够多的热量，从而产生足够多的蒸汽，推动汽轮机持续旋转，产生电力。

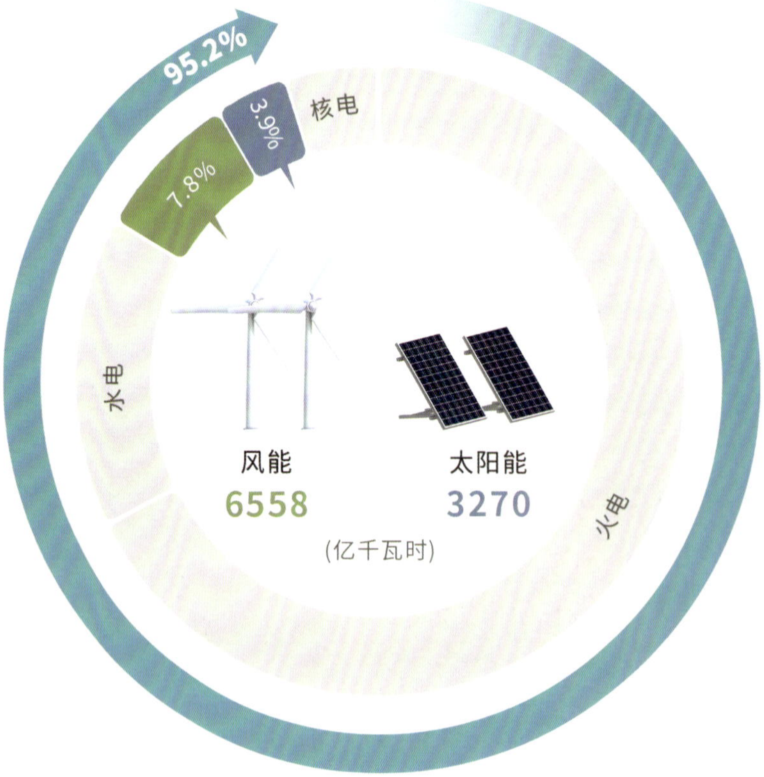
95.2%
7.8%
3.9%
核电
水电
火电
风能
6558
太阳能
3270
(亿千瓦时)

▲ 2021年中国风能与太阳能发电量及占比

总而言之，无论是风能还是太阳能，如果要进行大规模发电，就都需要较大的占地面积，因此带来较高的用地成本。尤其是在人口密集、土地紧张的东部地区，建造大量的风力发电站或者太阳能发电站并不现实。

▼ 位于内蒙古卓资县的风光互补系统／摄影 焦潇翔

风光互补系统是风力发电与太阳能发电组成的联合发电系统，由于太阳能有昼夜与季节变化，风力有季节的变化，将两者结合起来，可以起到相互补充的作用，从而实现发电效益的最大化。

第二道难关是稳定性的问题。就如水力发电的负荷在丰水期、枯水期不断变化一样，风能、太阳能无法避免昼夜、季节、天气等因素的影响。短短一天内的昼夜交替、风云变幻，都会影响发电的连续性和稳定性。不稳定的电力输出会造成电网的不稳定，在用电高峰时期，发电机可能无法输出足够的电力，又或者在用电低谷时期输出过多的电力，造成资源浪费。

▼ 嘉兴夏墓荡“渔光互补”水上光伏电站／摄影 周前｜国网浙江省电力有限公司

渔光互补是将渔业养殖与光伏发电结合起来的发电模式，人们在水面上铺设光伏电池板，水面下可养殖鱼虾。

因此，为了保证电网的稳定性，人们开始将风力发电、太阳能发电、水力发电、火力发电这几种发电方式组合起来，相互调节，从而得到较为稳定的电力输出。除此之外，还可以利用蓄能电站，在用电低谷时期，将多余的电力转化储存起来，等到用电紧张时再进行释放，以便维持稳定的供电状态。蓄能电站储存电力的方式有很多，而建造技术成熟、应用相对广泛的抽水蓄能电站成为人们有效利用电力资源的不二选择。

有意思专栏

抽水蓄能电站是什么？

电力需求是不断变化的，有时人们对电力的需求少，而发电站却产出了过多电量，那应该怎么做才能使得这些电物尽其用呢？答案就是把这些电转化为其他形式的能量，暂时储存起来，等到需要的时候，再把这些能量转化为电力。而能够这样转化电力的电站，就是蓄能电站。

全世界绝大多数的蓄能电站，都是抽水蓄能电站。抽水蓄能电站包括四部分，即处在高处的上水库、处在低处的下水库、电站厂房及引水建筑物。在用电量较小的时候，抽水蓄能电站可以利用富余的电力资源，将下水库的水抽到上水库，这时电能就转化成为水的重力势能。等到用电高峰时，再让水从上水库流下，进行发电，水的重力势能再次转化为电能。

2021 年 12 月 30 日，河北丰宁抽水蓄能电站正式投产发电，它的装机容量达到 360 万千瓦，为世界装机规模最大的抽水蓄能电站。更值得一提的是，丰宁电站是服务冬奥的重点工程，为北京、张家口这两座冬奥会举办城市提供了源源不断的绿色电力。

▶ 浙江安吉天荒坪抽水蓄能电站（左上为上水库，右下为下水库）／摄影 潘劲草

▼ 抽水蓄能电站工作原理示意图

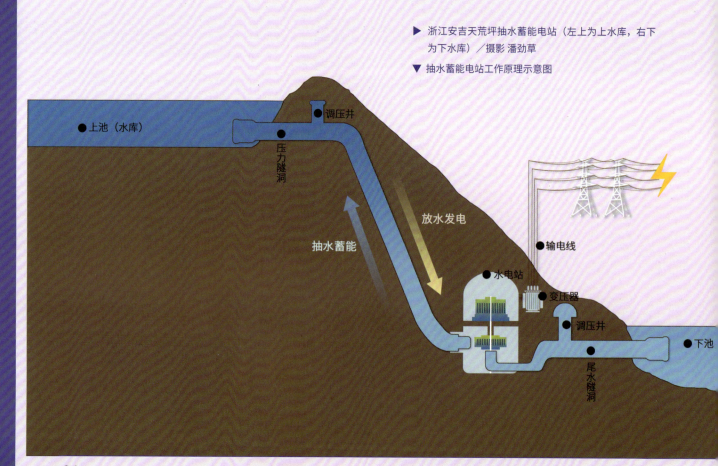

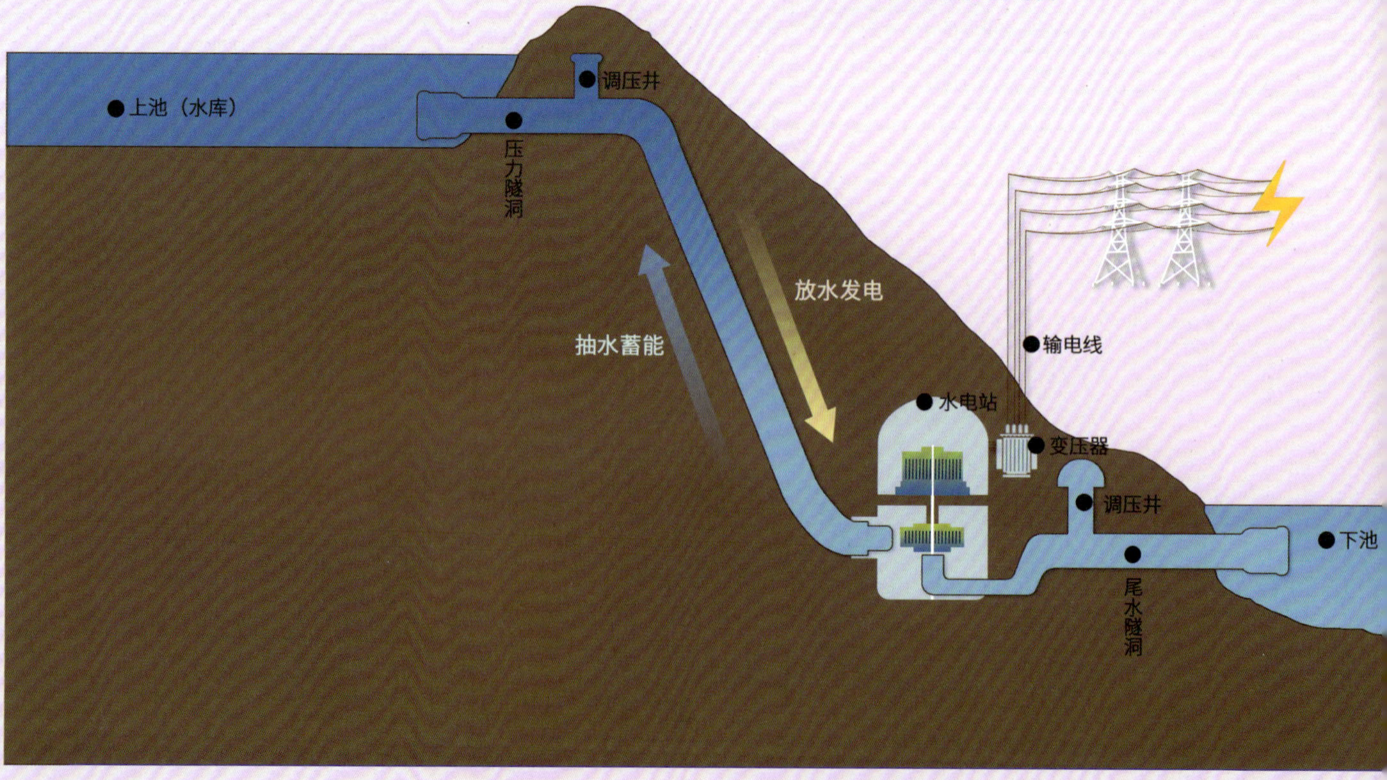

上池（水库）
调压井
压力隧洞
放水发电
抽水蓄能
输电线
水电站
变压器
调压井
下池
尾水隧洞

第三道难关是资源分布不均衡的问题。和煤炭、水能一样，我国的风能和太阳能资源分布同样极不均衡。其中风能资源最为丰富的是东南沿海地区。不过，由于地形的限制，这片风能资源丰富的地区仅分布于紧邻海岸线的沿海区域和岛屿构成的狭长地带。

相比之下，东北、华北北部和西北地区，风能资源不仅丰富，还大面积连片分布。内蒙古地区因此成为我国重要的风电基地之一。2018 年，全国风力发电量为 3659 亿千瓦时，其中内蒙古的风力发电量就有 632 亿千瓦时，约占据当年全国风力发电量的 17%。

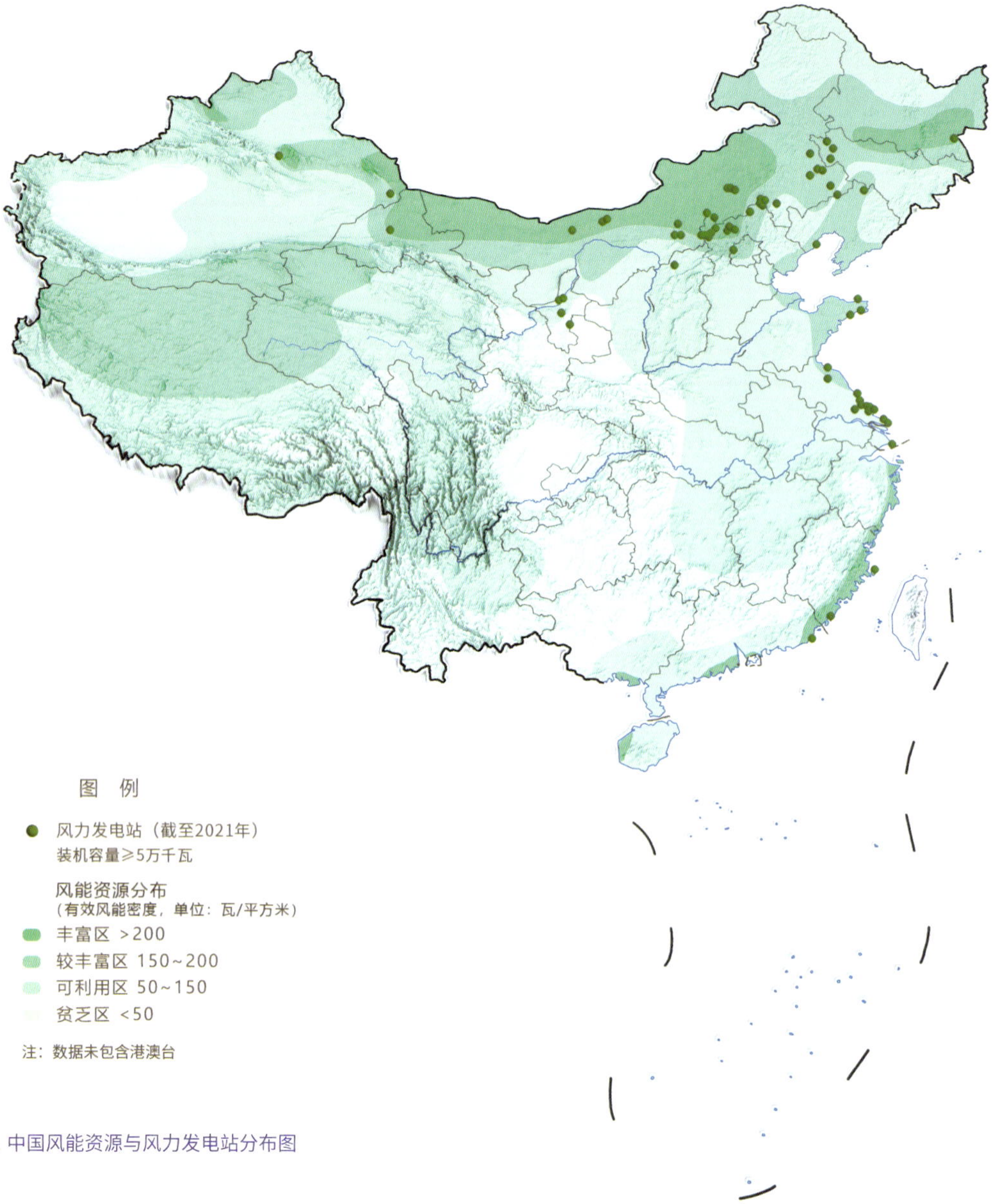
图 例
风力发电站（截至2021年）
装机容量≥5万千瓦
风能资源分布
（有效风能密度，单位：瓦/平方米）
丰富区 >200
较丰富区 150~200
可利用区 50~150
贫乏区 <50
注：数据未包含港澳台

▲ 中国风能资源与风力发电站分布图

我国的太阳能资源则在西部地区最为丰富。这与西部地区的地势和气候有着密切的关系。首先，海拔越高的地方，空气越稀薄，大气对太阳辐射的削弱作用就会越小。内蒙古、新疆、甘肃等地海拔往往超过 1000 米，而青藏高原的海拔更是可达 4000 米以上。其次，西部地区深居亚欧大陆内部，有高山阻隔，来自海洋的湿润气流难以到达，年平均降水量通常在 400 毫米以下，降水稀少，且常晴空万里，云层稀薄，这为太阳能的利用提供了绝佳的条件。

例如，在西藏西部、青海西部、新疆南部，以及宁夏北部、甘肃北部等地区，全年日照时间可达 3200 ~ 3300 小时。相比年均日照时间仅有约 1100 小时的四川、贵州等省份，西部地区的日照时间可达这些省份的 3 倍以上。

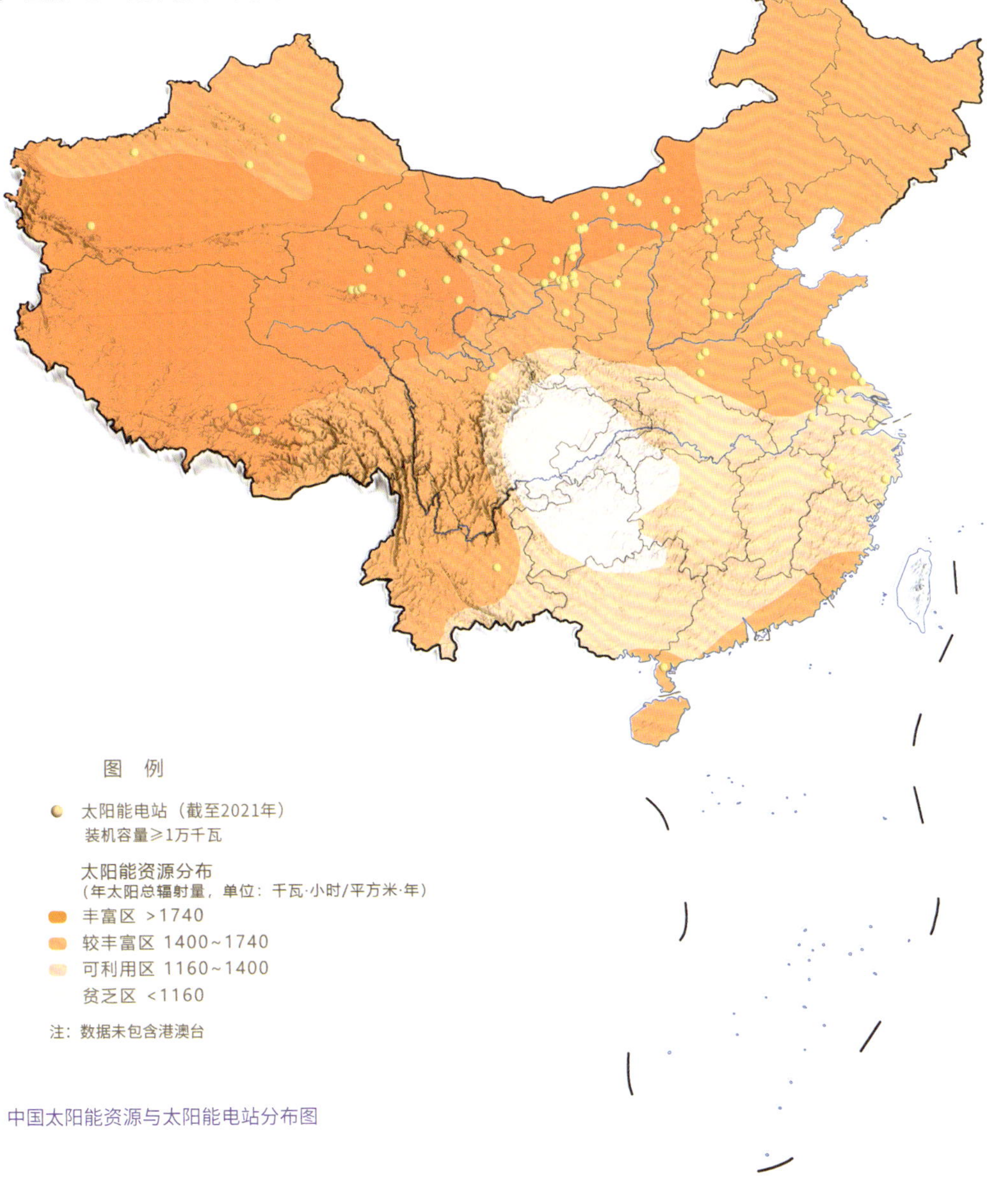
图　例
太阳能电站（截至2021年）
装机容量≥1万千瓦
太阳能资源分布
（年太阳总辐射量，单位：千瓦·小时/平方米·年）
丰富区 >1740
较丰富区 1400~1740
可利用区 1160~1400
贫乏区 <1160
注：数据未包含港澳台

▲ 中国太阳能资源与太阳能电站分布图

此外，我国西部这些风能、太阳能资源丰富的地区往往人口稀疏、土地广阔。因此，随着技术的进步和成本的降低，西部地区风电和太阳能发电的规模也越发庞大，产生了大量清洁能源。然而这些区域人口较少，用电需求也相对较少。如 2015 年，新疆发电装机容量超过 5000 万千瓦，但其用电负荷仅为 2100 万千瓦，供大于求。有些地方甚至还出现了弃风、弃光等问题。

一面是西部地区大量新能源在源源不断地产出，一面是东部沿海大量城镇、工厂“嗷嗷待哺”。在这种形势下，远距离、跨区域的输电工程再次扛起重任。

2014 年和 2017 年，两条从西北地区向外辐射的 ±800 千伏直流输电工程相继完工。第一条从新疆哈密出发，电流在线缆中奔波约 2200 千米后，抵达河南郑州。每年新疆地区火电、风电产生的 370 亿千瓦时的电量源源不断地送往中原大地。第二条则从甘肃酒泉出发，跨越 2383 千米后，抵达湖南湘潭，每年送出约 400 亿千瓦时的电力。在这 400 亿千瓦时的电力中，超过 40% 来自风电和光电。

2018 年，准东—皖南特高压直流输电工程正式贯通。它从新疆昌吉回族自治州出发，以 6079 座铁塔支撑起 3324 千米的输电线路，沿途接连跨越秦岭、长江天堑，最终抵达安徽宣城。它的电压等级高达 ±1100 千伏，年均输电量 660 亿千瓦时。无论是在传输距离、技术难度，还是在电压等级、传输电量上，这条特高压输电线路均为世界范围内的“开山之作”，堪称一条“超级电力走廊”。

截至目前，我国仍是全球唯一能够建设 ±1100 千伏特高压直流输电工程的国家，也是特高压输电领域的国际标准制定者之一。中国采取远距离特高压输电的技术，是时代发展的必然之路，也是当前能源格局下的“无奈之举”。让更多人用上更便宜、更清洁的电力，是无数电力工作者孜孜以求的目标。为了满足中国人的电力需求，我们还需要继续寻找其他的清洁能源。

◀ 酒泉—湖南 ±800 千伏特高压直流输电工程／摄影 陈剑峰

第4幕

核能发电：充电 100%

风电、光电、水电、火电四种发电方式，已经生产了全国 95.2% 的电量。冲击 100% 的最后一棒，就交给了核电。和火力发电类似，核电燃料容易运输，电力输出也比较稳定，基本不受天气、昼夜的影响。但是，和火力发电不同的是，装机容量 100 万千瓦的核电厂，每年仅需核燃料 25 ~ 30 吨，低于相同装机容量火电厂耗煤量的十万分之一。因此，核电燃料的运输成本非常低，核电站也就可以远离原料产地，集中分布在用电需求量更大的东部地区。

1600
1400
1613.6
图 例
装机容量（万千瓦）
发 电 量（亿千瓦时）
新 疆
西 藏
广西
广东
香港
澳门
台湾
海南
阳江核电站
昌江核电站
南海诸岛

100%
4.9%
太阳能
风电
水电
火电
核电发电量
4075
（亿千瓦时）

▲ 2021 年中国核能发电量及占比

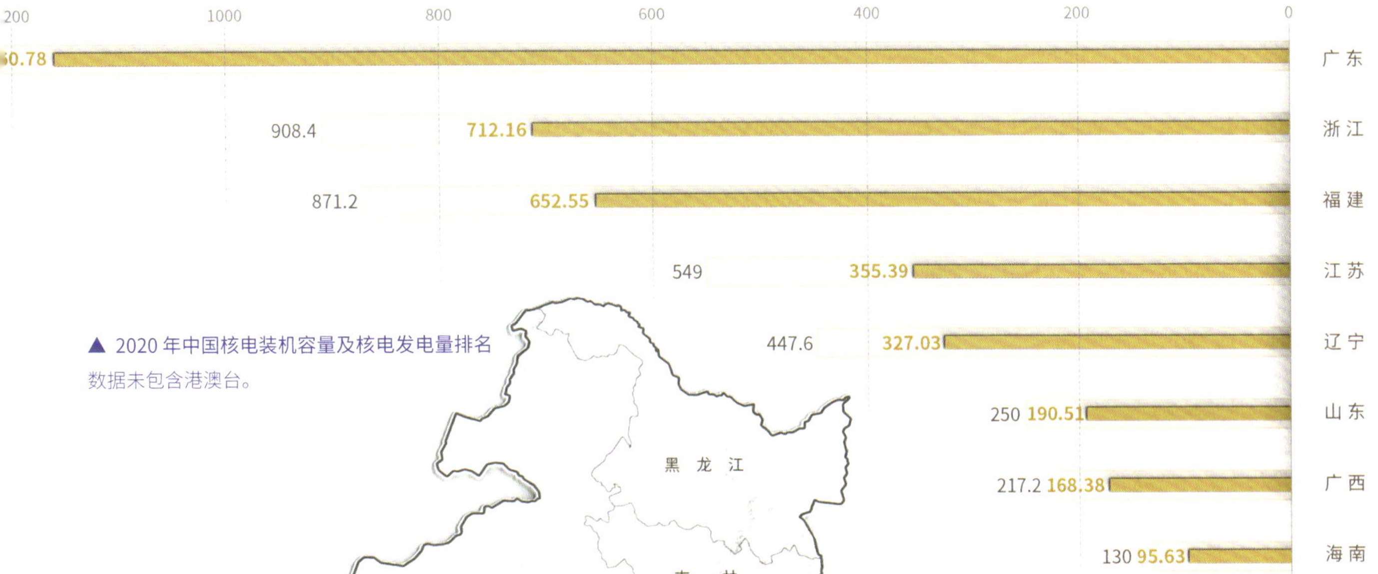

200
1000
800
600
400
200
0
0.78 广东
908.4 712.16 浙江
871.2 652.55 福建
549 355.39 江苏
447.6 327.03 辽宁
250 190.51 山东
217.2 168.38 广西
130 95.63 海南

▲ 2020年中国核电装机容量及核电发电量排名
数据未包含港澳台。

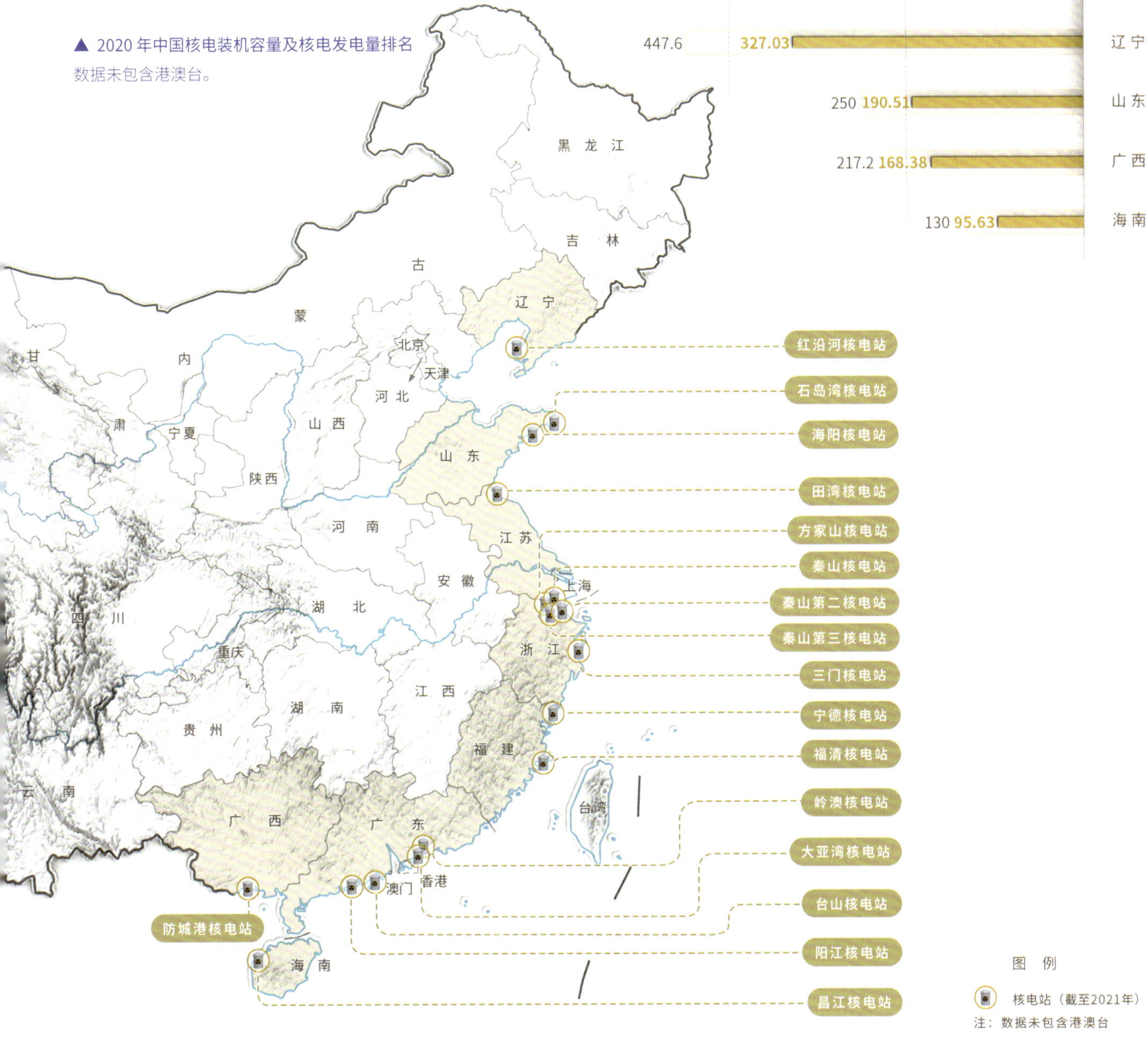

黑龙江
吉林
辽宁
内蒙古
甘肃
宁夏
北京
天津
河北
山西
陕西
山东
河南
江苏
安徽
上海
湖北
四川
重庆
浙江
江西
湖南
贵州
福建
台湾
云南
广西
广东
澳门
香港
海南
红沿河核电站
石岛湾核电站
海阳核电站
田湾核电站
方家山核电站
秦山核电站
秦山第二核电站
秦山第三核电站
三门核电站
宁德核电站
福清核电站
岭澳核电站
大亚湾核电站
台山核电站
阳江核电站
防城港核电站
昌江核电站
图例
核电站（截至2021年）
注：数据未包含港澳台

▲ 中国核电站分布图

有意思专栏

核电站发电的基本原理是什么？

核电站的发电原理与火力发电厂的发电原理有一点相似，只是把普通的燃料换成了核燃料，火电厂的锅炉也换成了核反应堆和蒸汽发生器。

在我们看不到的微观世界里，原子是构成物质（例如金属等）的基本单位。但原子还不是最小的粒子，它由原子核和电子组成。原子核又由中子和质子组成。而所谓的核裂变，就是由外来的中子轰击质量非常大的原子核，如铀 (yóu) 核、钚（bù）核等。原子核被“打”之后，会分裂成两个质量更小的原子核，并释放出新的中子，然后去轰击其他原子核。在整个核裂变过程中会放出巨大的热量，如 1 千克铀 -235 全部裂变释放出来的热量，相当于 2800 吨标准煤完全燃烧产生的热量！

在核反应堆中，核燃料原子核裂变[1]产生的热量传导至蒸汽发生器中。在那里，水被加热后产生的巨量水蒸气会推动汽轮机，使它带动发电机转动，从而产生电能。核能不受天气和季节的影响，在其释放过程中也不产生任何温室气体，更不会排放烟尘污染环境。2021 年，全国核电站共产生 4075 亿千瓦时的电量，相当于减少燃烧 1 亿多万吨标准煤，减少二氧化碳排放 3 亿万吨，减少二氧化硫排放 104 万吨，减少氮氧化物排放 91 万吨。在全球变暖趋势愈加严峻的今天，核能发电将会为我们提供更加清洁、环保的能源。

▼ 核裂变示意图

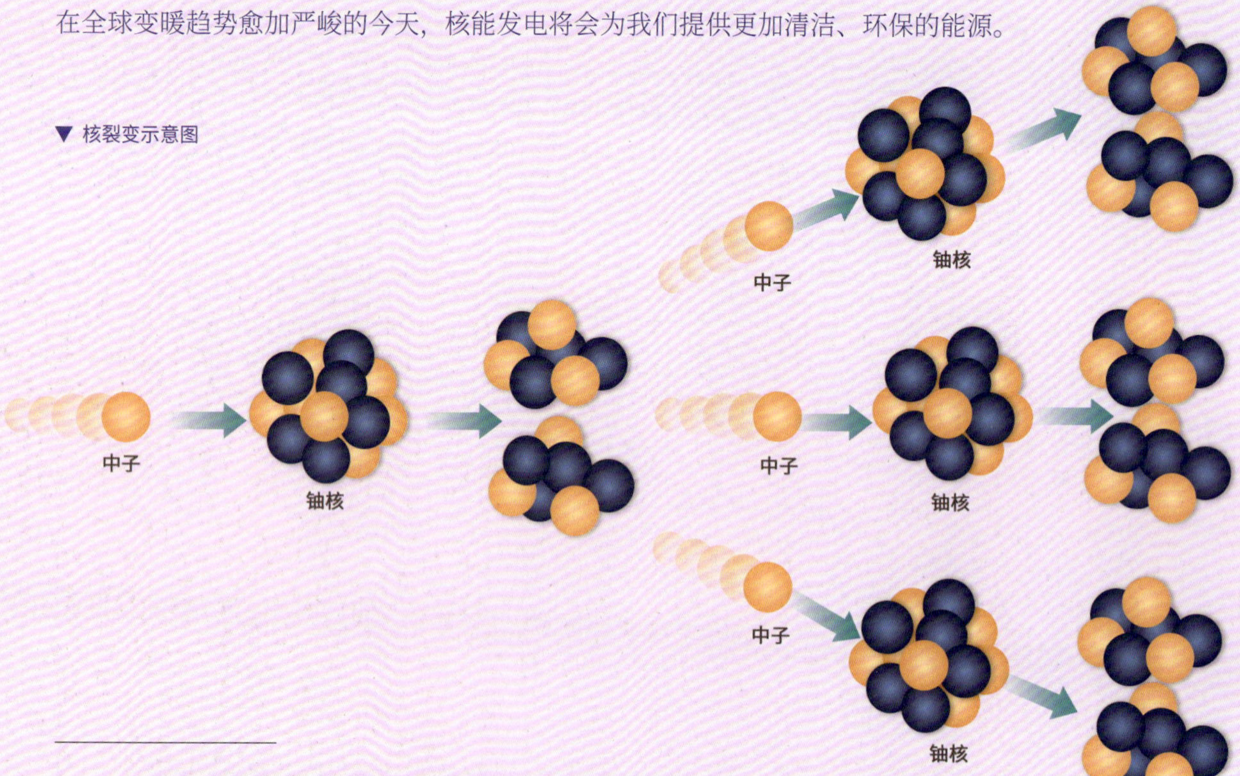
中子
铀核
中子
铀核
中子
铀核
中子
铀核

1 除了核裂变外，还有另一种核反应——核聚变，其原理是两个较轻的原子核结合成一个更重的原子核。同等质量的原子核通过聚变释放的能量是裂变的4倍之多。虽然利用核聚变发电仍然面临着重重困难，但这是中国核能发展的重要方向。

中国的核电技术起步较晚。直到 1991 年，浙江秦山核电站开始发电，中国才拥有了第一座自行设计建造的核电站。而当时在国际范围内，已经有 420 余台核电机组投入运行，提供全球约 16% 的电力。

随后的 20 多年里，在引进国外先进技术的基础上，中国的核电技术一直奋勇直追，并逐渐开始自主化。2018 年并网发电的广东台山核电站是全国首个具备商用条件的第三代核电站，我国首次引进第三代核电技术。2021 年 1 月 30 日，我国第一个自主研发、制造、建设的第三代核电机组“华龙一号”，在福建福清核电站正式投入商业运行。

核电虽然更加环保，但技术更为复杂，安全标准也极为严格。这使得核电站的建设费用十分高昂，加上历史上核电站意外事故的影响，核电一度在争议中艰难发展。随着技术的进步和社会认知的深入，相信和平利用核能的观念一定能被人们广泛接受，核电也会在未来的能源供应中扮演更为重要的角色。

▼ 大亚湾核电基地／摄影 赖虔瑜 ｜中国广核集团

▲ 电力工人在榆横—潍坊特高压输电线路上高空走线／摄影 徐可｜国网山东省电力公司

第5幕 尾声

在 20 世纪 50 年代，人们常常用“楼上楼下，电灯电话”来概括未来的美好生活。为了让每个人都享受到电力带来的便利，电力工人用脚步丈量祖国的每一寸山河，架起电网的“最后一公里路”，守护来之不易的万家灯火。在西南的大山之中，在青藏高原的雪峰之下，在新疆的绿洲之中，电力建设者不落下一人，为人们建设起希望的电路。

正是这样的努力，让中国电力能够领先世界。在 2009 年，我们就超过美国，成为发电装机容量第一位的国家。截至 2021 年年底，全国 220 千伏及以上输电线路回路的长度超 84 万千米，足以绕赤道 21 圈！ 33 条特高压输电线路在东西南北间纵横交织，堪称中国大地上又一工程奇迹！

每当盛夏时节，人们打开空调和电扇；每当夜幕降临，城市在黑夜中灯火通明。这不由得让我们想起千里之外发电机“隆隆”的轰鸣声，那是这个“跑步进入现代化”的国家中最波澜壮阔的声音。这个声音，离不开千千万万电力工人的辛苦付出。当我们享受电力带来的便利之时，更要珍惜这来之不易的每一度电。

汩汩清流推波向北
离开南方草木葱郁的大山
和富饶的平原

它将滋润干涸的华北
灌溉秧苗
填满水库
流向这片大地的千家万户

它是如此澎湃
又是如此悄无声息
几亿人的生活
几十座城市的命运
将被这由南向北的汩汩水流改变

3 南水北调

惠及1.4亿人的超级工程

北方 25.17%
全国水资源总量
29638
亿立方米
南方 74.83%

注：此处“北方”“南方”所对应的是《2021年中国水
源公报》中的水资源一级区，即“北方6区”与“南
4区”

东线、中线主干工程沿途高程示意

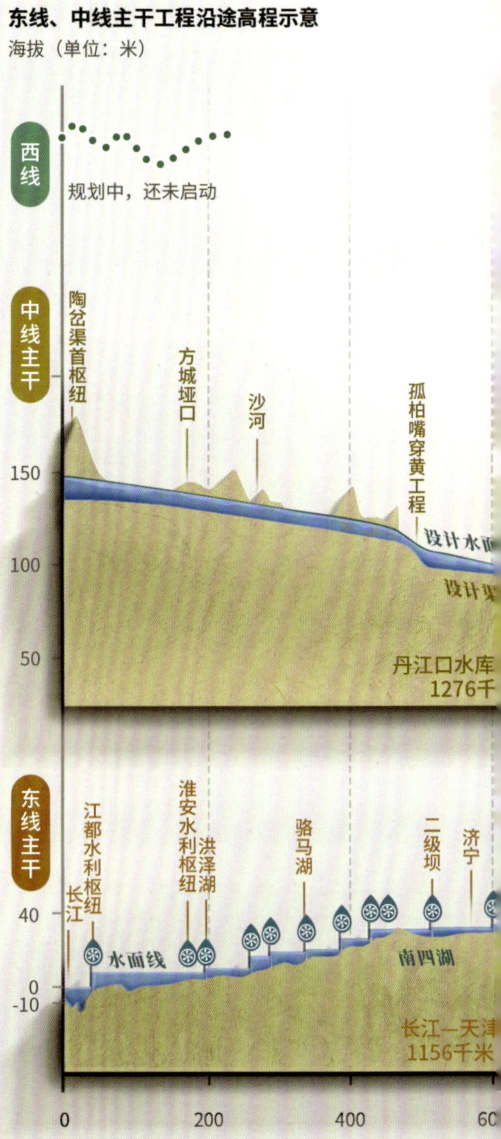
海拔（单位：米）
西线
规划中，还未启动
中线主干
陶岔渠首枢纽
方城垭口
沙河
孤柏嘴穿黄工程
设计水面
设计渠
150
100
50
丹江口水库
1276千
东线主干
长江
江都水利枢纽
淮安水利枢纽
洪泽湖
骆马湖
二级坝
济宁
水面线
南四湖
40
0
-10
长江—天津
1156千米
0
200
400
60

▼ 南水北调线路示意图

南水北调工程主要分为东线、中线、西线三条大型水道。东线工程从江苏扬州北上，跨过淮河，出东平湖后分两路，一路穿过黄河北上，直达天津，输水干线长 1156 千米，另一路向东达山东半岛，长 701 千米。中线工程干线全长 1432 千米，从丹江口水库出发，其中起点至北京的输水干线为 1276 千米，天津输水干线为 156 千米。西线目前处于前期的论证阶段。

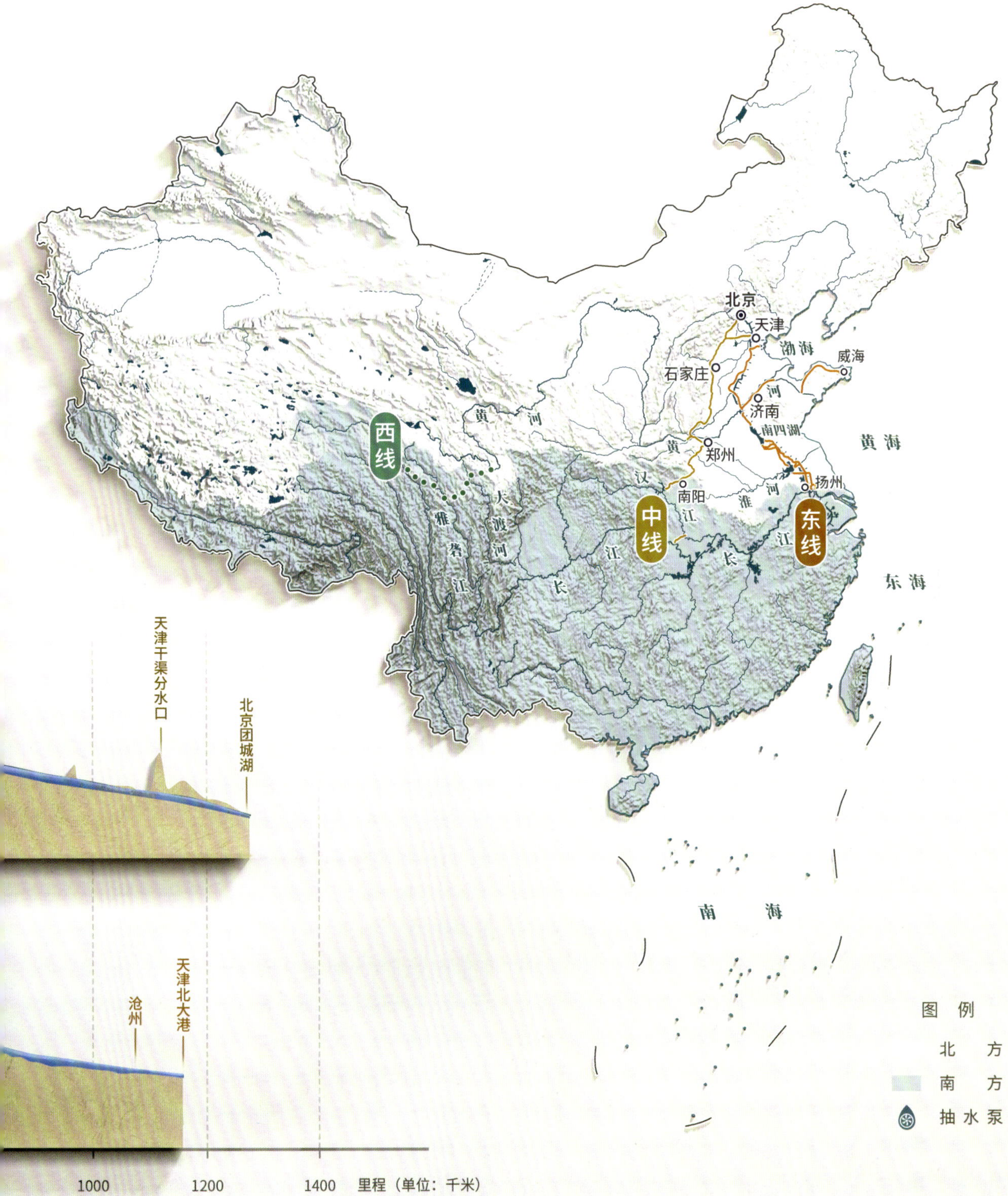
北京
天津
渤海
威海
石家庄
济南
南四湖
黄海
郑州
黄河
西线
中线
东线
大渡河
雅砻江
汉江
南阳
淮河
扬州
长江
东海
南海
图例
北方
南方
抽水泵
天津干渠分水口
北京团城湖
沧州
天津北大港
1000
1200
1400
里程（单位：千米）

穿城而过的江河、依偎城市的湖泊、郊外的水库、地下水……城市附近的这些水源，经过消毒处理之后，都可以变成清澈的自来水，从水龙头中流淌出来。可是，当城市不断扩张，一座座工厂轰轰运转，一排排住宅住满人家，人们对水的需求不断增加，附近的水源不够用的时候，又将怎么办呢?

人口稠密但缺少水源的华北地区就遭遇了这样一个难题。为了保障华北地区的用水，一项史无前例的超级工程——“南水北调”，在神州大地悄然铺开。浩浩荡荡的江、湖之水奔涌北上，滋润农田，灌入湖泊，流进城市乡村。当打开水龙头时，那哗哗的流水声，就像在讲述一个激动人心的故事。

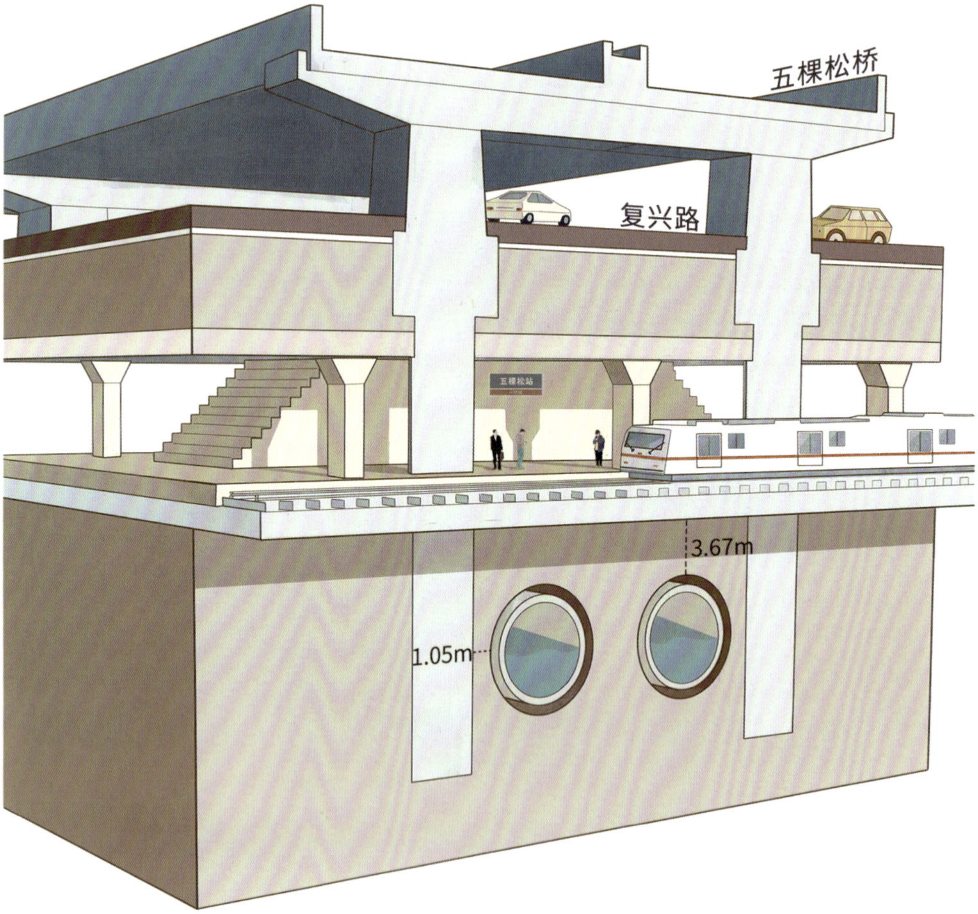
五棵松桥
复兴路
五棵松站
3.67m
1.05m

▲ “南水北调”暗涵下穿北京五棵松地铁站示意图

地铁站台之下有两条巨大的混凝土涵道，涵道内是南水北调奔流北上的江水。

第1幕 『远水』解救『近渴』

受夏季风的影响，我国降水量总体呈现出由东南向西北递减的趋势。降水量的不同带来南北方许许多多的差异，“南稻北麦”“南船北马”，从青翠欲滴的山水东南到大漠孤烟的荒凉西北……都与降水量的区域变化有关。

降水量的不同，更直接影响了南北方河流的水量大小，以及不同地区人均水资源占有量的多少。南方相对多雨，河流水量充沛。北方相对少雨，河流水量不足。一个问题出现了——南北方水资源严重不均衡。这种不均衡，也就直接反映在了南北方河流水量与人均水资源占有量上。

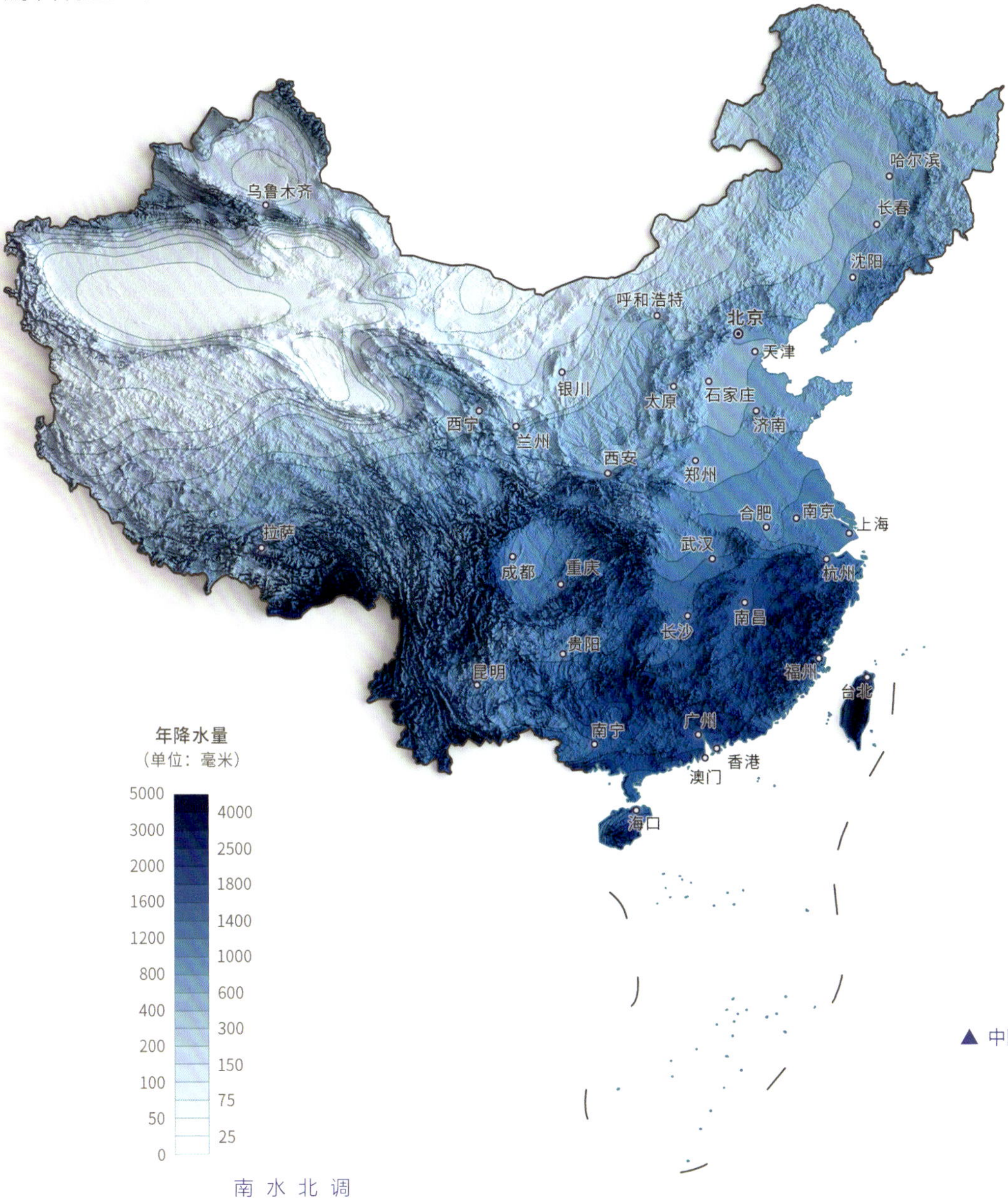

乌鲁木齐
哈尔滨
长春
沈阳
呼和浩特
北京
天津
银川
太原
石家庄
西宁
兰州
济南
西安
郑州
合肥
南京
上海
拉萨
武汉
成都
重庆
杭州
南昌
长沙
贵阳
福州
昆明
台北
南宁
广州
香港
澳门
海口
年降水量
（单位：毫米）
5000
4000
3000
2500
2000
1800
1600
1400
1200
1000
800
600
400
300
200
150
100
75
50
25
0

▲ 中国年降水量分布图

注：水资源总量，指当地降水形成的地表和地下水总量，
即地表水流量与降水入渗补给地下水量之和。
数据未包含港澳台。

▼ 中国主要河流径流量及各水系分区水资源量占比

河流年径流量为 2011—2020 年平均值；各水系分区水资源量为 2021 年数据。

西北诸河区
乌鲁木齐
阿克苏河
开都河
塔里木河
叶尔羌河
和田河
疏勒河
党河
黑河
布哈河

中国水资源一级区
水资源总量对比

北方6区 25.17%
南方4区 74.83%
辽河区 2.35%
海河区 2.48%
黄河区 3.38%
西北诸河区 4.56%
淮河区 4.57%
松花江区 7.83%
东南诸河区 6.74%
珠江区 12.29%
西南诸河区 18.06%
长江区 37.74%

松花江区
辽河区
西北诸河区
海河区
黄河区
淮河区
长江区
东南诸河区
西南诸河区
珠江区

衡量一条河流的水量一般采用“径流量”这项指标。径流量是河流在单位时间里经过某个断面的水量。如果用宽度来代表河流径流量的话，南方的河流就像是粗壮的树干，而北方的河流则如细小的树枝。从河流年径流量近十年均值来看，长江以超 9000 亿立方米的数值高居全国第一。而同为“母亲河”的黄河，则仅有约 500 亿立方米（以天然地表水量计），仅及长江年径流量的约 5%。长江的几大支流，如汉江、湘江、赣江等河流，以及其他南方的河流，如珠江、闽江、雅鲁藏布江等，它们的年径流量或与黄河相当，或远超黄河。

图 例

水资源量占比

> 30%

10%~20%

5%~10%

3%~5%

≤3%

暂无数据

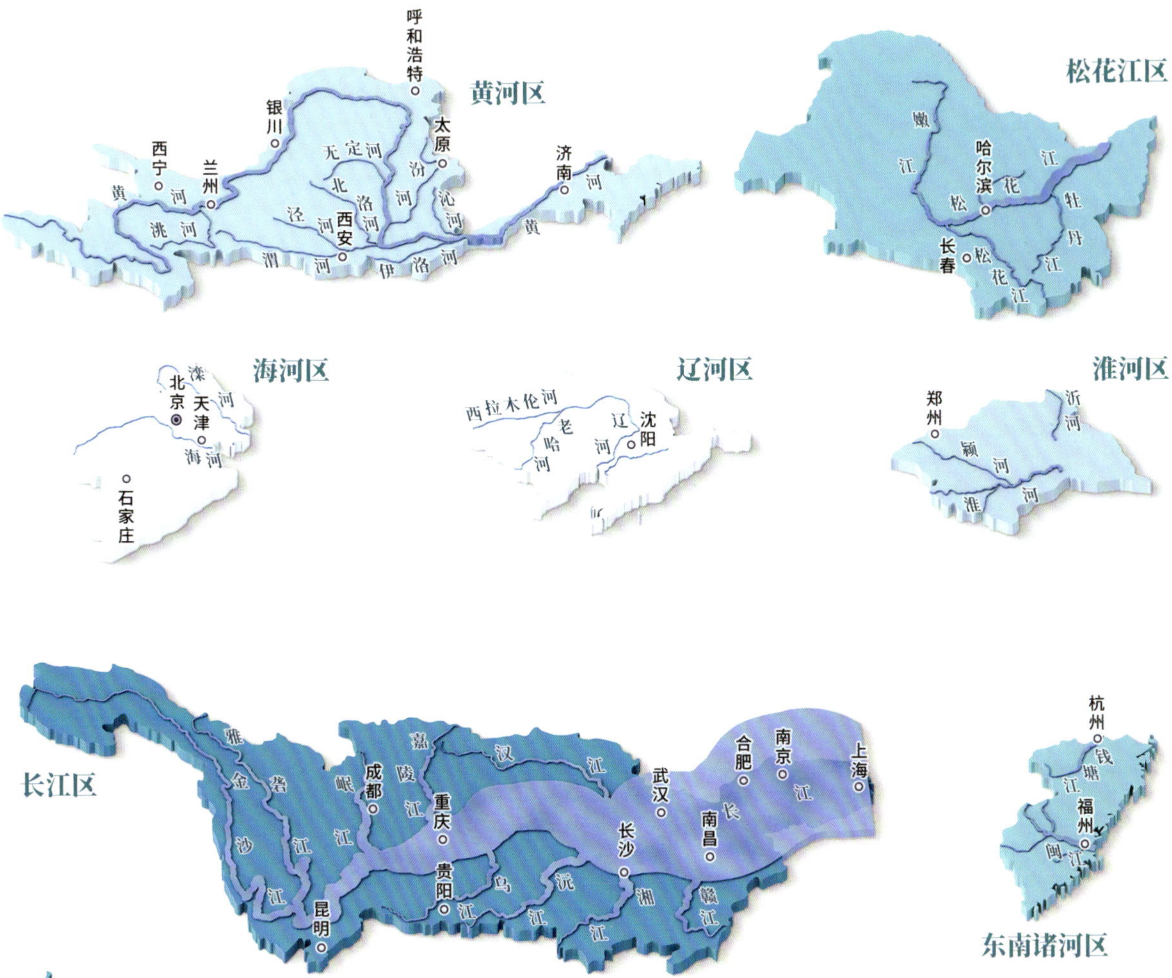
黄河区
呼和浩特
银川
太原
西宁
兰州
济南
西安
黄河
洮河
无定河
北洛河
汾河
沁河
泾河
渭河
伊洛河
松花江区
嫩江
哈尔滨
松花江
牡丹江
长春
海河区
北京
天津
石家庄
滦河
海河
辽河区
西拉木伦河
老哈河
辽河
沈阳
淮河区
郑州
颍河
淮河
沂河
长江区
雅砻江
金沙江
岷江
嘉陵江
成都
重庆
汉江
武汉
合肥
南京
上海
长江
南昌
长沙
贵阳
乌江
沅江
湘江
赣江
昆明
东南诸河区
杭州
钱塘江
福州
闽江

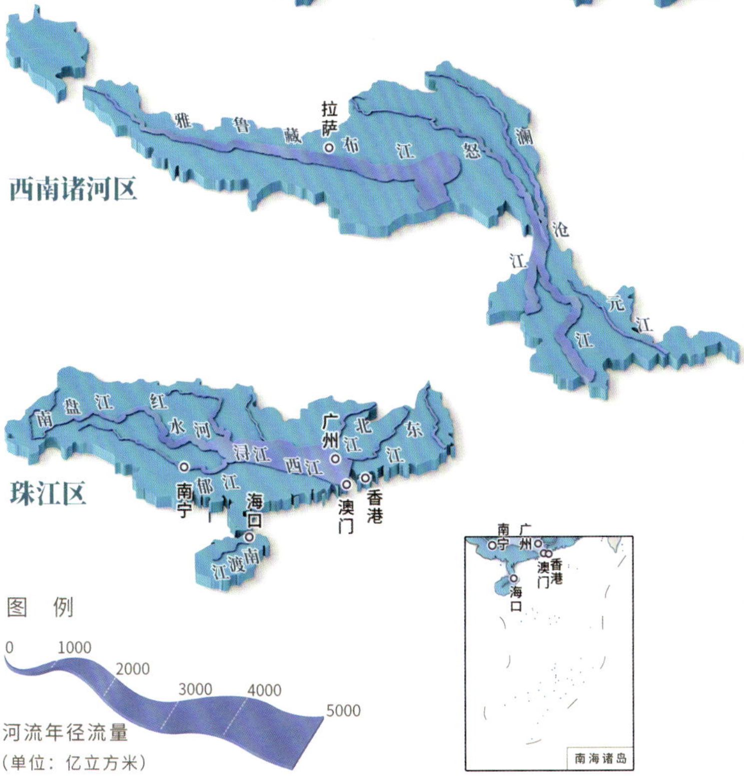
西南诸河区
雅鲁藏布江
拉萨
怒江
澜沧江
元江
珠江区
南盘江
红水河
浔江
西江
北江
东江
广州
南宁
郁江
海口
澳门
香港
南渡江
图例
0
1000
2000
3000
4000
5000
河流年径流量
（单位：亿立方米）
南宁
广州
澳门
香港
海口
南海诸岛

从 2021 年水资源总量（即地表和地下水量的总和）来看，在 2021 年全国十个水资源一级区的水资源总量中，长江区稳居第一，占全国水资源总量的约 38%，第二是西南诸河区，占比约 18%。而松花江区、辽河区、海河区、黄河区、淮河区及西北诸河区这六个一级区的水资源量加起来，才占全国水资源总量的约 25%，北方少水的状况可见一斑。

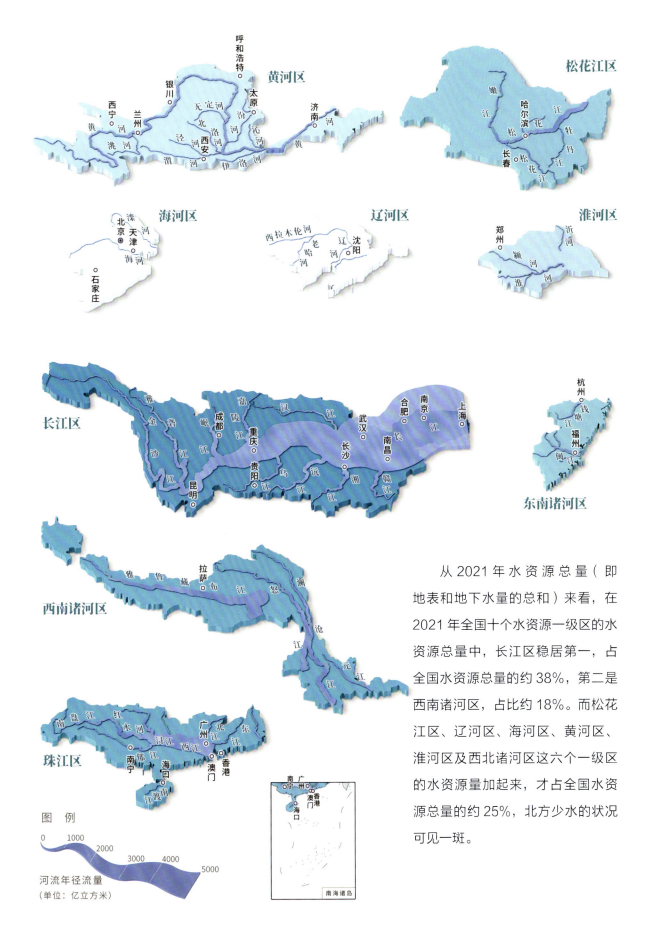

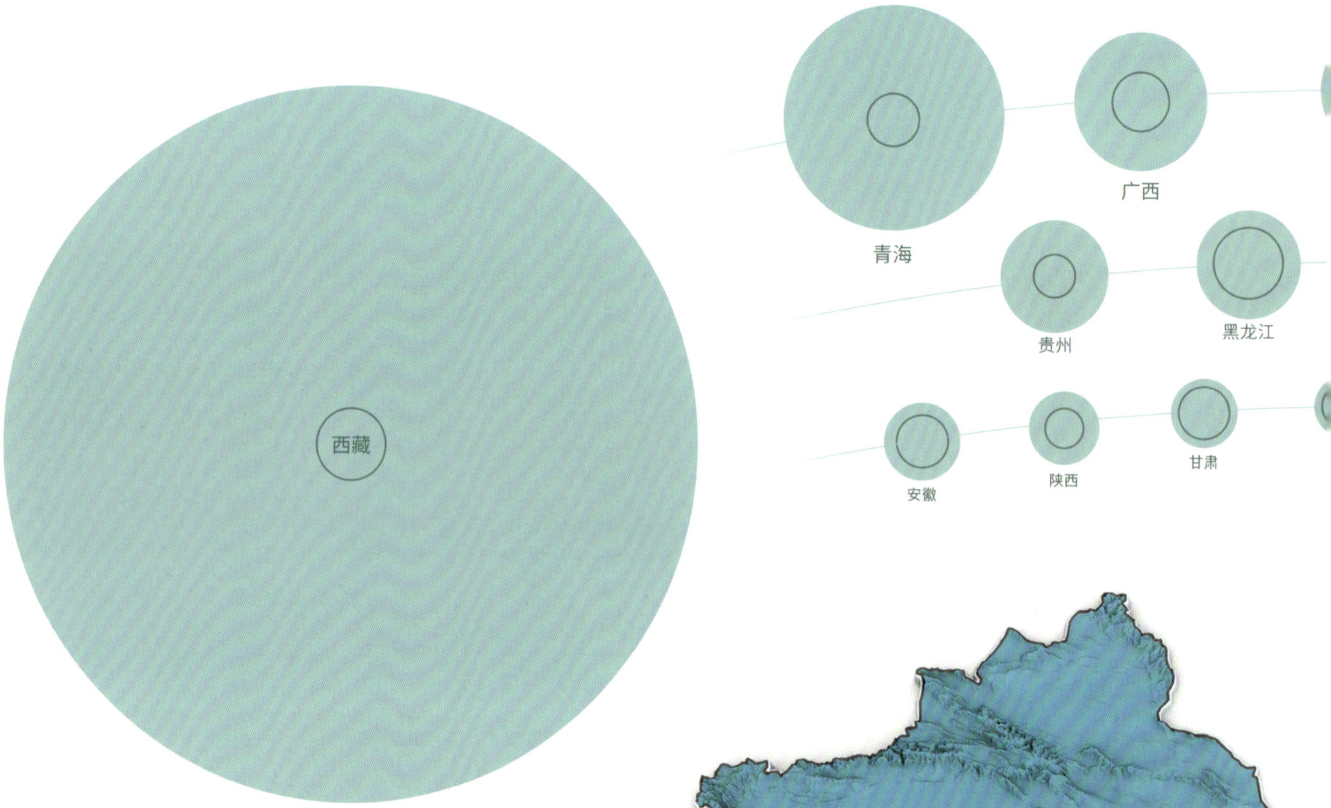
西藏
青海
广西
贵州
黑龙江
安徽
陕西
甘肃

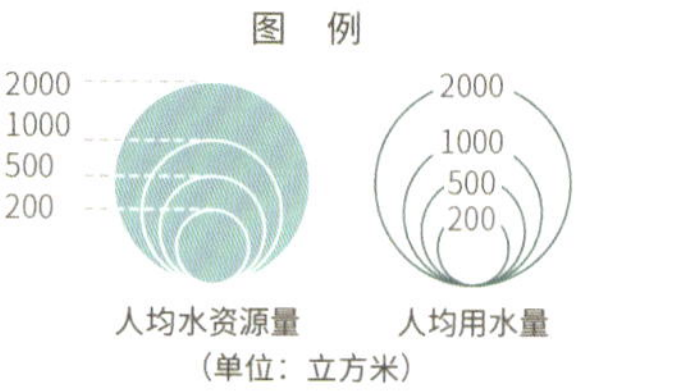
图 例
2000
1000
500
200
人均水资源量
2000
1000
500
200
人均用水量
（单位：立方米）

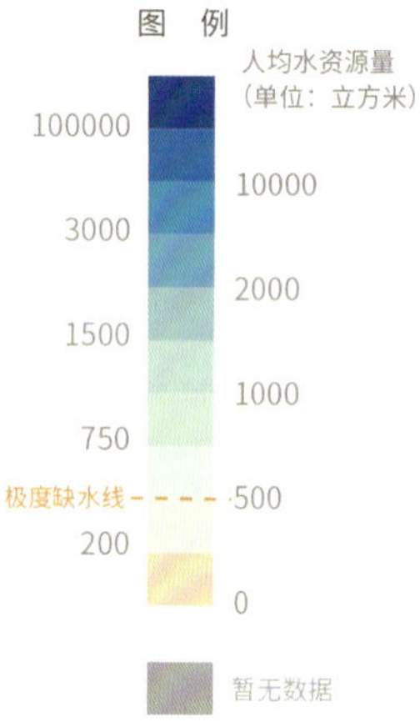
图 例
人均水资源量
（单位：立方米）
100000
10000
3000
2000
1500
1000
750
极度缺水线
500
200
0
暂无数据

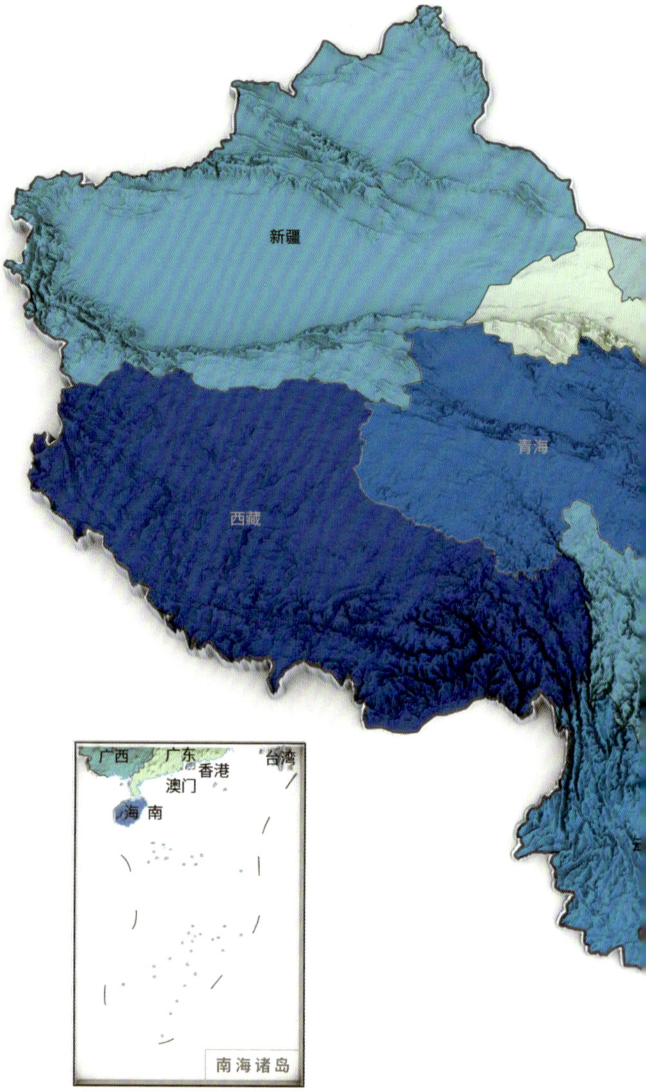
新疆
青海
西藏
广西
广东
香港
澳门
台湾
海南
南海诸岛

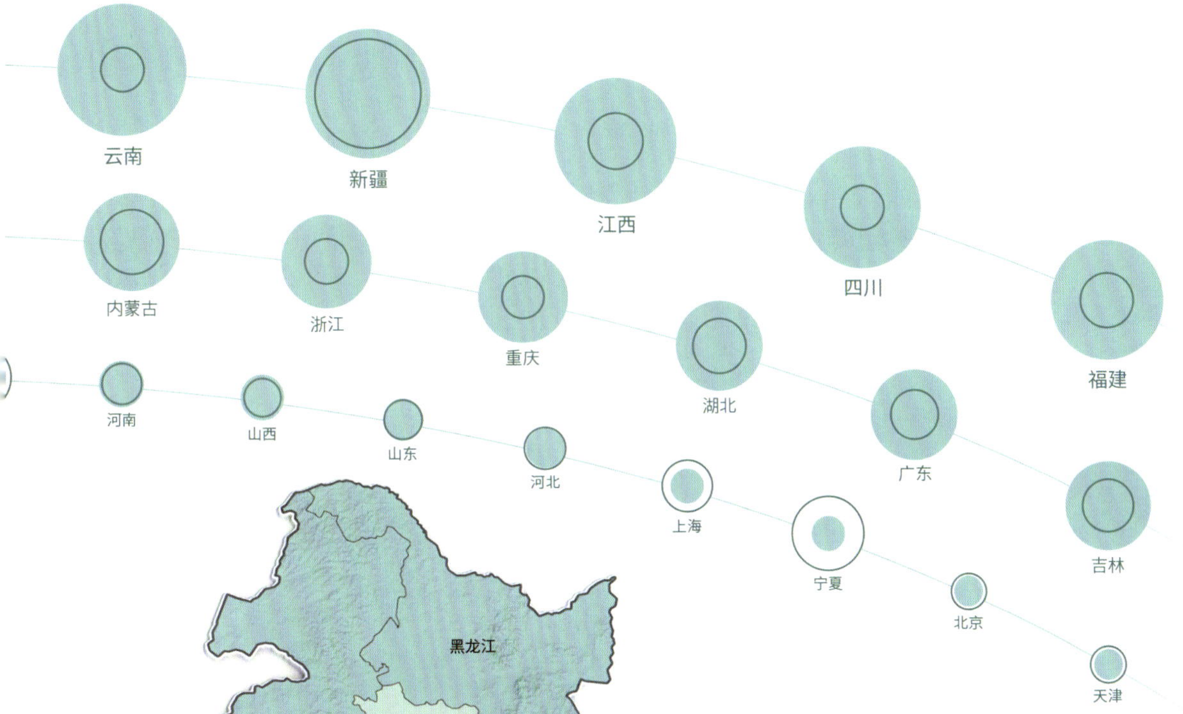
云南
新疆
江西
四川
福建
内蒙古
浙江
重庆
湖北
广东
吉林
河南
山西
山东
河北
上海
宁夏
北京
天津

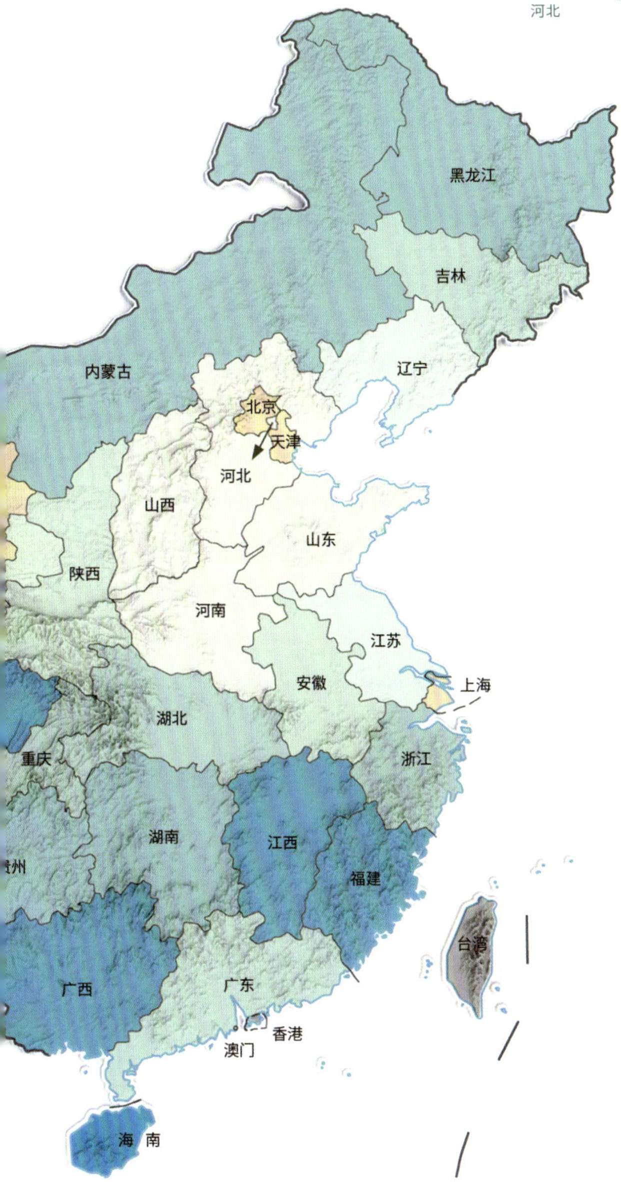
黑龙江
吉林
内蒙古
辽宁
北京
天津
河北
山西
山东
陕西
河南
江苏
安徽
上海
湖北
重庆
浙江
湖南
江西
福建
台湾
广西
广东
香港
澳门
海南

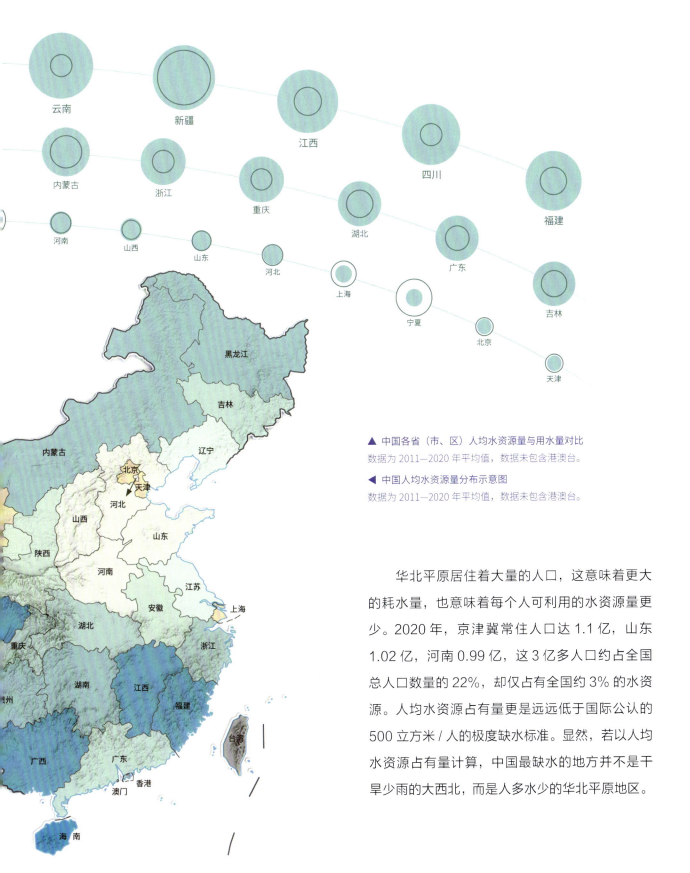

▲ 中国各省（市、区）人均水资源量与用水量对比

数据为 2011—2020 年平均值，数据未包含港澳台。

◀ 中国人均水资源量分布示意图

数据为 2011—2020 年平均值，数据未包含港澳台。

华北平原居住着大量的人口，这意味着更大的耗水量，也意味着每个人可利用的水资源量更少。2020 年，京津冀常住人口达 1.1 亿，山东 1.02 亿，河南 0.99 亿，这 3 亿多人口约占全国总人口数量的 22%，却仅占有全国约 3% 的水资源。人均水资源占有量更是远远低于国际公认的 500 立方米 / 人的极度缺水标准。显然，若以人均水资源占有量计算，中国最缺水的地方并不是干旱少雨的大西北，而是人多水少的华北平原地区。

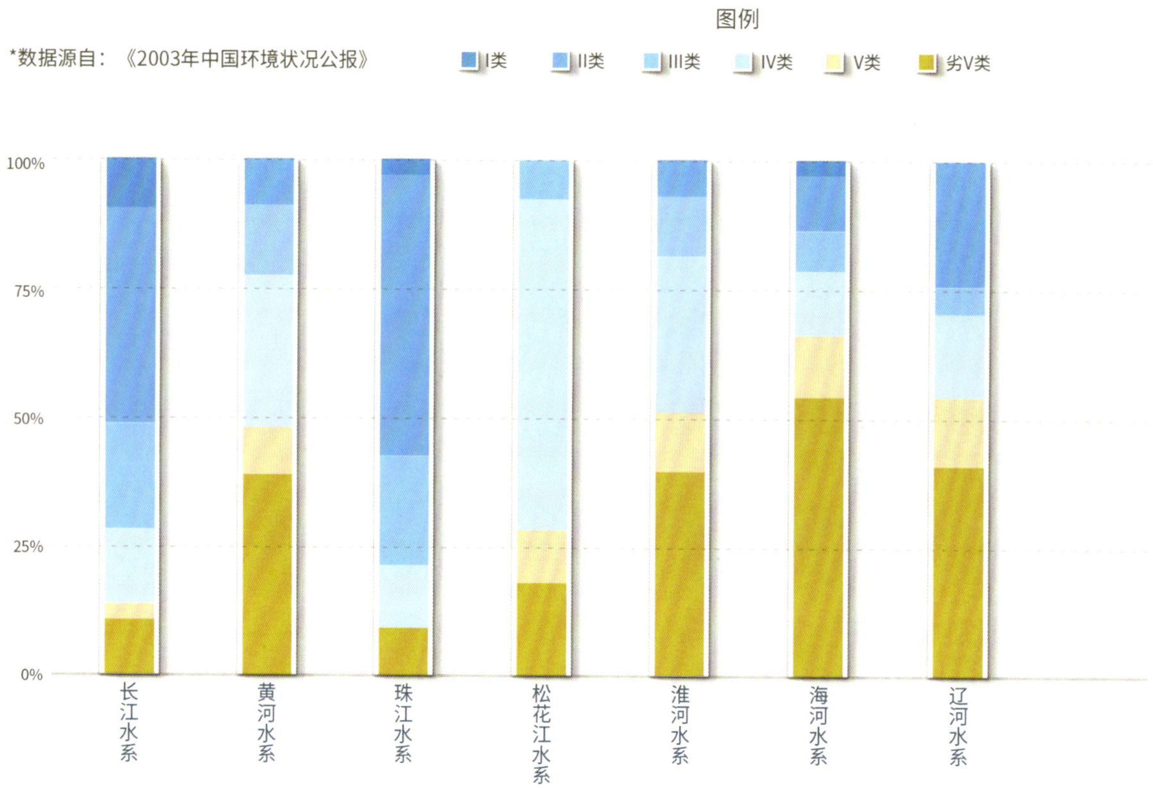
图例
*数据源自：《2003年中国环境状况公报》
I类
II类
III类
IV类
V类
劣V类
100%
75%
50%
25%
0%
长江水系
黄河水系
珠江水系
松花江水系
淮河水系
海河水系
辽河水系

▲ 2003 年中国七大水系水质状况对比

不仅仅是人均水资源占有量少，日益膨胀的人口、快速扩张的城镇、迅猛发展的工业，都导致废水排放量迅速增加，严重污染了华北地区的河流、湖泊。流经华北平原的黄河、海河、淮河，一度成为全国地表水质最恶劣的地区。最严重的时候，华北地区甚至是“有河皆枯、有水皆污”。

水资源短缺，水体污染，可用的地表水所剩无几……人们不得不将目光从地上转向地下。于是，华北平原的大地上被钻出了一个个越来越深的水井，人们抽取地下水，来填补庞大的用水缺口，并且井越打越深，取水量也不断增大。然而，取水量超过了地下水补给量，造成地下水位下降，进而引起地面塌陷、水质恶化等一系列问题，这是一种竭泽而渔的取水方式。因为地下水超采，到 21 世纪初，华北平原产生了一个不断扩大的、面积超过 7 万平方千米的地下水超采区。

地下水超采有什么危害?

地下水开采程度可以用开采系数来表示，即实际开采量与可开采资源量之比，如果系数大于 100% 则为超采。而大面积的地下水超采会引发非常严重的后果。

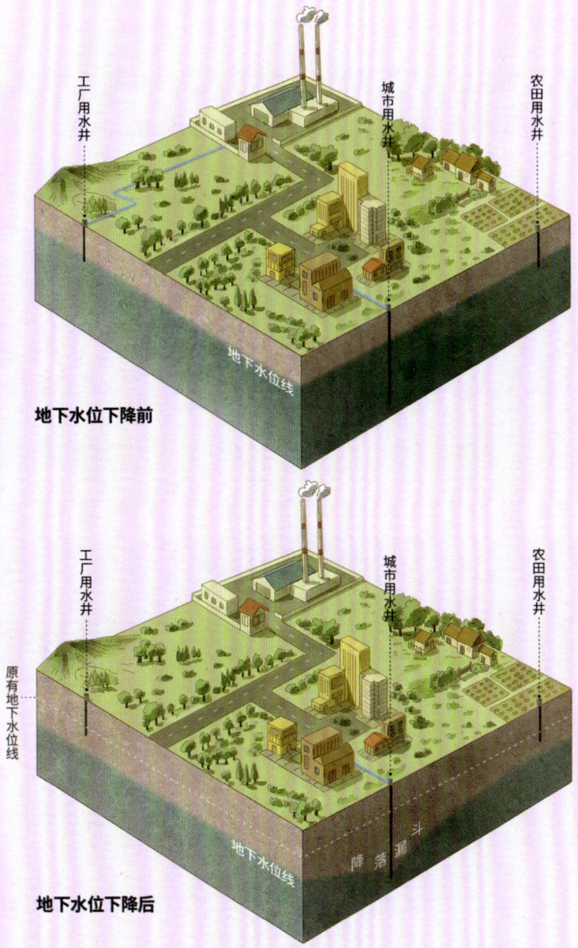
工厂用水井
城市用水井
农田用水井
地下水位线
地下水位下降前
工厂用水井
城市用水井
农田用水井
原有地下水位线
降落漏斗
地下水位线
地下水位下降后

▲ 地下水位下降示意图

人们通常会将井钻到地下一定的深度来获取地下水。超采地下水会导致井中的水位下降，而井周围的水位也会一同下降。以抽水井为中心，距水井越近，水位下降越大，水面坡度越陡，从而形成了漏斗状的水位下降区，这个下降区被称为“降落漏斗”。

水质恶化

超采地下水会导致地下水量减少，使得溶解在水中的矿物质浓度上升，地下水的水质不断恶化。使用劣质地下水灌溉会破坏土壤，影响农作物生长，水质恶化也会增加地下水净化处理的难度和成本，影响地下水的使用。

海水入侵

对沿海地带而言，一般情况下，地下水的水位要高于海平面。然而，超采地下水会导致地下水位大幅度降低，出现海水水位高于地下水位的情况，海水就有机会“乘虚而入”。海水的入侵大大增加了地下水的盐度，导致地下水无法使用。同时，海水入侵还会引发土壤的盐渍化，严重的会使得农作物绝产绝收。

地面沉降与地面塌陷

有一些地下水处在两个不透水的地层之间，这样的地下水能够承受一定的压力，因此被称为“承压水”。如果承压水被严重超采，地下水位下降，其所在地层无法承受来自上方地表的压力，从而使地表地层逐渐变形，引发地面沉降或地面塌陷。地面沉降和地面塌陷不仅会导致地面建筑物损毁、坍塌，也会对地下线缆、管道造成损害，还会加重城市防洪、排涝的负担。

干涸的华北大地，迫切需要新的水源。相比之下，南方的水资源较为丰富，调取南方水源来补充华北地区的水源，成为一种可行的解决方案。人们把目光投向了千里之外浩浩荡荡的长江。长江近十年平均年径流量超 9000 亿立方米，约是黄河、淮河、海河三河总径流量的 16 倍。丰富的长江之水能否北上，解救干涸的华北？

“南水北调”的设想，早在 1952 年就已经诞生。但是，大到线路布局，小到管道材质，不计其数的难题，让这个设想经过了半个世纪，在 2002 年才形成工程的总体规划。规划的出炉意味着，中国大地上将有东线、中线、西线三条大型水道纵贯南北，与东西流向的海河、黄河、淮河、长江形成“四横三纵”的巨型水网。最终调水规模将会达到 448

亿立方米——约是长江近十年平均年径流量的 5%，与黄河的径流量相当。

尽管当时世界上建成的调水工程有将近 400 项，但没有一项工程像“南水北调”这样，其规模之大、涉及面积之广、覆盖人口之多……堪称史无前例！因此，2013 年 11 月 15 日和 2014 年 12 月 12 日，东线、中线一期工程先后通水，南来之水第一次涌入北方大地，便成为世界水利史上令人难以忘记的时刻。而在这汩汩清流背后，中国人又付出了怎样的努力呢？

▼ 南水北调水渠流经河南新乡市辉县的田野／摄影 韩自豪

第2幕

东线：水往高处流

“南水北调”的东线从江苏扬州开始。它一路北上，上跨淮河，下穿黄河，最终将长江之水送到天津城区和山东半岛。沿途京杭大运河可作为江水北上的现成通道。还有洪泽湖、骆马湖、南四湖、东平湖等数个南北串联的湖泊，可以作为天然的调蓄水库。再加上江苏省境内有江水北调工程作为基础，东线工程似乎已占有地利人和，只待水到渠成。

然而，事情远没有这么简单。从调水起点到黄河南岸，地面高程升高将近 40 米，相当于十几层楼的高度。这意味着想要南水北上，必须实现“水往高处流”。这就需要利用一个个水泵，将水流一级一级地提到高处。于是，在东线一期工程沿线，总共建设了 13 级泵站、160 台水泵。这个世界上规模最大的泵站群，从扬州江都水利枢纽开始，将长江水逐级提升近 40 米，一路送至黄河南岸。

天津
威海
济南
扬州
东线

颍
淮
河
涡
河
河
巢湖
长
江
洪泽湖
洪泽湖
高邮湖
太湖
长江
扬州
江都水利枢纽
淮安水利枢纽
淮安
东
线
京
骆马湖
骆马湖
宿迁
徐州
二级坝
南
四
枣庄
连云港
黄

▲ 南水北调东线线路示意图／影像来源 中科星图股份有限公司

南水北调东线规划最终调水规模为 148 亿立方米。目前已建成的东线一期工程多年平均调水规模（这里的调水量指的是抽江水量）可达 88 亿立方米。

东线主干工程沿途高程示意

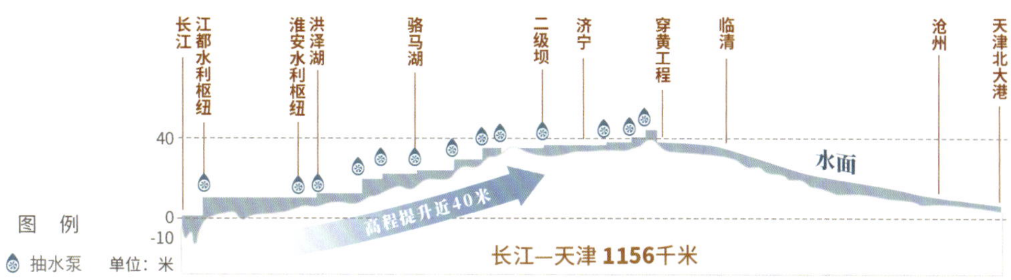
长江
江都水利枢纽
淮安水利枢纽
洪泽湖
骆马湖
二级坝
济宁
穿黄工程
临清
沧州
天津北大港
40
0
-10
水面
高程提升近40米
长江—天津 1156千米
图 例
抽水泵
单位：米

经过这些泵站一级一级地提水，东线一期工程的年调水能力可达到 88 亿立方米，相当于每年为沿线各省供给 600 多个杭州西湖的水量。流向高处的一股股江水滋润了华北平原上的一个个城镇。

而南水北调中线工程却不需要这么多泵站就可以实现南水自然向北流淌，这又是怎么做到的呢？

穿黄工程
临清
京杭运河
东线
衡水
白洋淀
德州
小清河分洪道子槽
沧州
天津北大港
天津
海河
东平湖
泰安
胶东输水干线
济南
淄博
滨州
东营
宋庄分水闸
潍坊
引黄济青
渤海
青岛
米山水库
烟台
威海
北
图 例
输水通道

“古有都江堰，今有江都站”：江都水利枢纽

有意思专栏

两千多年前，都江堰让成都平原成为沃野千里的“天府之国”。而在新中国成立后，扬州江都水利枢纽工程的修建也让苏北地区基本摆脱了旱涝的威胁。

苏北地区位于长江、淮河以及沂、沭、泗等河流的下游。在降水量偏多时，这里江河泛滥，洪水倾泻而至；在降水量偏少时，这里江、湖见底，赤地千里。为了改变这样的情况，人们试图将长江、淮河以及沂、沭、泗等水系串联起来，在干旱年份抽引江水来供给江北，在降水偏多的年份则抽排涝水入江，这样就可以解决苏北地区的旱涝问题。

1961 年，江都水利枢纽工程就在京杭大运河、新通扬运河、淮河入江水道的交汇处开始动工了！江都水利枢纽主要由 4 座电力抽水站、12 座大中型水闸和 3 座船闸等组成。这些抽水站、水闸既能向苏北地区源源不断地抽引长江水，又可以在洪涝年份将涝水抽排到

▼ 扬州江都水利枢纽／摄影 杨奎

长江中去，很好地解决了苏北地区的旱涝问题。

通过江都水利枢纽工程实现的江水北调，让淮北地区的水稻种植面积从过去的 200 多万亩发展到 2000 年左右的 1000 万亩。曾经的盐碱地也在南来江水的冲刷下得到了改善。除此之外，有了江水的补给和新修建的船闸的协助，苏北地区的京杭大运河也可以做到全年通航，大大改善了苏北地区的航运条件。不仅如此，在不需要抽水的时候，江都水利枢纽的部分抽水机组还可以“变身”为水力发电机，为人们带来清洁的水电。实现多种效益的江都水利枢纽，被人们赞誉为“江淮明珠”。南水北调东线工程借助了江都水利枢纽，以此为东线的起点，源源不断地为更多人带去长江之水。

▼ 扬州江都水利枢纽主机层的立式轴流泵／摄影 潘锐之

安全生产

▲ 淮安水利枢纽／摄影 贺敬华

位于淮安市淮安区，上方渡槽为东线工程的调水通道，也是京杭大运河的航道，下方涵洞为淮河的入海水道，它们共同组成了亚洲最大的水上立交工程。

第3幕 中线：一渠清水向北流

相比需要消耗电力、通过水泵逐级提水的东线，南水北调中线工程更加“节能”。在1432千米的干渠之上，只建有一座泵站，就实现了从湖北丹江口水库到北京的超远距离输水。

北京
天津
石家庄
郑州
南阳
中线
画面

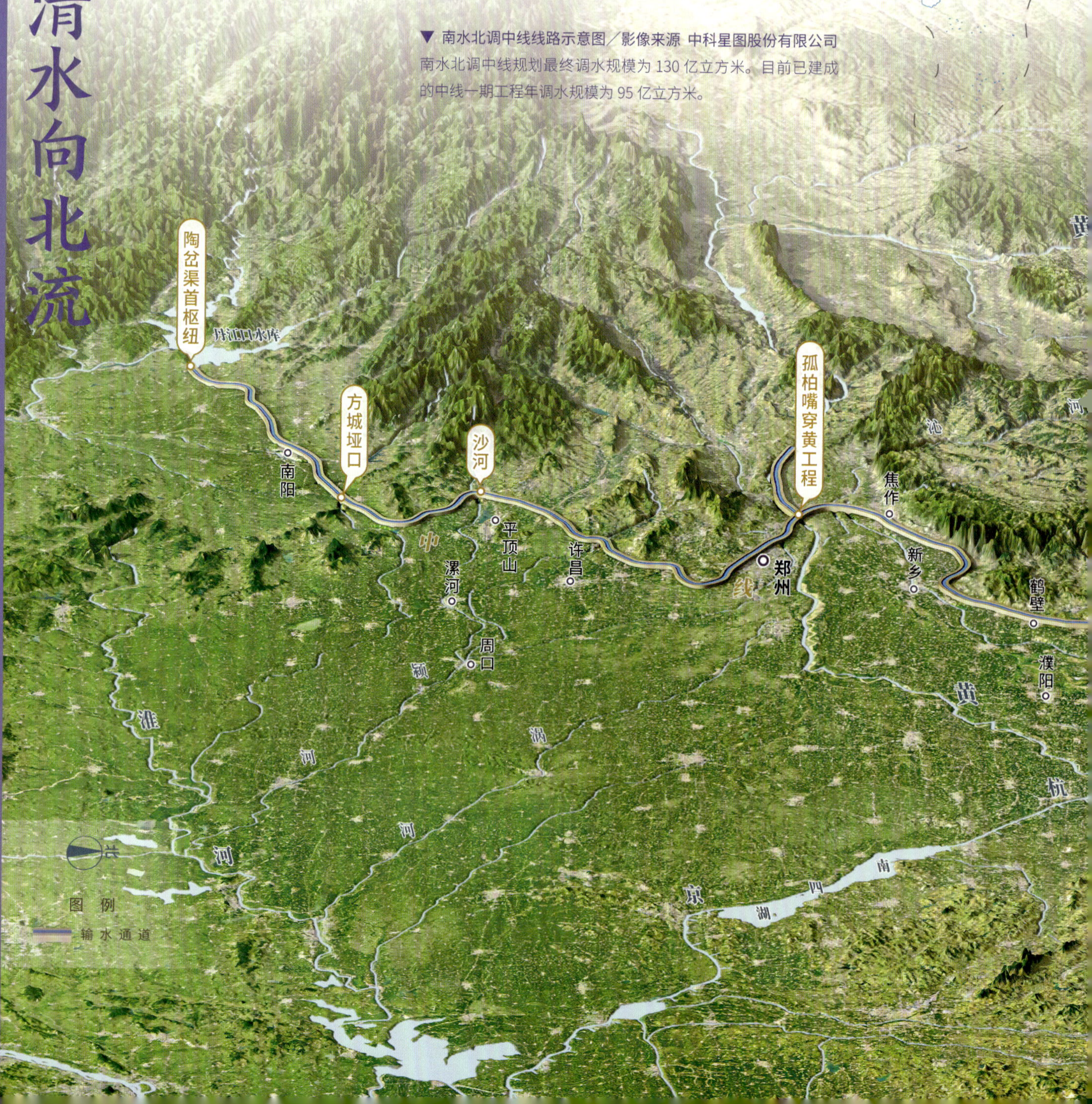

陶岔渠首枢纽
丹江口水库
方城垭口
沙河
南阳
平顶山
许昌
漯河
周口
中
线
郑州
孤柏嘴穿黄工程
焦作
新乡
鹤壁
濮阳
沁
河
黄
颍
涡
河
淮
河
河
京
杭
南
四
湖
图例
输水通道

▼ 南水北调中线线路示意图／影像来源 中科星图股份有限公司
南水北调中线规划最终调水规模为130亿立方米。目前已建成的中线一期工程年调水规模为95亿立方米。

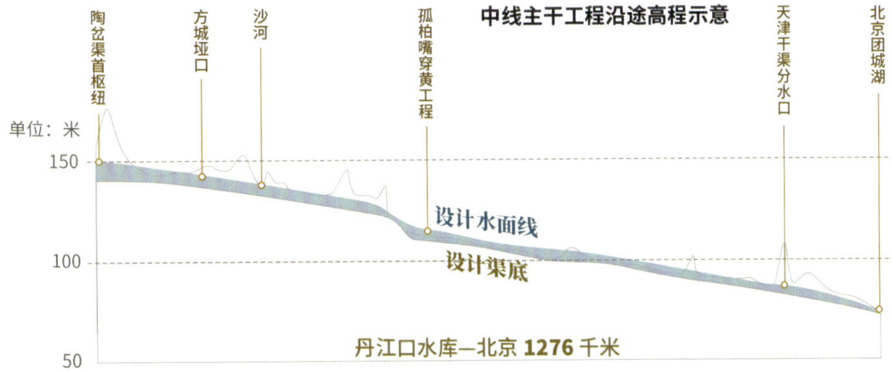
中线主干工程沿途高程示意
陶岔渠首枢纽
方城垭口
沙河
孤柏嘴穿黄工程
天津干渠分水口
北京团城湖
单位：米
150
100
50
设计水面线
设计渠底
丹江口水库—北京 1276 千米

而实现这样优势调水的奥秘就是，水源地丹江口水库的高度大大高于受水区。为了增加水库的蓄水量，提高水位，保证供水量，满足工程需求，这座已服役 30 多年的老坝上被浇筑新的混凝土。丹江口大坝加高工程被人们称为“穿衣戴帽”。“穿衣”指的是在原坝体的下游面上浇筑混凝土，加厚坝体；“戴帽”指的是把混凝土浇筑在原坝的顶部，使得坝体加高。

丹江口水库大坝加高工程历时近 8 年，升级改造后的大坝变得更高更厚，水面面积增加至 1050 平方千米，几乎与三峡库区的水面面积相当，库容量完全满足调水的需要。其正常蓄水位可达到 170 米，比北京高出 100 余米，这就意味着来自丹江口水库的汩汩清水不再需要泵站进行逐级提升，便能一路自流到北京，或是经流河北保定的西黑山分水口，转而向东流入天津。

汾河
邯郸
邢台
石家庄
中线
衡水
保定
天津干渠分水口
天津干渠
天津外环河
北京团城湖
北京
天津
永定河
白洋淀
运河
海河
渤海

▼ 丹江口水利枢纽／图片来源 中国南水北调集团新闻宣传中心

丹江口水利枢纽横跨河南、湖北两省。它始建于 1958 年，到 1973 年初期工程修建完成。丹江口水利枢纽有防洪、发电、航运、养殖、旅游等多方面效用，作为南水北调中线的水源地，丹江口水利枢纽如同一个巨大的水龙头，为华北平原上的城市和乡村提供甘甜的清水。

然而自流引水的实现也并不简单，由于没有任何现成水道可以利用，1432 千米的中线工程要全部从零开始。

中线工程沿途要穿越 686 条大小河流。为了确保输水水质达标，避免受到洪涝及水质污染的影响，一座座庞大的“水上立交”横空出世。在这些“水上立交”里，有 27 座大型梁式渡槽。所谓的“渡槽”，就是人们为了让水流安然穿过其他河流、道路、农田而高架起来的渠道。它们载着南来之水源源不断地凌空而过，如同一条条蜿蜒北去的“天河”。

▼（左）沙河渡槽／图片来源 中国南水北调集团新闻宣传中心

沙河渡槽为南水北调中线一期工程总干渠的组成部分，起点位于沙河南至黄河南段。被“架高”的水流从田野上奔流而去，如一条巨龙向远处延伸。

▼（右）U 形渡槽／摄影 何进文

与行走在渡槽里的工人相比，渡槽显得高大而宽阔，他们都是一渠清水能够源源不断向北流的坚实基础。

除了“水上立交”外，还有“地下暗河”，即输水隧洞和倒虹吸。有的地方地势较高，不适合建设明渠或渡槽，需要建设输水隧洞或倒虹吸，根据实际建设条件选择。所谓倒虹吸，就是利用上下游水位差，让水流像倒挂的彩虹那样，在河流或道路下方穿过。

在这些地下暗河中，难度最大、规模最大的，便是穿越黄河的穿黄工程。为了让水流在黄河下方穿过，负责掘进隧道的大型盾构机从黄河北岸一个内径 16.4 米、井深 50.5 米，几乎相当于一座 15 层楼高度的圆筒形竖井出发。盾构机的刀盘在深厚的土层中日夜不休地旋转，被粉碎的沙砾土石伴随泥浆不断排出。最终，在大河之下穿行超过 4000 米，经历 500 多个日夜后，巨大的盾构机在河道对岸重见天日。在黄河河床下平均深度 30 米处，两条内径达 7 米的巨大隧洞出现在滔滔的黄河水下。南来之水借由隧洞，穿过黄河天堑，继续北上，最终抵达北京团城湖，并流入华北地区的千家万户。

◀ 穿黄工程全景／图片来源 中国南水北调集团新闻宣传中心
南来之水通过地下隧洞到达黄河北岸。此外，在干旱时期，中线工程还可向黄河补水。

▼ 南水北调中线倒虹吸方式穿黄河示意图

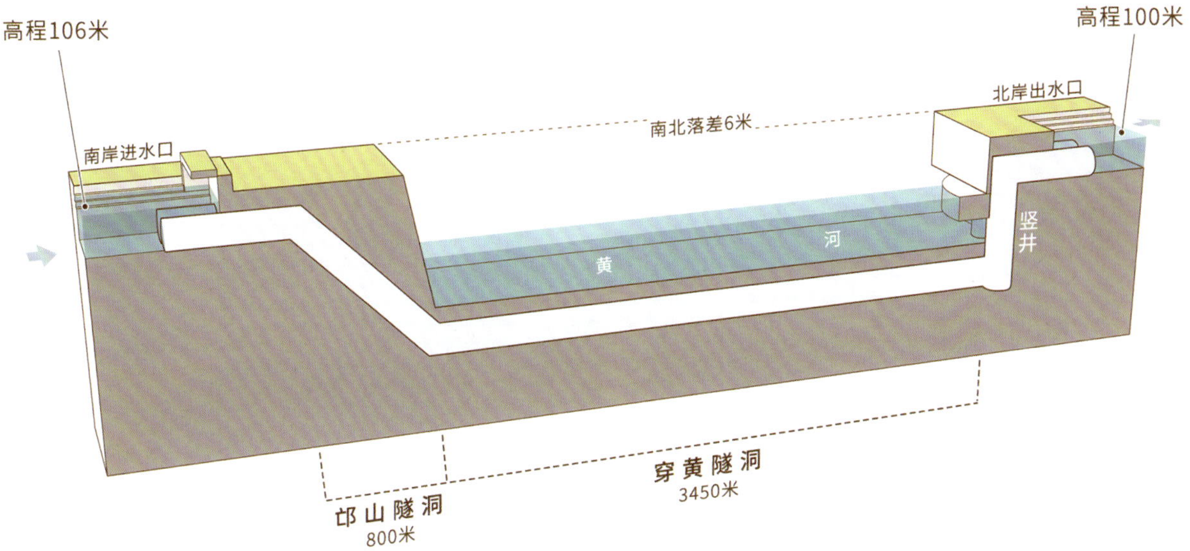
高程106米
高程100米
北岸出水口
南北落差6米
南岸进水口
黄
河
竖井
穿黄隧洞
3450米
邙山隧洞
800米

有意思专栏

“机械蚯蚓”——盾构机

要把水从南方运到华北平原，黄河是不得不跨过的一道“坎”。为了让清澈的水源安然渡过黄河，工程师们决定让干渠“入地”，为流水开拓一条“地下隧道”，继续向北的征程。如何才能在奔流不息的黄河下挖出一条隧道呢？一种叫作“盾构机”的大型机械或许可以帮助人们解决这一问题。

盾构机是一种用来掘进隧道的大型机械。在使用盾构机时，需要先在出发点挖出一个竖井，将盾构机从竖井放入地下，它就可以用前端旋转的刀片粉碎土石，排出泥浆，向前掘进。与此同时，盾构机的后端还要不断拼装混凝土管片，以支撑挖空的隧道，这些管道片就像一枚枚盾牌一样，将整个隧道支撑起来。

用盾构机挖掘隧道，最大的好处就是它完全在地下挖掘，不用将地面“开膛破肚”，一般不会破坏地下原来埋藏的管道，更不会影响地面交通或者河面通航。除此之外，盾构机施工的自动化程度高，施工速度快，可以节省人力，还不受天气的影响。不过，盾构机的使用成本和需要的技术水平都比较高，当隧道长度长、深度大的时候，使用盾构机施工更为经济、合理。

除了帮助南水北调的水流渡过黄河，盾构机还在修建地铁、海底隧道等方面发挥着巨大作用。盾构机就像一个能够吃土嚼石的“机械蚯蚓”，在中国大地之下挖出一条条隧道，挖出一个四通八达的地下网络。

▼ 盾构机的工作原理及内部结构示意图

盾构机有土压平衡盾构机、泥水平衡盾构机等多种类型，此处所展现的是泥水平衡盾构机的工作过程。南水北调穿黄工程所用的“黄河号”为泥水平衡盾构机。

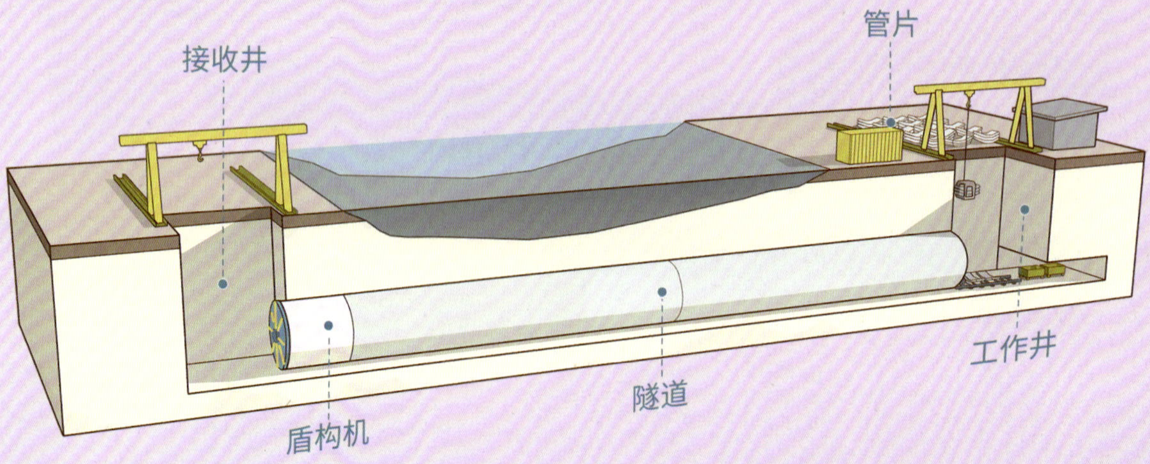
管片
接收井
工作井
隧道
盾构机

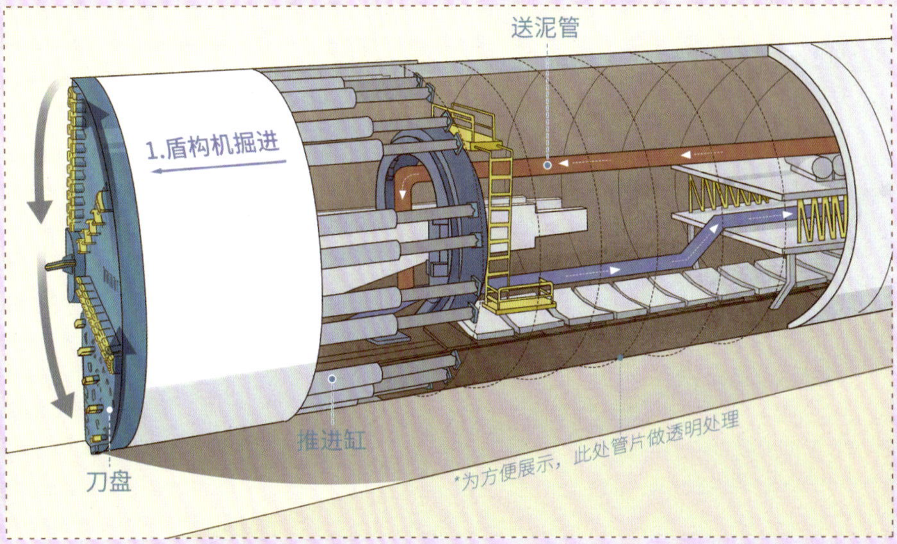
送泥管
1.盾构机掘进
推进缸
刀盘
*为方便展示，此处管片做透明处理

1. 在液压推进缸的作用下，盾构机向前掘进，刀盘旋转切割泥土。同时，泥水经送泥管输送至盾构机前部的泥水舱。通过泥水的压力与挖掘面的土压和水压形成平衡，来保持挖掘面的稳定。

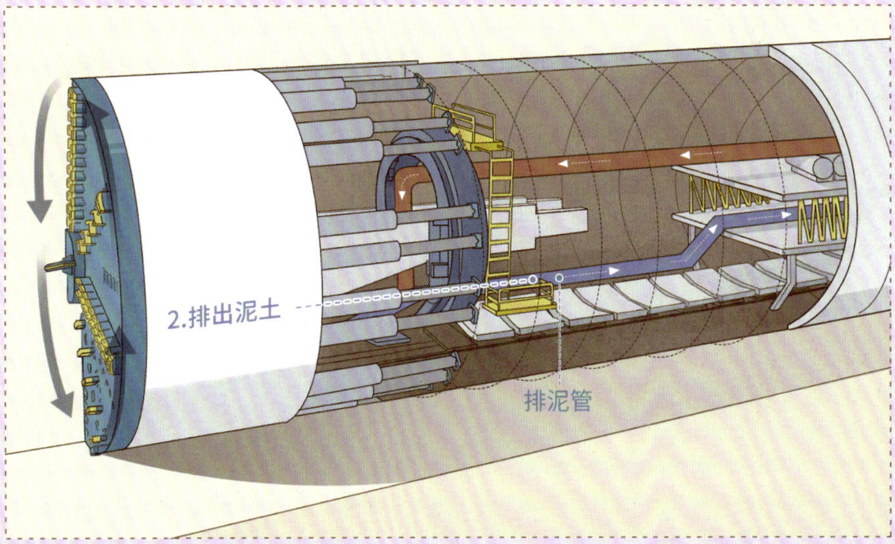
2.排出泥土
排泥管

2. 开挖出来的渣土以泥浆的形式通过排泥管输送至地面。随后泥浆经处理后分离出沙粒和泥水，分离后的泥水会再输送到开挖面。

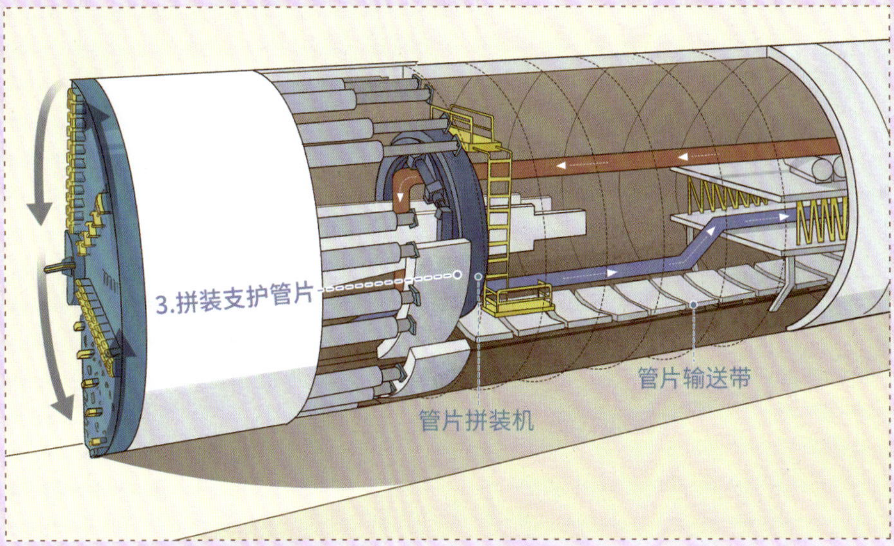
3.拼装支护管片
管片输送带
管片拼装机

3. 管片拼装机起吊管片，将其拼装至相应的位置，最后拼装成环状。

▼ 河北省保定市吴庄隧洞／图片来源 中国南水北调集团新闻宣传中心

第4幕 调水之外的故事

水库、泵站、水渠、隧洞……各种各样的建筑，串联起了千里水脉。然而，这些仅仅是整个工程的冰山一角。施工过程中，水质如何保障？污染如何治理？移民如何安置？文物如何保护？种种问题摆在人们眼前，它们又构成了一个个调水之外的故事。

2002 年，南水北调工程终于开工。不过，东线工程沿线的城市状况却不容乐观：在黄河以南的 36 个水质断面中，仅有 1 个达到地表水 III 类标准。有的断面污染物甚至超标百余倍，完全不能作为饮用水源。这意味着沿线地区在工程建设的十年内，必须达到全线 III 类及以上水质，才能满足通水要求。开展一项庞大的污染治理工程，刻不容缓。

于是，这十年内，山东超过 700 家造纸厂，江苏 800 多家化工企业，都因为排放不达标被陆续关停。水面上，大量排放不达标的船被淘汰或拆改。河岸边，仅江苏省沿线就建成 17 座船舶垃圾收集站、43 座污水污油回收站，时刻镇守着入流河道的排放关卡。一项项污

▼ 江苏省宿迁市大运河畔的污水处理厂／摄影 缪宜江

▲ 丹江口库区／摄影 徐欣

水治理工程如同铠甲一般，装备在东线 1000 多千米的线路上。到 2012 年东线通水前夕，沿线主要污染物入河总量减少 85%，全线 36 个监测断面终于全部达标。

而中线工程的干渠水道全程封闭，两侧还严格划定了水源保护区，杜绝了外界污染带来的影响，堪称一条“清水走廊”。但人们真的可以高枕无忧了吗？当然不可以。20 世纪 80 年代时，中线水源地丹江口水库水质达到 I 类的时间约有三分之二，但到了 21 世纪初只有三分之一。如何维持水源地的水质状况，成为无法忽略的问题。

为了保障水质，规模浩大的水源保护工程在南水北调工程中线展开。在丹江口水库的上游流域，采矿冶炼、汽车电镀等众多污染物排放不达标的高污染企业被纷纷关停。截至 2014 年，上游流域的城市污水处理厂由 5 座增至 174 座，垃圾处理场则由 1 座增至 99 座。自中线工程通水至今，输水水质达到 I 类的断面比例从 30% 增至 80%，历时超过 8 年的水源保护工程效果逐渐显现。

丹江口库区移民内安与外迁人数对比

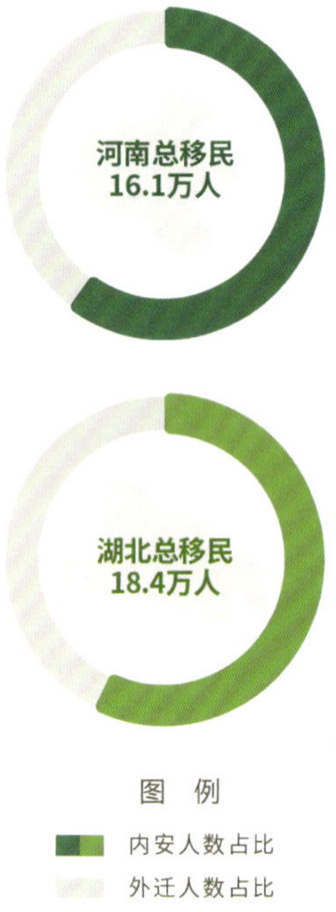
河南总移民
16.1万人
湖北总移民
18.4万人
图 例
内安人数占比
外迁人数占比

丹江口库区移民外迁地及其人数分布

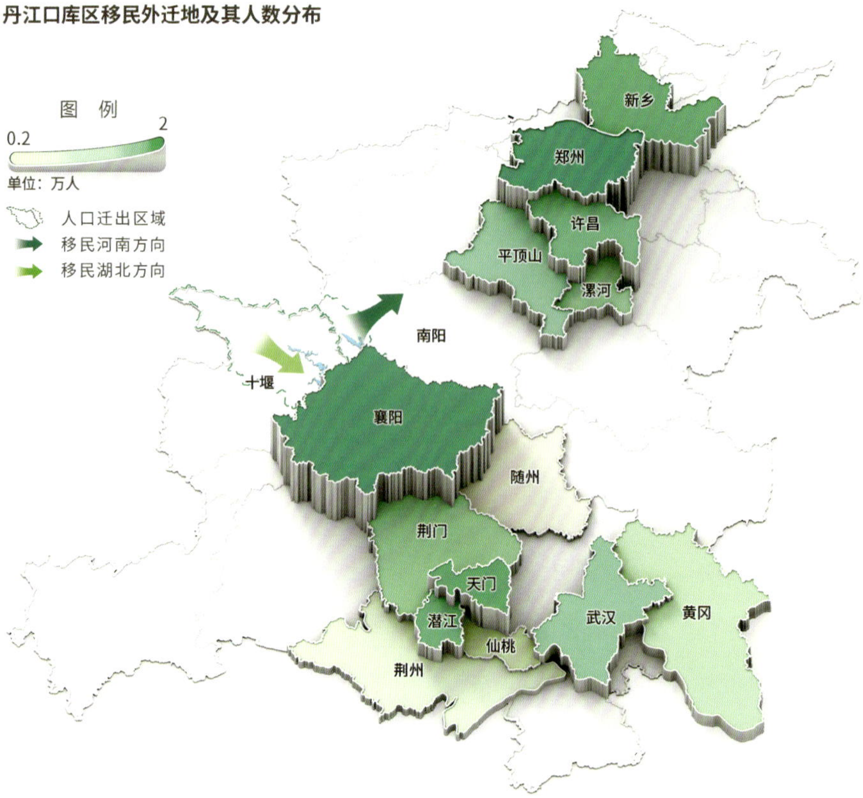
图 例
0.2
2
单位：万人
人口迁出区域
移民河南方向
移民湖北方向
新乡
郑州
许昌
平顶山
漯河
南阳
十堰
襄阳
随州
荆门
天门
潜江
仙桃
武汉
黄冈
荆州

▲ 丹江口库区移民安置状况示意图

丹江口水利工程移民涉及湖北、河南两省，共 34.5 万人。

然而，青山绿水的丹江口水库在为中线工程提供绝佳水源的同时，也付出了巨大的代价。由于水库水位抬高 13 米，周边超过 300 平方千米的土地没入茫茫碧波之下。曾经生活在库区周边的 34.5 万人不得不搬离原本的家园。而输水干线占用土地，又需要搬迁安置约 9 万人。伴随整个中线工程的是一项浩大而艰巨的移民安置工程。于是，迁入地的一个个移民新村建设起来，社区中交通、供电、供水、排水、学校、环保等公共基础设施一应俱全。不仅如此，迁入地又将条件优良的土地重新分配给新来的移民。这些移民搭乘着浩浩荡荡的车队，挥别祖祖辈辈生活的故土，到达一片陌生的土地，重新建立家园。

需要搬家的不仅仅是世代生活在这里的人们，还有一处处见证了历史的文物古迹。东线、中线工程沿线总共涉及文物点 710 处，这项庞大的调水工程也成为一项规模空前的文物保护工程。

从规划到施工期间，为了保护沿途的古迹遗址，工程多次让路、改线。而沿线区域的考古调查和紧急发掘更是从未停止，其中的多个项目先后被列入“全国十大考古发现”。除此之外，对于重要的古建筑，人们投入巨资开展保护。如建于明代初期的武当山遇真宫，人们将现存的遇真宫主体建筑和宫墙进行标记后整体拆除，待地面垫高后复原。山门、东西宫门的三座建筑，将整体抬高 15 米，相当于 5 层楼的高度。2019 年 9 月，历时 9 年的遇真宫抬升修复工程圆满完工，这片占地 5.7 万平方米的建筑群，在全面加高的堤岸上恢复了往日的模样。

不仅仅人和文物要搬家，南水北调中线工程还对汉江下游的流量产生很大的影响。为了避免中线工程调水导致汉江下游水位降低，影响农田灌溉和河流生态，生态补偿工程也成为南水北调配套建设的重要工程。因此，人们在长江与汉江上建设了兴隆水利枢纽和“引江济汉”两大工程。这两大工程通过下游补水、上游蓄水的方式，将上游的灌溉面积增加 60% 以上，也使下游多年平均水位抬高 0.15 ~ 0.30 米。与此同时，河道上闸站改建扩建，进行局部航道整治，长江中游的荆州和汉江中游的襄阳通航距离减少了 600 多千米。

污染治理工程、水源保护工程、移民安置工程、文物保护工程、生态补偿工程……当涌入华北的滔滔江水为这片土地带来新的机遇时，人们也不应当忘记，在引导南水北上的水渠之外，还发生着一个个不为人知的故事。

▼ 抬升后的遇真宫／摄影 石耀臣

有意思专栏

回补汉江水的“引江济汉”工程

南水北调中线工程建成后，清澈的汉江水向北流入华北平原的千家万户，但也会带来一个问题：汉江中下游的水量大幅度减少。一方面，水量的减少导致水中的氮、磷浓度上升，引发水体富营养化。高浓度的氮、磷促进了水中藻类的大量繁殖，导致汉江发生水华的频率大大增加。另一方面，水量的减少、水位的降低，既影响汉江中下游人们的用水，也影响汉江中下游船舶的航运。为了解决这些潜在问题，人们决定在中线工程建设的同时实施“引江济汉”——用长江水填补汉江水。

▼ “引江济汉”工程示意图

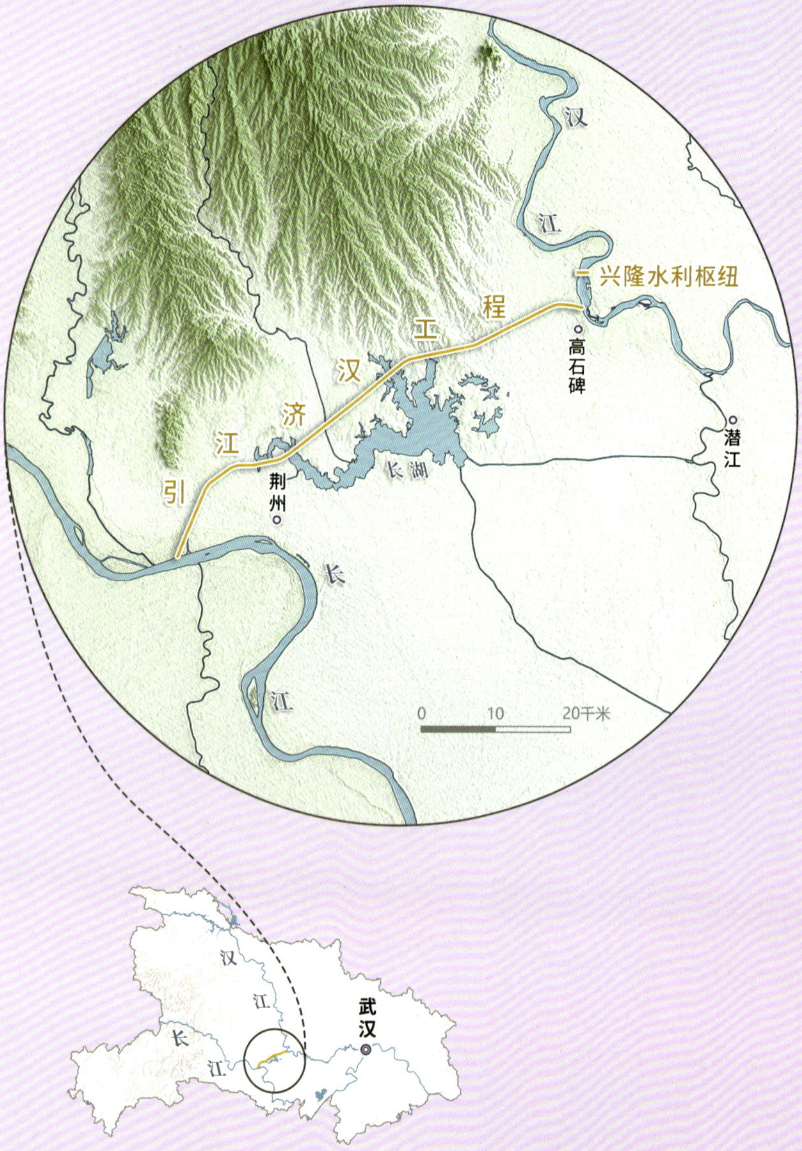

汉
江
兴隆水利枢纽
引
江
济
汉
工
程
高石碑
潜江
荆州
长湖
长
江
0
10
20千米
汉
江
长
江
武汉

▼ 跨越长湖的“引江济汉”工程水道／摄影 傅鼎

长湖是湖北省第三大湖泊，位于潜江、荆州、荆门三市交界处。细长的水道穿过长湖，宛如一条纽带将长江与汉江紧密相连。

“引江济汉”即在湖北荆州与潜江之间开挖一条人工河，将长江与汉江连接起来，让滚滚长江水通过这条人工河道补给汉江水。整个工程要建设 13 座水闸、1 座泵站、4 座船闸，还要穿过荆江大堤，还要解决遇水膨胀、失水收缩的膨胀土问题。经过四年半的风雨兼程，2014 年 9 月，“引江济汉”工程终于完工。上百亿立方米的水从长江流到汉江，弥补了汉江的水量，汉江中下游地区 645 万亩耕地、889 万人的用水条件得到改善。

除此之外，“引江济汉”工程修建的人工河还为长江和汉江提供了新的航运通道，如往返荆州和武汉的航道缩短了 200 多千米，往返襄阳与武汉的航道则缩短了 600 多千米，1000 吨级的船舶可以自由穿行。困扰汉江中下游的水华问题，也因为长江水的补给得到了改善。

尾声 第5幕

南水北调工程可谓是我国水利工程建设的一大奇迹。工程通水后，长江水可直接供应近300个县市，替代北京城区超过七成的供水，郑州中心城区的全部供水，天津主城区的全部供水，以及石家庄、邯郸、保定、衡水等城市75%以上的主城区供水。在南水的补给下，密云水库的蓄水量逐年刷新，一度突破35亿立方米。

可用水源的增加也让北方地区每年可减采地下水近50亿立方米，一些城市的地下水位开始回升。截至2020年年底，北京市地下水位比南水进京前回升了3.63米。被过分使

▼ 北京密云水库水面范围变化对比（左为2002年11月，右为2021年11月）／图片来源 星图地球今日影像

用的地下水终于得到了休养。

南水北调工程是一个奇迹，是一个在重重难关中规划论证，在重重限制中建设运营，曾经面临种种争议却依然实现的奇迹；也是一个由数十万移民群众、数十万工程建设者、数千名科技工作者共同创造的奇迹。

今天，源源不断的南来之水为常年干涸的华北大地带来了片刻的喘息。然而未来如何用好南水？如何节约用水？如何让翻山越岭而来的南水能够“物尽其用”？对受益于南水北调工程的 40 多座大中城市、280 多个县区的近 1.4 亿人来说，这些问题正等待着他们的答案。这片土地上的下一个奇迹，也等待着他们去创造。

浩瀚星河

曾引来无数遐想

星辰之海

成为中国人的向往

于是，一枚枚火箭

划破长空，奔向宇宙

嫦娥奔月，天问探火

北斗列阵，神舟飞驰

…………

古人的神话

化为科技奔向洪荒宇宙的长征路

4 中国运载火箭

铸造『飞天神箭』

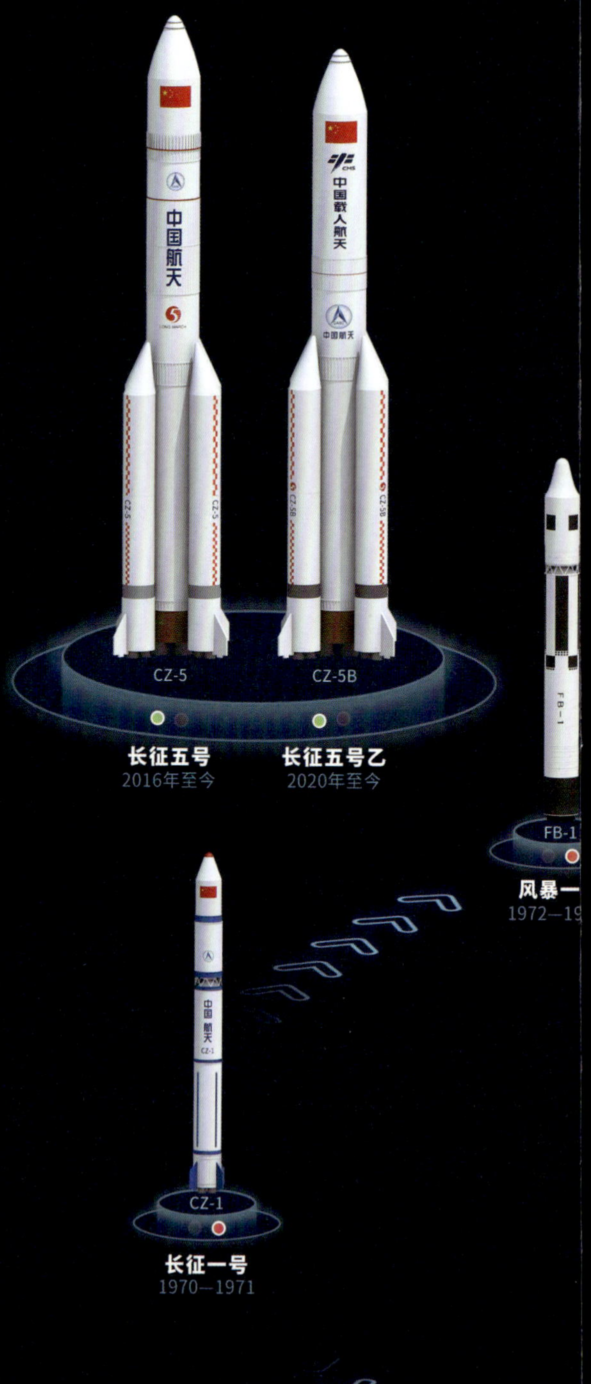
CZ-5
CZ-5B
长征五号
2016年至今
长征五号乙
2020年至今
FB-1
CZ-1
长征一号
1970—1971

▲ 中国长征系列主要运载火箭型谱

地球
月球
地球公转轨道
月球公转轨道
天王星
小行星带
柯伊伯带

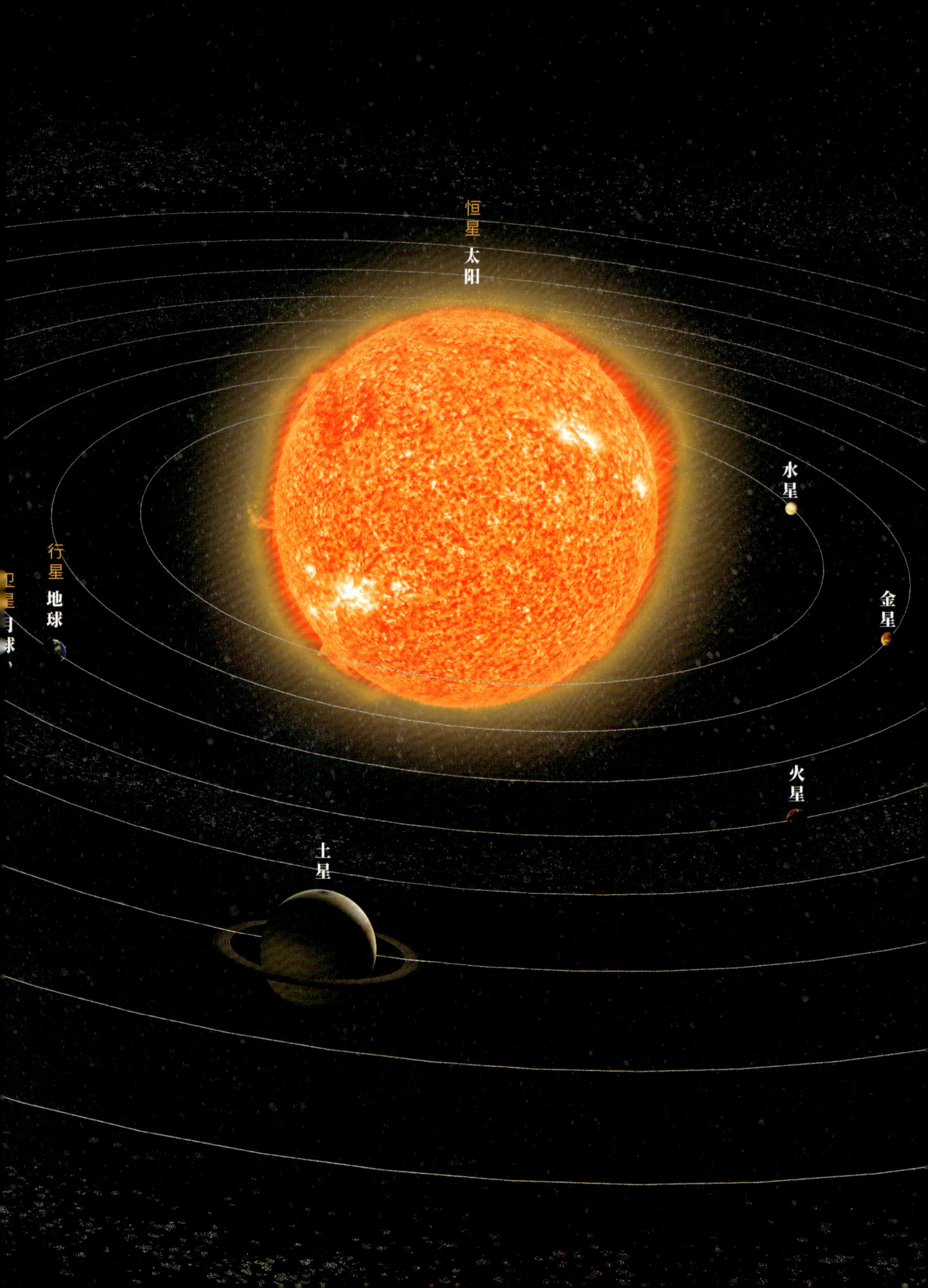
恒星
太阳
水星
行星
地球
金星
火星
土星

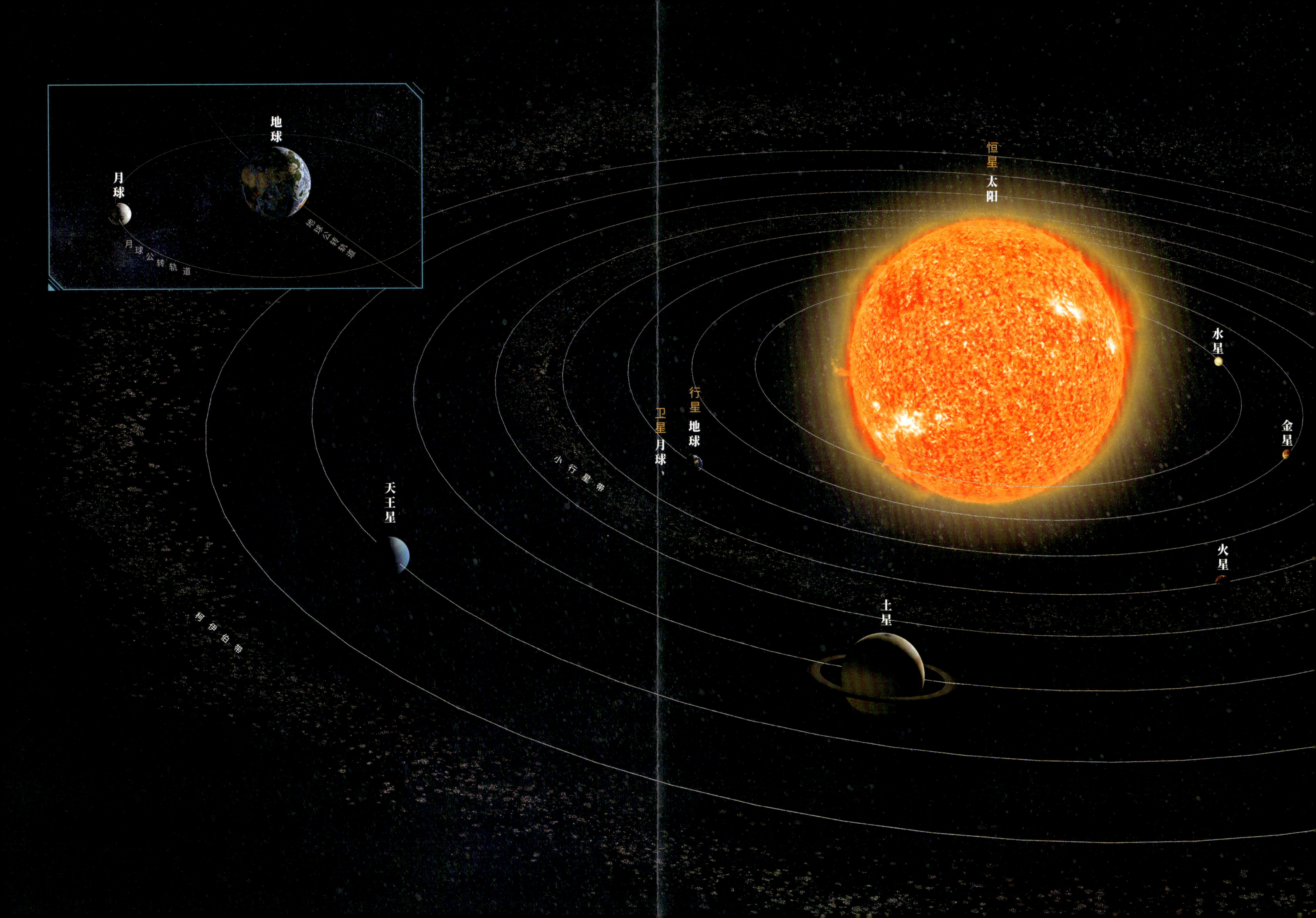

地球
月球
地球公转轨道
月球公转轨道
恒星
太阳
水星
金星
火星
土星
行星
地球
卫星
月球
小行星带
天王星
柯伊伯带

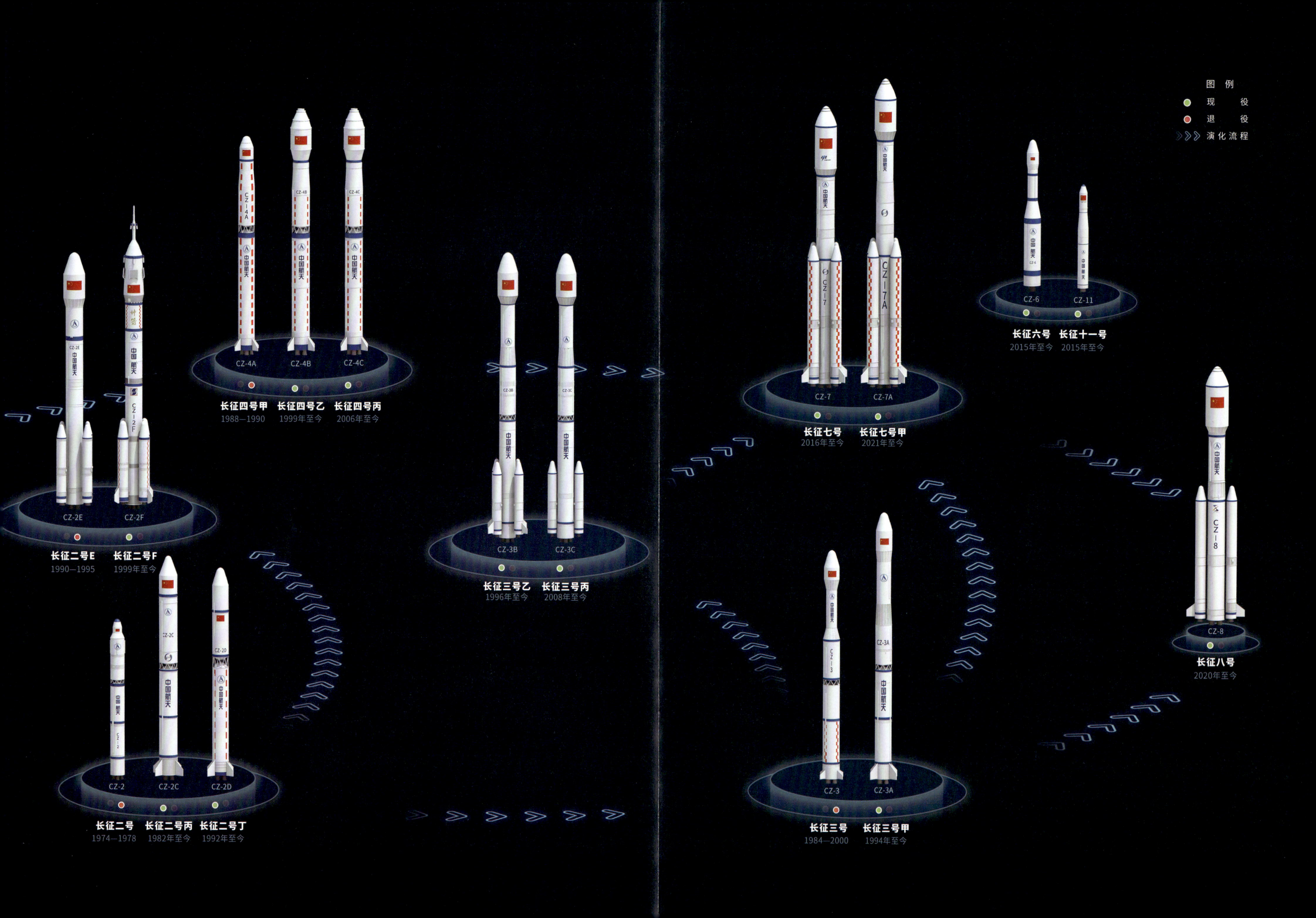
图例
现　役
退　役
演化流程
CZ-2E
CZ-2F
长征二号E
1990—1995
长征二号F
1999年至今
CZ-4A
CZ-4B
CZ-4C
长征四号甲
1988—1990
长征四号乙
1999年至今
长征四号丙
2006年至今
CZ-3B
CZ-3C
长征三号乙
1996年至今
长征三号丙
2008年至今
CZ-2
CZ-2C
CZ-2D
长征二号
1974—1978
长征二号丙
1982年至今
长征二号丁
1992年至今
CZ-7
CZ-7A
长征七号
2016年至今
长征七号甲
2021年至今
CZ-6
CZ-11
长征六号
2015年至今
长征十一号
2015年至今
CZ-8
长征八号
2020年至今
CZ-3
CZ-3A
长征三号
1984—2000
长征三号甲
1994年至今

“天何所沓？十二焉分？日月安属？列星安陈？”两千多年前的屈原，以一篇《天问》道出先民对天地鸿蒙的最初疑问。1957 年，苏联在哈萨克斯坦的拜科努尔发射场成功发射了人类第一颗人造地球卫星斯普特尼克一号（Sputnik-1），在地面上思考了数千年的人类，终于将探索的步伐迈向宇宙。随后，美国、法国、日本接连发射了各自的人造地球卫星。而运载卫星的火箭，成为人类走向太空时代的必备工具。

向往太空的中国人，自然不甘落于人后，更不会放弃追逐星辰的梦想。无数科学家投身到中国运载火箭的研发设计上，他们带着先民的想象，带着科学的理想，带着未来的希望，设计出一枚枚运载火箭，踏上了一条飞向太空的长征之路。

木星
海王星

▲ 恒星、行星和卫星关系示意图

第1幕 小型火箭的诞生

在没有城市光污染的漆黑夜空中，繁星闪耀。它们中的大多数会自己发光发热，在宇宙中，这样的星星被称为“恒星”。太阳就是离我们最近的一颗恒星。恒星的质量和体积非常大，它可以用引力“拉”着一些体积较小的、不会发光发热的星星绕着自己旋转，这些不会发光发热的星星被称为“行星”。地球，就是太阳的一颗行星。一些行星也会吸引更小的星星围绕自己旋转，这些更小的星星被称为“卫星”。月亮，就是地球的一颗卫星。

生活在地球上的人们，无法直接看清地球的全貌，也无法直接认识到更远更深邃的宇宙。为了更好地观测地球，观测宇宙，也为了获得更好的通信、定位、气象等服务，人们开始向太空中发射航天器。其中一些航天器就像月球一样，围绕着地球或其他行星运转，这就是人造卫星。

人造卫星并不会自己飞向太空。它就像一个有着超凡本领的乘客，需要乘坐特殊的交通工具进入太空，这种交通工具便是运载火箭。

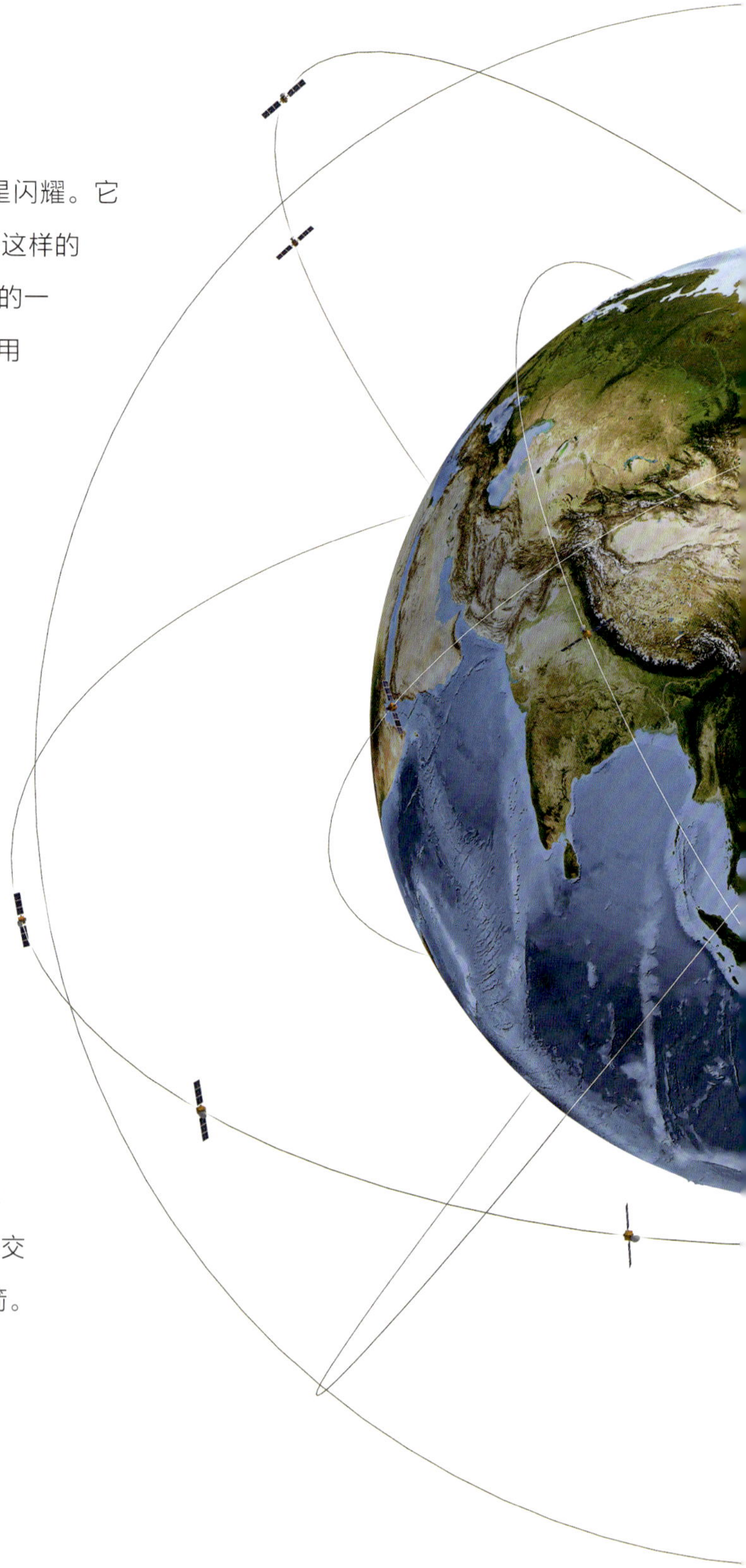

中国运载火箭的雏形要追溯到 1970 年，我国试飞成功的第一枚中远程弹道导弹——**东风四号**。它通过燃烧推进剂产生大量气体，并从弹体的底部喷射出来，从而把导弹推送到一定的高度。一般的推进剂主要是“燃料 + 氧化剂”的组合，可以彻底摆脱燃烧对氧气的依赖，即便在无氧的太空环境也能飞行。

东风四号共有上下两级动力装置。这两级结构如同参加接力赛跑的运动员，在“赛道”中通过接力的形式，让导弹能够不断加速至目标速度。两级导弹发射时先由第一级点火，达到一定速度后，它的燃料耗尽并脱落，减轻其质量，然后第二级在已有速度的基础上点火继续加速。这种接力加速的方式大大增加了导弹的发射速度和距离。

不过，东风四号还不能肩负起发射卫星的重担：要让近地轨道卫星围绕地球正常飞行，其入轨速度应接近 7.9 千米 / 秒，否则卫星将偏离轨道，坠入大气层中。东风四号的推力还不足以让卫星达到这一速度。

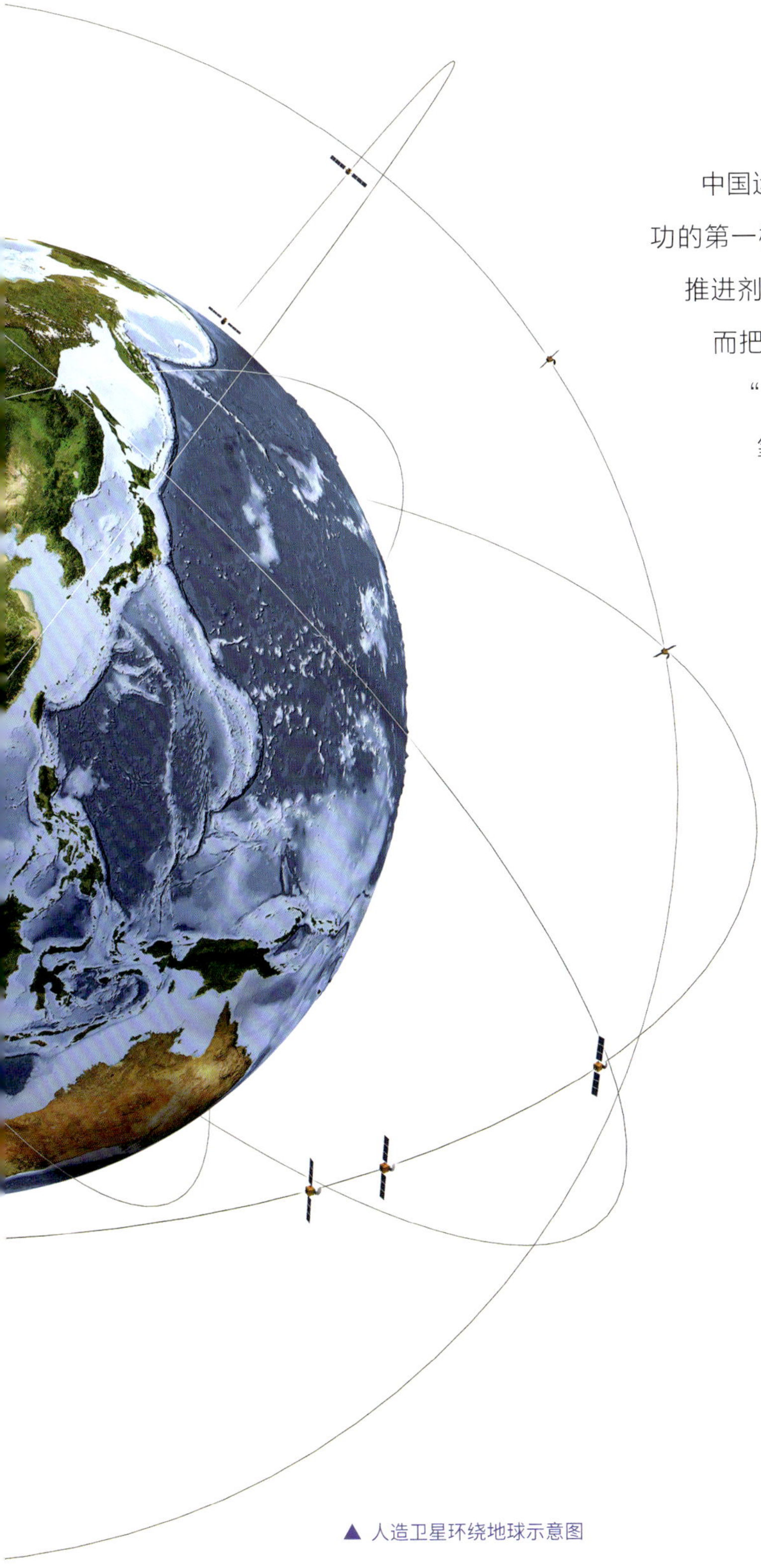

▲ 人造卫星环绕地球示意图

要将人造卫星送上预定轨道，东风四号的进一步升级势在必行。原有的导弹弹头被卫星取代，原有的两级结构升级为三级结构。而在飞上太空的过程中，卫星有可能受到高速气流冲刷而灰飞烟灭，因而卫星之上需要一个“金钟罩”——整流罩来进行保护。

经过一系列的优化，东风四号导弹摇身一变，中国的第一枚运载火箭——**长征一号（CZ-1）**诞生了。它直径 2.25 米、长约 30 米，能将重量在 0.3 吨以下的卫星送到高度约 400 千米的近地轨道上。中国第一颗人造卫星东方红一号，就由它送至太空。随着《东方红》的乐章在太空中奏响，中国成为继苏、美、法、日之后，第五个独立发射人造卫星的国家。

然而，0.3 吨的载荷还远远满足不了一般卫星的需求，运载火箭需对推进剂和火箭尺寸再次升级。首先，在推进剂上，人们改用了全新的“燃料 + 氧化剂”组合（偏二甲肼 + 四氧化二氮）。这两个搭档都是常温液体，在常温下就可以保存，储存方便。而两者一旦相遇，便迅速燃烧，产生更大的推力，从而推动更重的火箭起飞。其次是增大火箭的尺寸，更加充足的空间可以用来装载更大的卫星和更多的燃料。由于火箭主要依靠火车运输到发射场，火箭直径的加大需要考虑我国铁路运输的极限尺寸。新升级的火箭直径直接加至 3.35 米，这也是我国铁路运输的极限尺寸。

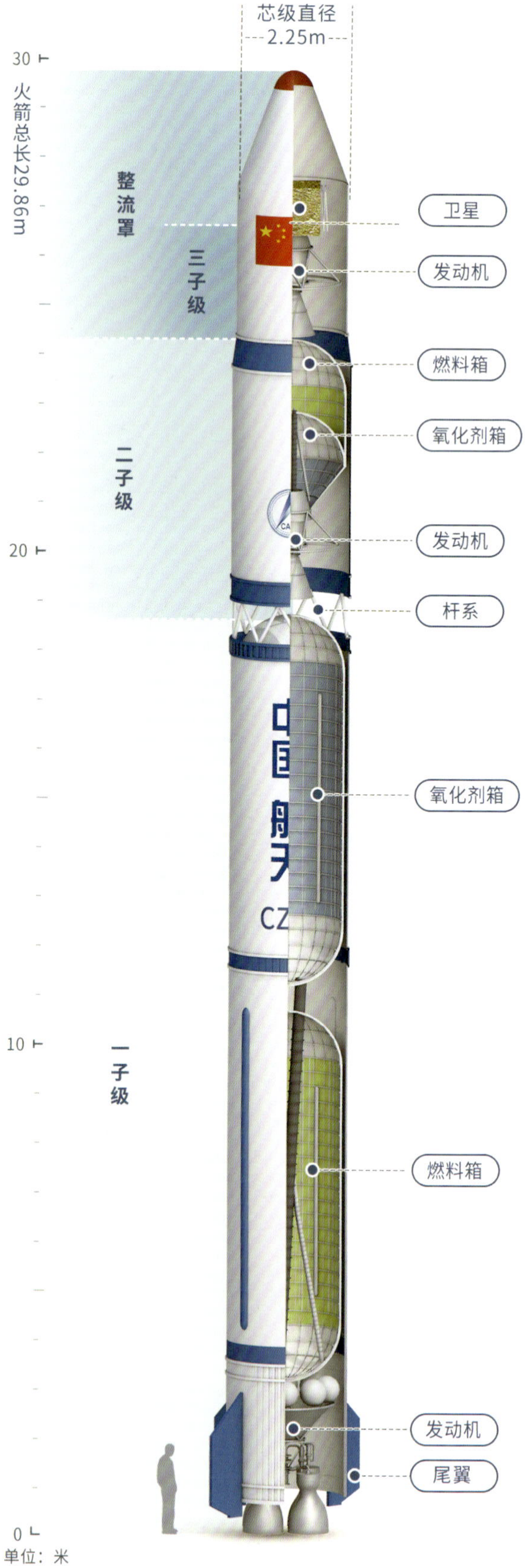
芯级直径
2.25m
30
20
10
0
单位：米
火箭总长29.86m
整流罩
三子级
二子级
一子级
卫星
发动机
燃料箱
氧化剂箱
发动机
杆系
氧化剂箱
燃料箱
发动机
尾翼

▶ 长征一号内部结构示意图

在长征一号基础上升级而成的新一代火箭有两种。其一，得名**风暴一号（FB-1）**。它发射了中国第一颗质量超过 1 吨的卫星，也首次实现“一箭三星”，即用一枚运载火箭就能同时将三颗卫星送入轨道。其二，便是**长征二号（CZ-2）**，在高度为 200 ~ 400 千米的近地轨道上载重约 1.8 吨，它在 1975 年成功发射了我国第一颗返回式卫星——尖兵一号。

然而，无论是风暴一号，还是长征二号，它们的近地轨道载荷都未突破 2 吨，依旧属于小型火箭的范畴。要运载更大的卫星，飞向更远的太空，要实现载人航天、建立空间站等梦想，需要交给下一代火箭——中型火箭。

▼ 长征一号、风暴一号、长征二号火箭示意图

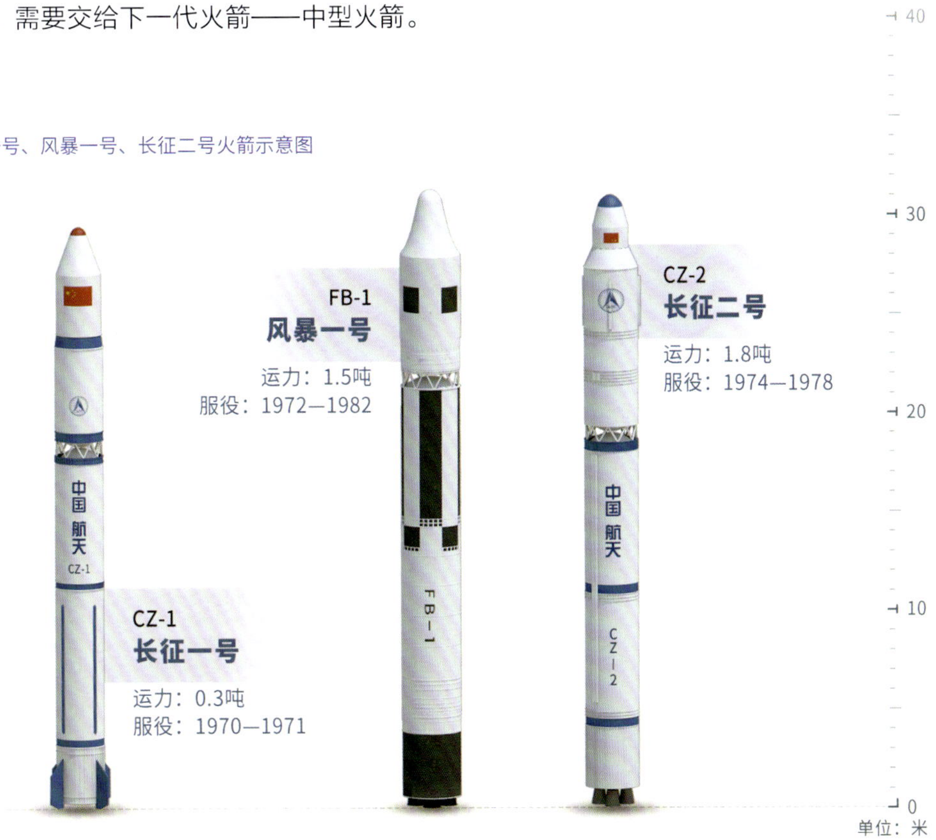

40
30
20
10
0
单位：米
CZ-1
长征一号
运力：0.3吨
服役：1970—1971
FB-1
风暴一号
运力：1.5吨
服役：1972—1982
CZ-2
长征二号
运力：1.8吨
服役：1974—1978
中国航天
CZ-1
FB-1
CZ-2

注：如无特殊说明，此处的运力均为近地轨道运力数据。为了直观展示各种火箭的运载能力，本文选取了近地轨道运载能力这一较为笼统的标准进行比较。实际上不同型号的火箭常用于不同轨道的发射任务，且即便同为近地轨道，当轨道高度、倾度等参数不同时，火箭的运载能力也会发生变化。

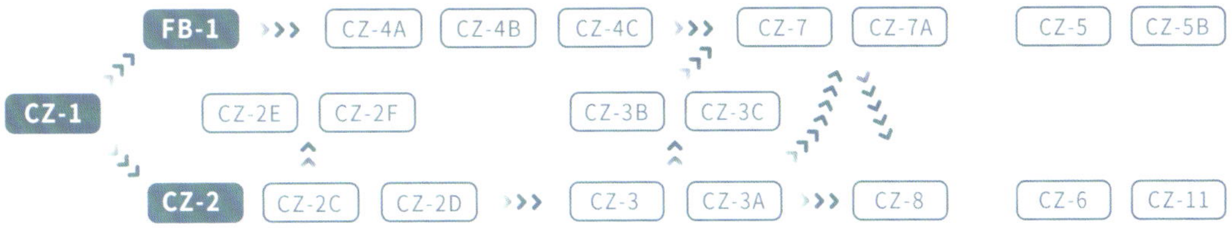

FB-1
CZ-4A
CZ-4B
CZ-4C
CZ-7
CZ-7A
CZ-5
CZ-5B
CZ-1
CZ-2E
CZ-2F
CZ-3B
CZ-3C
CZ-2
CZ-2C
CZ-2D
CZ-3
CZ-3A
CZ-8
CZ-6
CZ-11

▲ “长征”系列主要运载火箭型谱简图

只要速度够快，你也能成为一颗卫星！

健步如飞、大步流星、风驰电掣、一日千里……这些都是形容速度快的成语。在生活中，人们通常用“速度”来衡量物体运动的快慢。

注：不同场景、不同型号的交通工具速度会有所差别，此处各项交通工具的速度为大致的估算值。

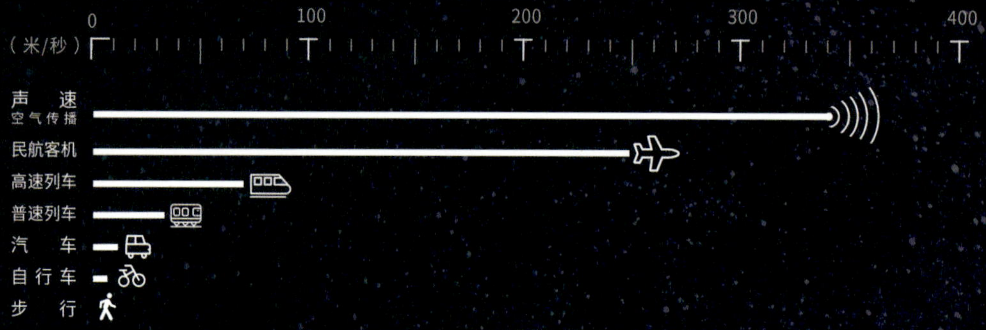

0
100
200
300
400
（米/秒）
声 速
空气传播
民航客机
高速列车
普速列车
汽 车
自行车
步 行

多级运载火箭将卫星送入太空过程示意图
第一宇宙速度 7.9 km/s

如果你运动的速度够快，你就可以成为一颗卫星！

数千年来，人类做了无数次飞向太空的尝试，都失败了。直到1687年，牛顿提出万有引力定律，才把这一问题解释清楚。他假想：站在山顶向水平方向发射炮弹，炮弹会因地球重力作用沿抛物线落到地面。炮弹的射速越大，落地距离就越远。当发射速度增加到一定值，炮弹就不再落到地面，而是沿着地球表面做圆周运动。这一速度就被称为“第一宇宙速度”，约等于7.9千米/秒，这是保证飞行器环绕地球飞行的最小发射速度。

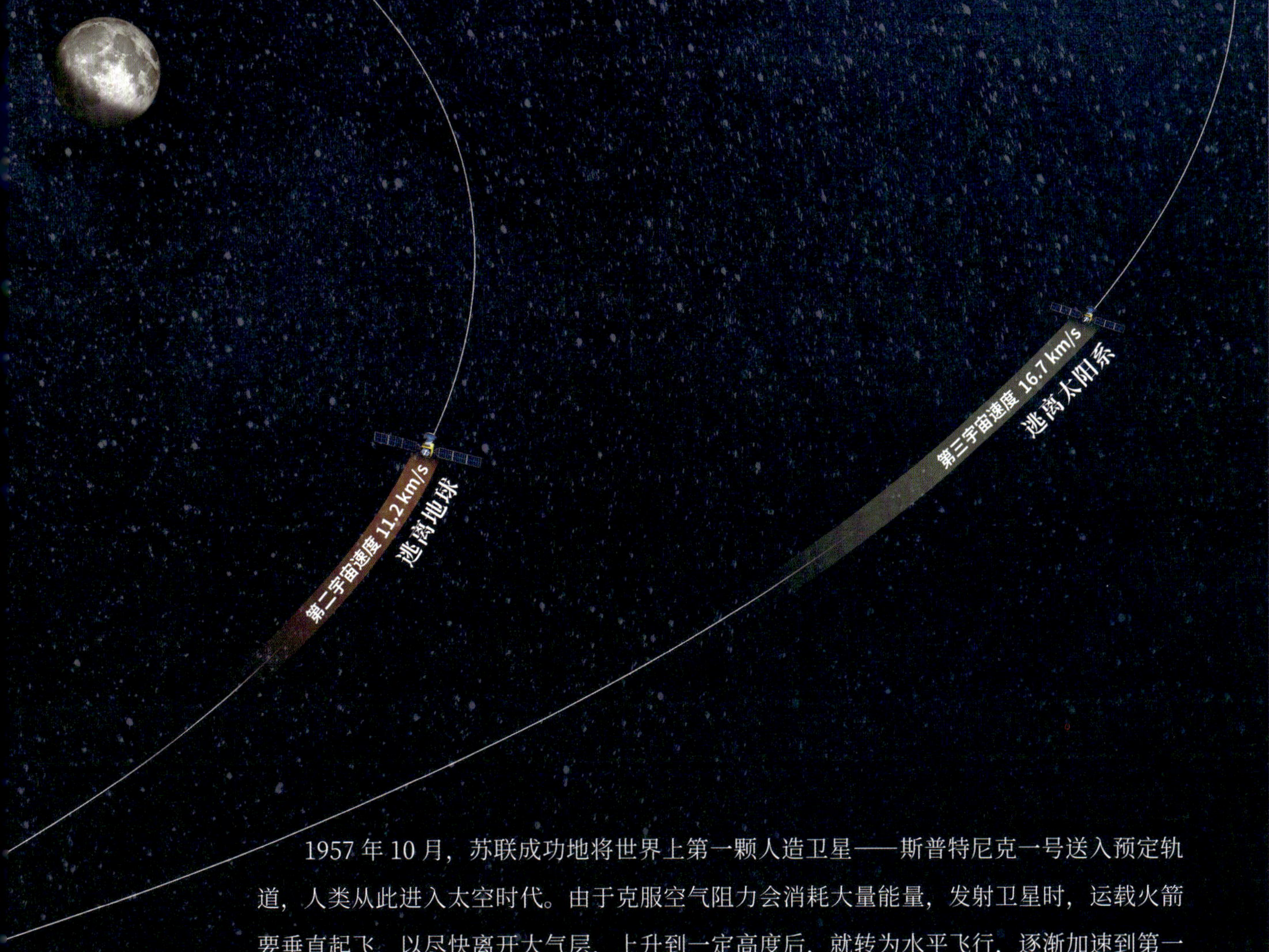
第二宇宙速度 11.2 km/s
逃离地球
第三宇宙速度 16.7 km/s
逃离太阳系

1957年10月，苏联成功地将世界上第一颗人造卫星——斯普特尼克一号送入预定轨道，人类从此进入太空时代。由于克服空气阻力会消耗大量能量，发射卫星时，运载火箭要垂直起飞，以尽快离开大气层，上升到一定高度后，就转为水平飞行，逐渐加速到第一宇宙速度。此后，地球的引力就像一根绳子，它拴住卫星，使其不断围绕地球运转。

如果想要让卫星完全摆脱地球引力的束缚，逃离地球，则需要继续加速到11.2千米/秒，这就是第二宇宙速度。而卫星若要逃离太阳系，它所需要的最小速度是16.7千米/秒，这就是第三宇宙速度。万有引力定律成为人们进入太空时代的理论工具，为人们向宇宙中发射航天器提供了重要理论支撑。

有意思专栏

卫星运行的轨道都在什么高度上？

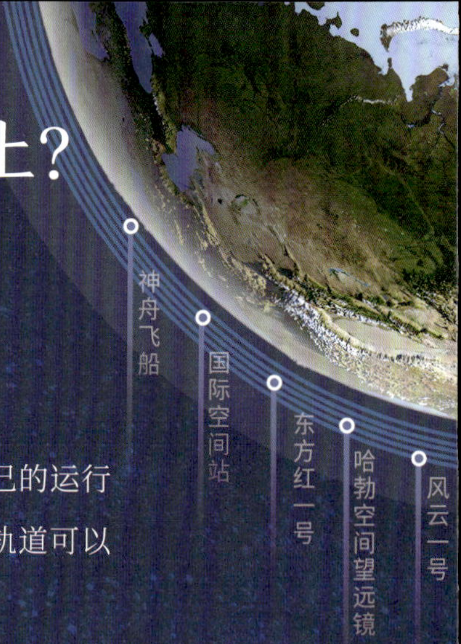

神舟飞船
国际空间站
东方红一号
哈勃空间望远镜
风云一号

(km)
0

卫星绕地球飞行并不是杂乱无章的，每颗卫星都有着属于自己的运行轨道，这些轨道统称为“卫星轨道”。根据其高度和特点，卫星轨道可以分为不同的类型。

10000

MEO

中地球轨道（Medium Earth Orbit）

中地球轨道的高度一般在 2000 千米到 35786 千米之间。卫星距离地球越远，卫星信号所能覆盖的地球面积就越大。中地球轨道上的卫星，既与地球保持了一定的距离，又不至于过于遥远，它既能覆盖到更大的面积，同时信号强度又不会被削弱。目前全球四大卫星导航系统美国全球定位系统（GPS）、俄罗斯格洛纳斯卫星导航系统（GLONASS）、欧洲伽利略系统（Galileo）的全部卫星，以及我国自主建设、独立运行的北斗卫星导航系统（BDS）的部分卫星布置在这一轨道上。

20000

30000

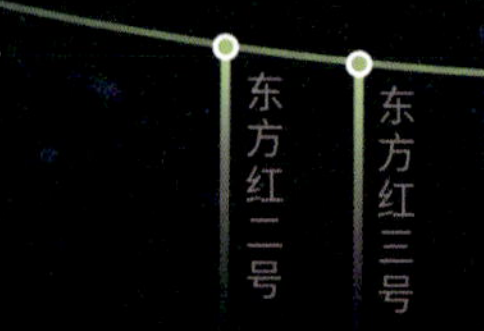

东方红二号
东方红三号

40000

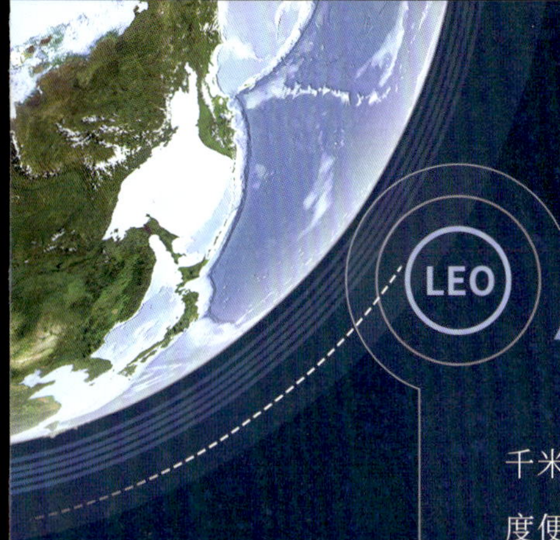
LEO

近地轨道（Low Earth Orbit）

近地轨道，又称“低地球轨道”，其高度一般在 200 千米到 2000 千米之间。轨道高度低，卫星发射难度、成本也较低，同时，这一高度便于对地观测。此外，卫星距离地球越近，在地球上接收到的信号越强。因此，通信卫星、测地卫星，以及空间站通常处在这一轨道上。

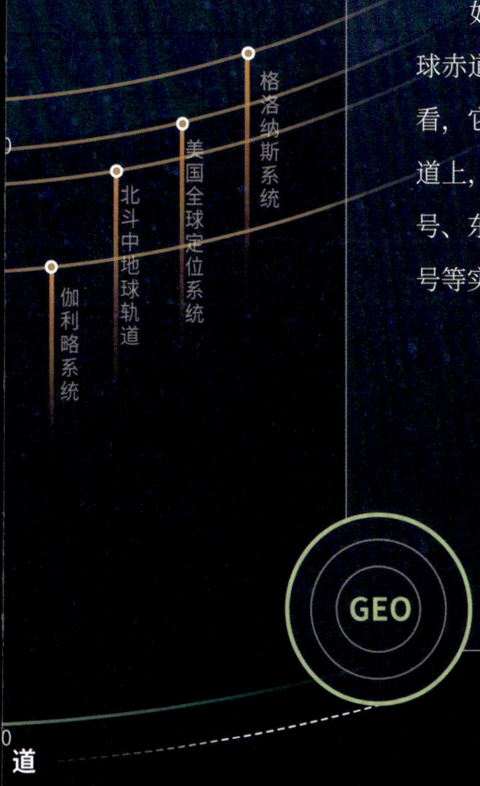
格洛纳斯系统
美国全球定位系统
北斗中地球轨道
伽利略系统
GEO
道

地球静止轨道（Geostationary Earth Orbit）

如果卫星轨道处在约 36000 千米的高度上，且轨道所处的平面与地球赤道平面一致，它绕地球运转的周期与地球自转周期一致，从地球上看，它就好像静止一样，这一轨道被称为“地球静止轨道”。在这一轨道上，只需三颗卫星就可以覆盖除两极外的全球各地。我国的东方红二号、东方红三号等用于传输电话、电视等信息的通信卫星，以及风云四号等实时、高频监测天气的气象卫星，通常运行在这一轨道上。

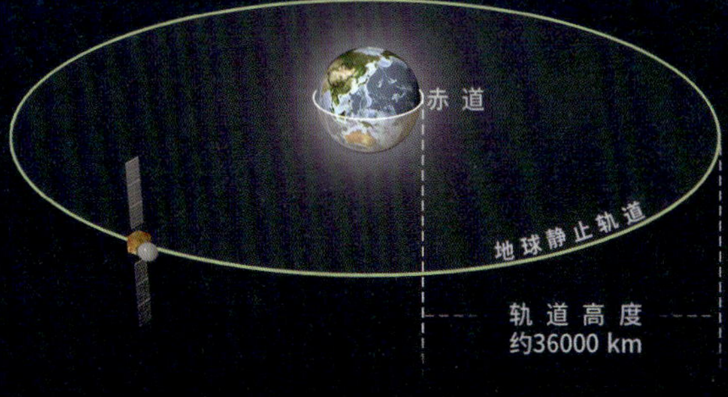
赤 道
地 球 静 止 轨 道
轨 道 高 度
约36000 km

有意思专栏

什么是返回式卫星?

一般来说，卫星发射到太空后，就会在太空中执行任务，并不需要返回地面。但有一种卫星在完成任务后，部分组件又要从太空中返回地球，这种卫星即返回式卫星。在数码成像技术还没有成熟的年代，许多拍摄地面图像的卫星就是返回式卫星。这些卫星通过底片记录拍摄的图像，然后返回地面。人们冲洗底片，从而获取所需信息。

现在，传输影像数据的技术已经足够成熟，卫星拍摄的影像等数据可以直接通过数字信号传输到科研人员的手中，不再需要将底片送回地面。不过，返回式卫星并没有就此“失业”，如今它们还可以携带一些实验品进入太空，在空间站进行各种科学实验，然后将实验品送回地球。

在到达地面前，返回式卫星要面对两大难关：一是卫星在穿越大气层时会与大气剧烈摩擦，产生大量的热量，导致卫星及其他实验用品燃烧殆尽；二是卫星返回时初始速度很大，即使在降落过程中受大气阻力作用，接近地面时速度依然很大，如不能充分减速，其在到达地面时会由于猛烈的撞击而被摧毁。

为了解决隔热、减速这两大问题，首先，人们给返回式卫星的返回器“穿上”防热罩，保护内部免受高温的炙烤。其次，人们还给卫星返回器安装了降落伞系统，让其进一步减速，从而能够平稳地降落到地面。这样，返回式卫星所搭载的物品也就可以安全地到达科研人员手中了。而掌握了返回式卫星技术，也就为载人航天中航天员从太空安全返回地球做好了准备。

▼ 回收返回器／摄影 赵欣

第2幕 中型火箭的使命

中型火箭的近地轨道载荷在 2 ～ 20 吨，中国的中型火箭就是在长征二号这一小型火箭的基础上进一步升级改造而来的。

升级后的长征二号为**长征二号丙（CZ-2C）**和**长征二号丁（CZ-2D）**。它们比长征二号高出约 10 米，能携带更多燃料，近地轨道的载荷从原来的不到 2 吨增加到 4 吨，正式步入中型火箭行列。它们是发射返回式卫星的主力军。

不过，返回式卫星常在高度几百千米的近地轨道工作。相较之下，一些气象卫星轨道高度约 1000 千米，导航卫星可达到约 20000 千米。而在地球静止轨道上运行的通信卫星则更为遥远，它的高度约为 36000 千米。这意味着我们还需要飞得更远、更高、更精准的火箭。

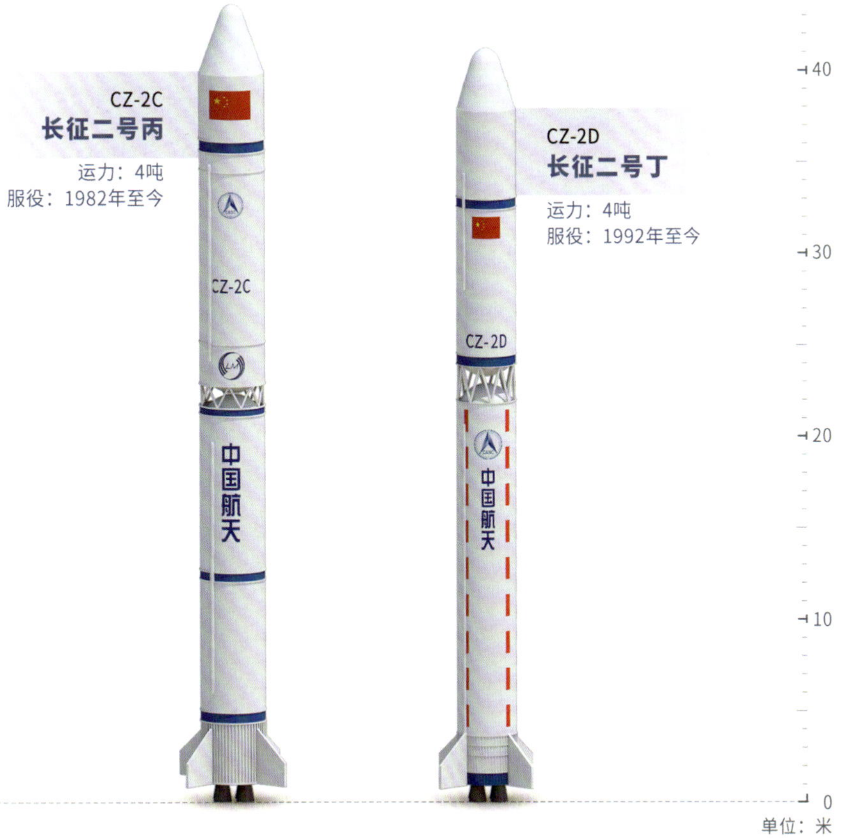

CZ-2C
长征二号丙
运力：4吨
服役：1982年至今
CZ-2D
长征二号丁
运力：4吨
服役：1992年至今
40
30
20
10
0
单位：米

▶ 长征二号丙、长征二号丁火箭示意图

▼ “长征”系列主要运载火箭型谱简图

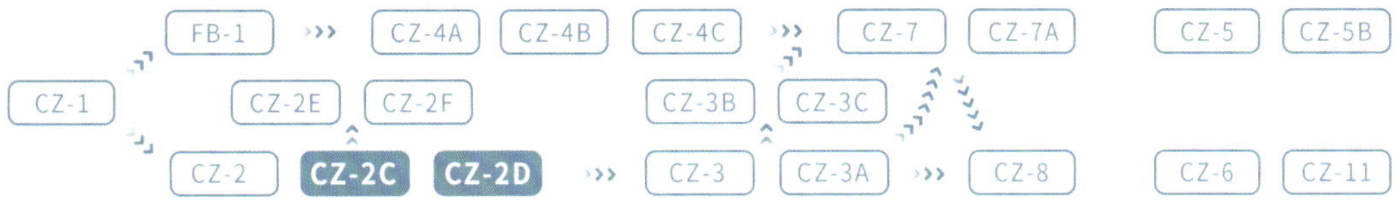

FB-1
CZ-4A
CZ-4B
CZ-4C
CZ-7
CZ-7A
CZ-5
CZ-5B
CZ-1
CZ-2E
CZ-2F
CZ-3B
CZ-3C
CZ-2
CZ-2C
CZ-2D
CZ-3
CZ-3A
CZ-8
CZ-6
CZ-11

升级之一 纵向加级

改进的首选，是火箭的进一步纵向加级——升级为三级火箭。

但就在第三级火箭的燃料方面，人们面临着两种艰难的选择。第一个方案是第三级火箭使用全新的“液氢 + 液氧”的低温推进剂组合，来替代传统的常温推进剂。这种改进方案将大大增加推进效率，但是发动机技术的难度更高。同时，液氢的温度极低，达到 -253℃，一旦处理不当，就会引起严重的爆炸。因而，它的保存、运输和加注等过程都将困难重重。而另一个方案则是以风暴一号为基础，增加使用传统常温推进剂的第三级火箭，这样的改进拥有成熟的技术条件，风险也较低，但所使用的偏二甲肼燃料有一定毒性且难以满足高轨道发射需求。

一面是高技术难度，一面是污染和应用需求问题，该选取哪一个方案并不好抉择。人们各执己见，争论不休。直到中国通信卫星总工程师任新民站出来说：“中国要想在本世纪末成为火箭大国，甩掉落后帽子，眼睛必须瞄准当代火箭发动机技术的高峰……航天事业本身就是个大风险，如果怕困难、怕失败，那还搞什么航天！”因为这一掷地有声的论断，工程师们就此展开技术攻坚战，解决了温度极低、极易爆炸的液氢、液氧的保存问题，让二者安然无恙地保存在火箭的推进剂贮存箱中，成为推动火箭行进的“新搭档”。

以二级火箭长征二号丙为基础，第三级使用“液氢 + 液氧”推动的三级火箭**长征三号（CZ-3）**，在 1984 年成功发射了东方红二号卫星，卫星运行在约 36000 千米高的地球静止轨道之上，主要用于电视、电话、广播等数据传输。长征三号成

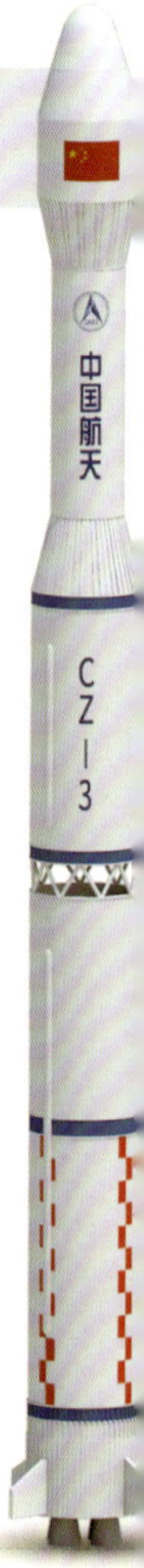

CZ-3
长征三号
运力：5吨
服役：1984—2000
中国航天
CZ-3

▶ 长征三号、长征三号甲、长征四号甲、长征四号乙、长征四号丙火箭示意图

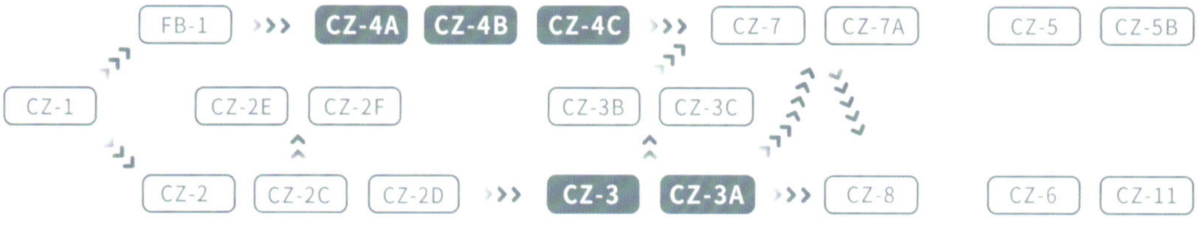

FB-1
CZ-4A
CZ-4B
CZ-4C
CZ-7
CZ-7A
CZ-5
CZ-5B
CZ-1
CZ-2E
CZ-2F
CZ-3B
CZ-3C
CZ-2
CZ-2C
CZ-2D
CZ-3
CZ-3A
CZ-8
CZ-6
CZ-11

▲ “长征”系列主要运载火箭型谱简图

功扛起我国地球静止轨道卫星发射的大旗。

而从长征三号进一步改进而来的**长征三号甲（CZ-3A）**，在 2007 年将嫦娥一号探月卫星送入太空，环绕着千百年来中国人魂牵梦萦的月宫。

与此同时，仍使用传统常温推进剂的另一套加级方案也在同步进行。长征四号系列运载火箭正是以这种方式升级而来的。该系列包括**长征四号甲（CZ-4A）**、**长征四号乙（CZ-4B）**、**长征四号丙（CZ-4C）**等。1988 年 9 月 7 日，长征四号甲火箭搭载着我国第一颗气象卫星——风云一号顺利升空，宣告了中国完全依靠国外气象卫星数据的时代正式终结！

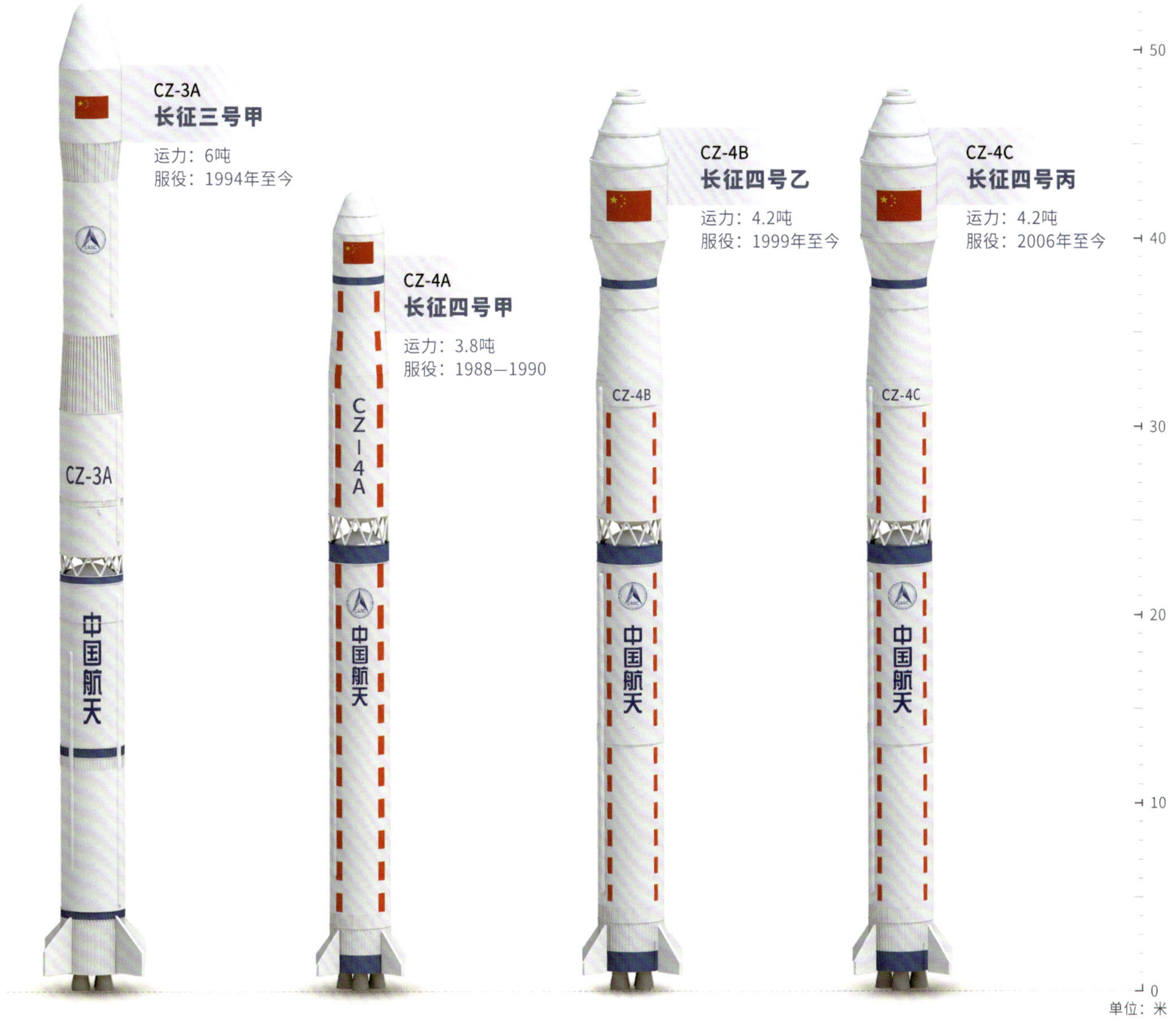

CZ-3A
长征三号甲
运力：6吨
服役：1994年至今
CZ-4A
长征四号甲
运力：3.8吨
服役：1988—1990
CZ-4B
长征四号乙
运力：4.2吨
服役：1999年至今
CZ-4C
长征四号丙
运力：4.2吨
服役：2006年至今
50
40
30
20
10
0
单位：米

▼ 长征四号乙运载火箭发射中国和巴西合作研制的中巴地球资源卫星 04 星／摄影 赵欣

升级之二 横向捆绑

纵向加级后的运载火箭，已经可以将约 6 吨重的载荷送入近地轨道。然而，要实现载人航天，载荷需求至少要 8 吨。在火箭直径受限制的情况下，靠单个火箭的起飞推力，很难实现运载火箭载荷的进一步提升，单纯的纵向加级收效甚微，这该如何是好呢？答案是横向捆绑。

以二级火箭长征二号丙为基础，横向捆绑了 4 个较小的火箭之后，中国最早的捆绑式火箭——**长征二号捆绑式运载火箭（CZ-2E，简称“长二捆”）**就此登场。捆绑在大火箭四周的 4 个小火箭，每个高 15.3 米、直径 2.25 米，名为“助推器”，顾名思义，就是助力火箭推进的意思。起飞时，中间的大火箭加上 4 个小火箭共同点火，产生的推力可以达到它的前辈——长征二号丙的两倍，近地轨道载荷达 9.2 吨！

更大的载荷让中国人距离载人航天梦想又近了一步。而最终实现这一梦想的则是大名鼎鼎的**长征二号 F（CZ-2F）**。相比“长二捆”，长征二号 F 在整流罩顶部增加了一顶尖尖的“帽子”——逃逸塔。这是一个安全保障装置，在紧急时刻能保障航天员的安全——在火箭起飞前 15 分钟至起飞后 2 分钟内，一旦出现意外，逃逸塔的发动机就可以立即点火，带着载有航天员的返回舱和上方的轨道舱迅速与箭体分离，使航天员脱离危险，可以说是航天员的“生命之塔”。因而，包括逃逸塔在内的救生系统大大提高了长征二号 F 的安全性。长征二号 F 不负众望，在 2003 年 10 月 15 日，将中国第一位航天员杨利伟安全送入太空，我国一举成为全球第三个独立掌握载人航天技术的国家。

在服役的 20 多年时间里，长征二号 F 也是战功赫赫。截至 2022 年 6 月，长征二号 F 共计发射 5 艘无人飞船、8 艘载人飞船、1 个目标飞行器和 2 个空间实验室，至今仍保持着 100% 的发射成功率，是名副其实的“神箭”。

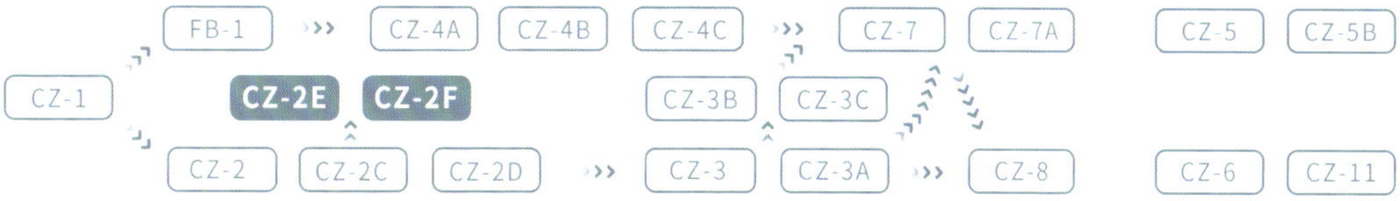

FB-1
CZ-4A
CZ-4B
CZ-4C
CZ-7
CZ-7A
CZ-5
CZ-5B
CZ-1
CZ-2E
CZ-2F
CZ-3B
CZ-3C
CZ-2
CZ-2C
CZ-2D
CZ-3
CZ-3A
CZ-8
CZ-6
CZ-11

▲ “长征”系列主要运载火箭型谱简图

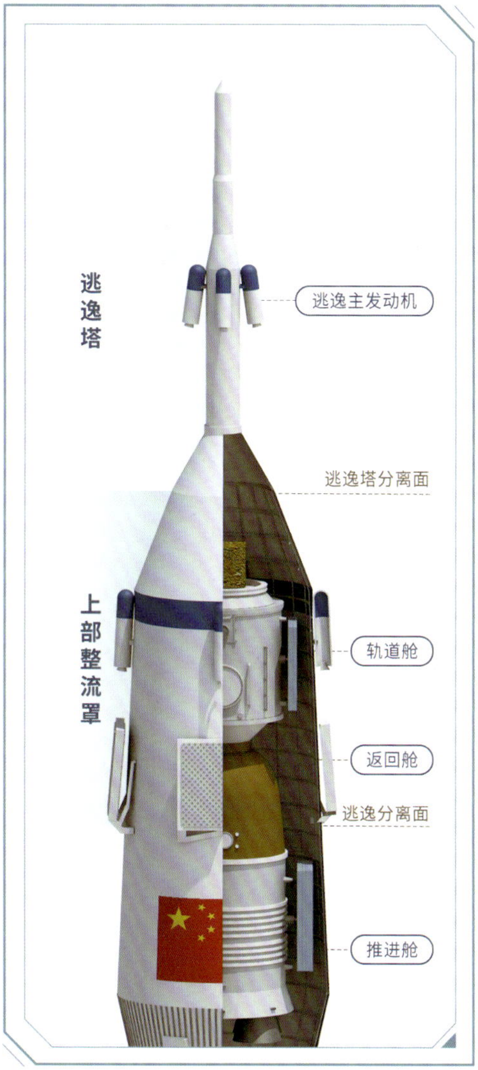

逃逸塔
逃逸主发动机
逃逸塔分离面
上部整流罩
轨道舱
返回舱
逃逸分离面
推进舱

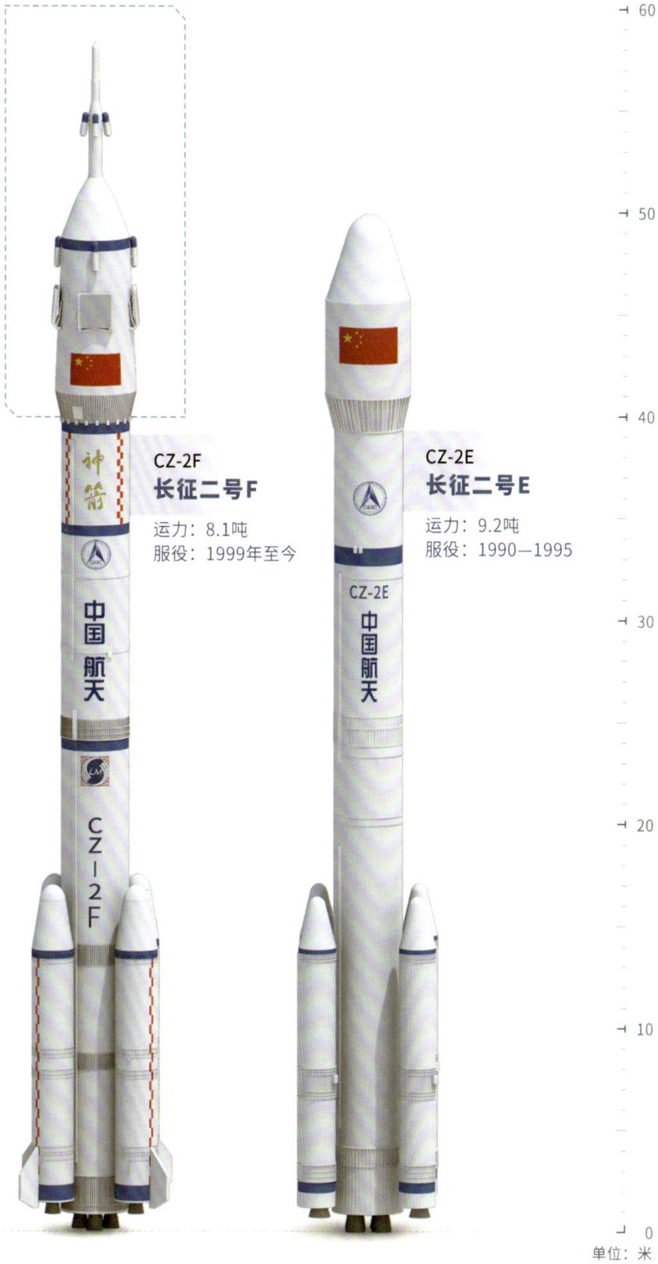

CZ-2F
长征二号F
运力：8.1吨
服役：1999年至今
CZ-2E
长征二号E
运力：9.2吨
服役：1990—1995
60
50
40
30
20
10
0
单位：米

▲ 长征二号 F 火箭上部整流罩及逃逸塔内部结构示意图

▶ 长征二号 F、长征二号 E 火箭示意图

▼长征二号 F 搭载着神舟十二号载人飞船升空／摄影 陈肖

强
创
新

有意思专栏

神舟飞驰：中国载人航天二十年

地球如同一叶扁舟，载着万千生灵在无边宇宙中孤独航行。生活在地球上的人类面对璀璨星空充满无尽的好奇和向往。直至1961 年，苏联航天员尤里·加加林乘坐宇宙飞船东方一号进入太空，人类才第一次离开地球的保护，走向未知的太空。宇宙飞船则成为承载人类前往太空的工具。

在中国的载人航天领域，长征系列火箭担起载人航天发射重任。1999 年，长征二号 F 运载火箭搭载着中国第一艘无人飞船神舟一号发射升空，在此后的 20 多年里，从首位进入太空的中国人杨利伟搭乘的神舟五号，再到天宫一号、天宫二号的成功发射，长征二号 F 运载火箭都是它们的“专属列车”。长征七号运载火箭则把“太空货车”——天舟系列货运飞船运向太空。

在长征系列运载火箭的支持下，中国载人航天事业通过无人飞船、载人飞船、空间站的预演等几个阶段性目标，一步步建立起中国自己的空间站。

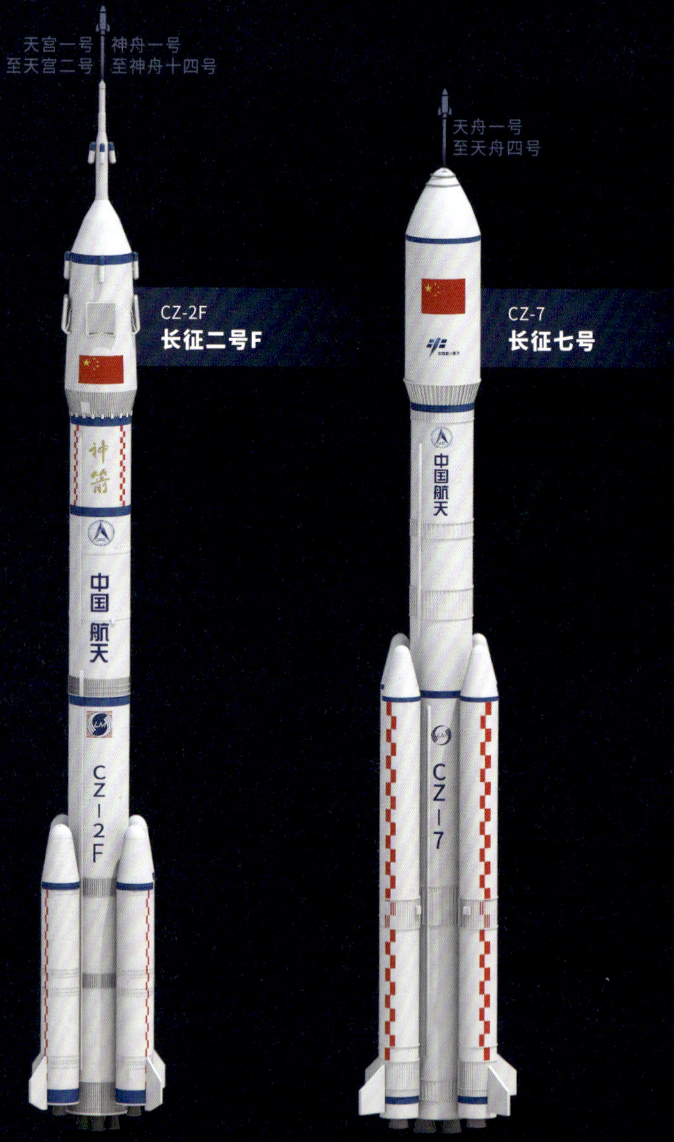

天宫一号
至天宫二号
神舟一号
至神舟十四号
天舟一号
至天舟四号
CZ-2F
长征二号F
CZ-7
长征七号

▶ 长征二号 F、长征七号运载火箭与中国载人航天工程

起步：无人飞船

和返回式卫星类似，航天员需要乘坐神舟飞船，由长征二号 F 运载火箭送上太空。在太空中完成任务后，航天员再乘坐返回舱返回地球。

为了保证航天员的安全，不仅仅要在长征二号 F 运载火箭上加逃逸塔，神舟飞船也要有足够的安全性。于是，科研人员开展了多次无人飞船试验。1999 年，人们首先发射了无人飞船神舟一号，它在太空中飞行 21 小时后，成功降落在预定的着陆场。神舟一号共有三个舱。后端为推进舱，这里主要为离开火箭之后的飞船提供动力；中间为返回舱，是航天员往返地球时乘坐的舱段；最前端的是轨道舱，是航天员在太空工作、生活的地方。这样的结构，奠定了未来神舟载人飞船的基础。

试验没有就此结束。2001 年，神舟二号发射，人们在里面放置了假人和人体代谢模拟装置，进一步检测飞船的安全性。2002 年，神舟三号、神舟四号又相继发射。确保万无一失之后，真正的载人飞船才最终登场。

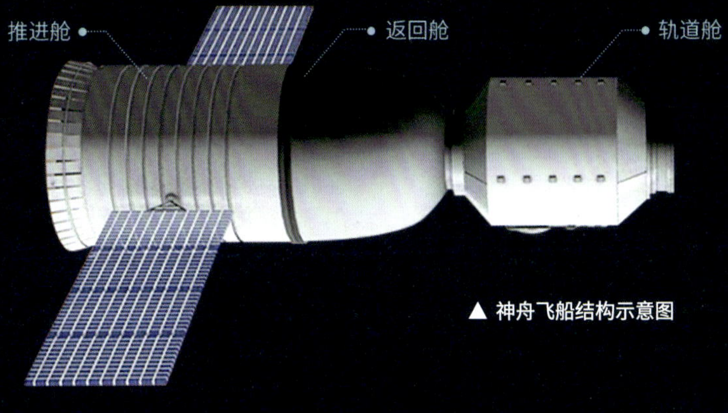
推进舱
返回舱
轨道舱
▲ 神舟飞船结构示意图

飞天：载人飞船

2003 年 10 月 15 日 9 时，长征二号 F 运载火箭再次点火，载着神舟五号飞船奔向太空。不同的是，这一次航天员杨利伟坐在了神舟五号的内部，向着无垠的宇宙进发。此时，全体中国人望向天空，而杨利伟则从太空望向地球——他成为第一个进入太空的中国人。飞行 21 小时后，神舟五号飞船启动返回程序。当飞船在内蒙古四子王旗成功着陆，杨利伟从返回舱中走出的那一刻，全国人民为之沸腾，中国也正式成为世界第三个独立将人类送上太空的国家。

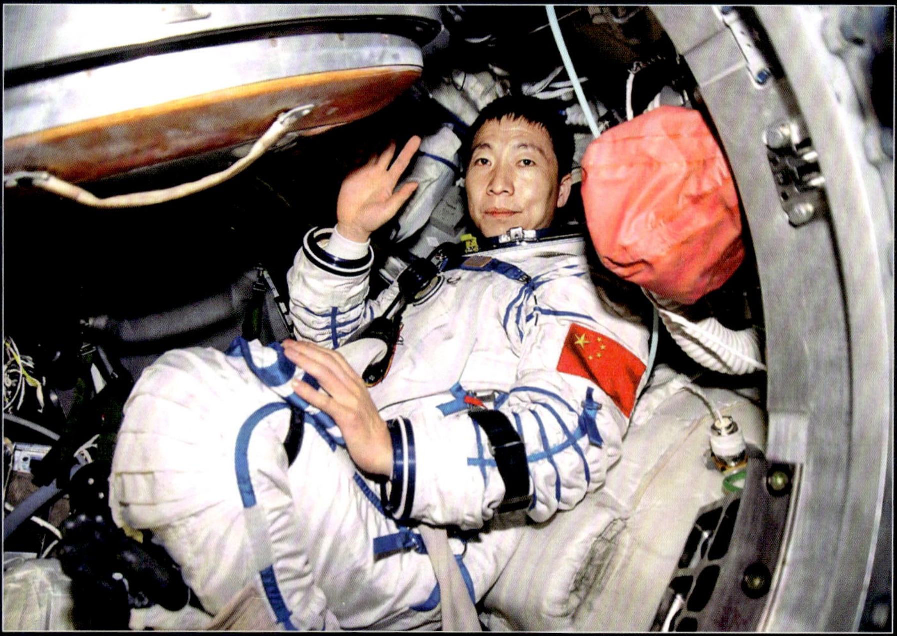

▲ “航天英雄”杨利伟／摄影 南勇

有了成功运载一个人进入太空的经验，运载多人且长时间在太空停留成为中国载人航天的下一个目标。2005 年 10 月 12 日，神舟六号载着费俊龙、聂海胜两名航天员进入太空，在太空中停留了近 5 天。2008 年，神舟七号的乘客增加到了 3 人——翟志刚、刘伯明、景海鹏，三名航天员用 5 天时间完成了 1000 多项规定动作。这些动作中，包含了一项关系到未来空间站建设与维护的重要项目——出舱行走。9 月 27 日 16 时 39 分，神舟七号的舱门打开，翟志刚在刘伯明的帮助下探出头。随后，他全身出舱，彻底暴露在太空之中，挥舞国旗，中国人的第一次太空出舱活动正式达成。

神舟五号、神舟六号、神舟七号的成功发射，让中国人有信心向着建设空间站的目标进发。而接下来，人们就开始着手进行建设空间站前的试验。

建“天宫”：中国空间站

宇宙飞船只能让航天员在太空中进行短期的科学实验和探测。要想让人们能够在太空中长时间地进行观测和科学实验，就要靠人类的太空基地——空间站。与宇宙飞船不同，空间站进入太空之后，不再返回地面。它是一个让航天员长期驻留太空生活并开展各项工作的巨大航天器。

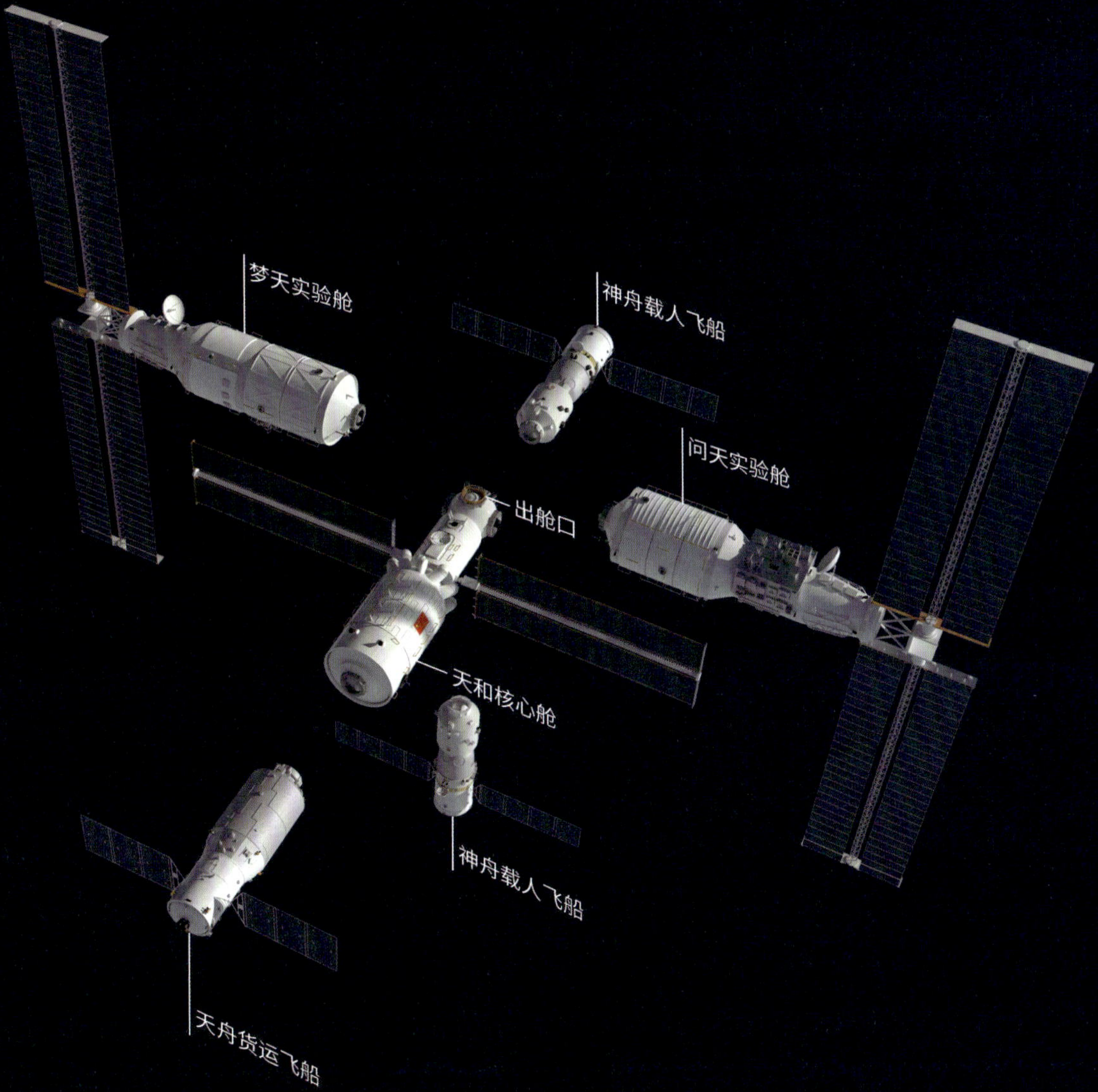
梦天实验舱
神舟载人飞船
问天实验舱
出舱口
天和核心舱
神舟载人飞船
天舟货运飞船

▲ 天宫空间站部件对接示意图

人类拥有过的最大空间站是国际空间站，它由美国、苏联（俄罗斯）、欧洲、日本、加拿大等国家和地区共同搭建，于 2011 年全部搭建完成，总质量约 423 吨，是当之无愧的庞然大物！由于过于庞大，人们无法一次性将它全部运送到太空，必须像搭积木那样，将不同的组件分批送往太空，完成组装。而完成组装最关键的技术就是“对接”。搭建属于中国人自己的空间站，是中国载人航天的下一个目标。而“对接”技术是必须攻克的一个难关。

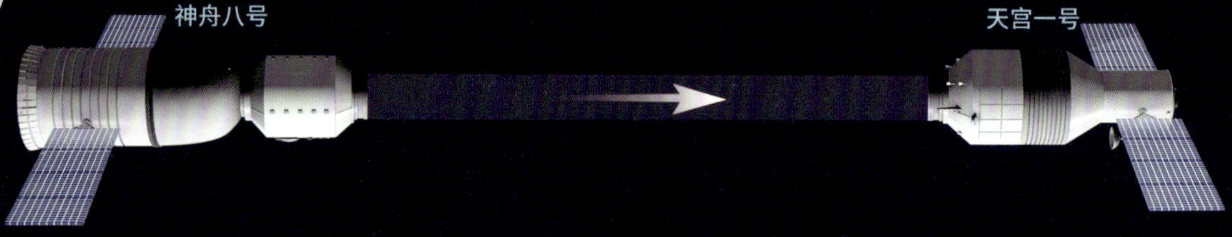
神舟八号
天宫一号

▲ 神舟八号与天宫一号对接示意图

▶ 天宫一号和长征二号 FT1 火箭组装／摄影 宿东

2011 年 9 月 29 日，中国第一个空间试验平台——天宫一号顺利发射升空。2011 年 11 月 3 日，神舟八号与天宫一号实现无人状态下的自动对接。2012 年 6 月 16 日，神舟九号搭载 3 名航天员顺利升空。在载人状态下，神舟九号先是与天宫一号完成自动对接，之后又与天宫一号分离，再由航天员操控飞船，完成与天宫一号的首次手控对接。至此，无人状态下的自动交会对接、载人状态下的自动交会对接、载人状态下的手控交会对接已全部完成，这三次对接意味着中国完整地掌握了太空交会对接技术。

在完成任务并超期服役多年后，天宫一号穿越大气层，残骸坠入南太平洋，终结了它光荣的一生。它的升级版天宫二号于 2016 年 9 月发射升空。同年 10 月，神舟十一号升空，两名航天员通过飞船进入天宫二号，并驻留长达 30 天。

而为了实现航天员更长时间的驻留，维持空间站长期运行，除了负责“客运”的神舟飞船外，还需要负责“货运”的“太空货车”——天舟飞船。天舟飞船的起飞质量约 13 吨，由新一代运载火箭长征七号搭载升空。2017 年 4 月 20 日，天舟一号在文昌航天发射场成功发射，2 天后，它与天宫二号自动对接成功，顺利地为天宫二号补给了燃料。

预演基本完成，中国人离建设空间站的目标又近了一步。如今，我国载人航天工程的空间站建造任务已全面开启。2021 年 4 月 29 日，中国空间站天和核心舱在长征五号 B 运载火箭的搭载下成功升空，正式拉开了建造中国空间站的序幕。5 月 30 日，为空间站提供物资供给的天舟二号货运飞船与核心舱成功对接。6 月 17 日，乘坐神舟十二号载人飞船进入太空的航天员聂海胜、刘伯明、汤洪波先后进入核心舱，成为进驻中国空间站的首批航天员。10 月 16 日，空间站也迎来了第二批“住户”，航天员翟志刚、王亚平、叶光富进入核心舱，开启为期 6 个月的太空生活。中国正向独立建造且自主运营空间站的梦想一步步靠近。2022 年 6 月 5 日，航天员陈冬、刘洋、蔡旭哲成为空间站第三批“住户”。这一年，太空中出现了一个宏伟的航天器——天宫空间站。

二十多年时间，从神舟一号到神舟十四号，从天宫一号到天宫二号，再到天宫空间站，中国航天人一步一个脚印，将遥远的宇宙慢慢拉近。而运载火箭的不断升级，也给中国航天事业创造了更亮丽的大舞台。

中国空间站

天宫空间站建造任务时间表

空间站关键技术验证阶段

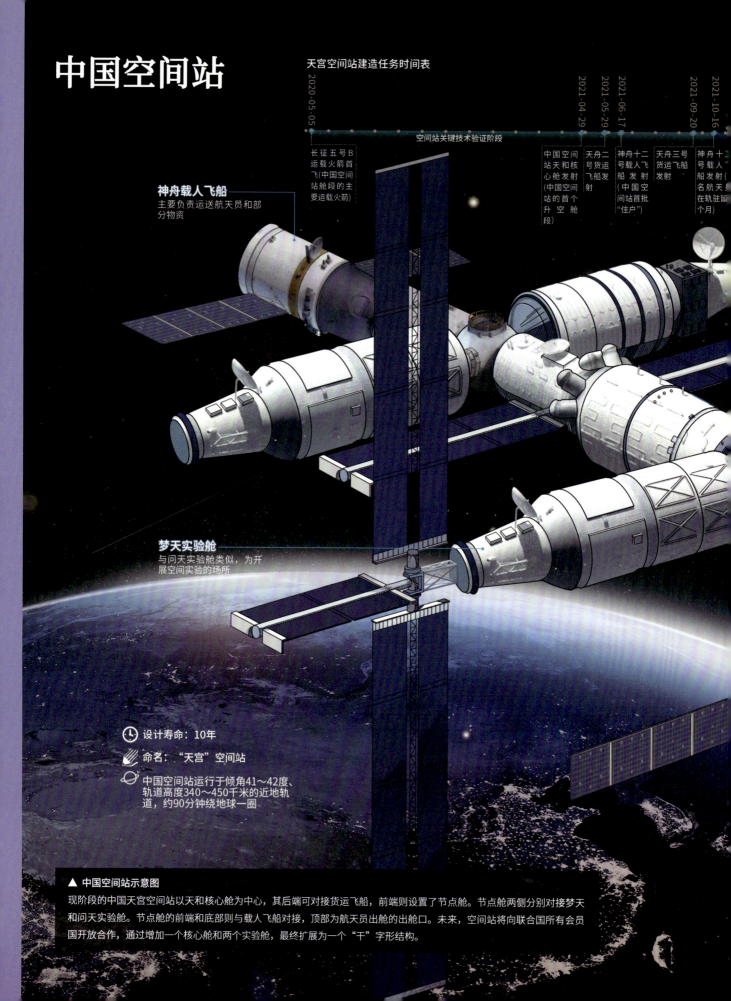

- 2020-05-05　长征五号B运载火箭首飞(中国空间站舱段的主要运载火箭)
- 2021-04-29　中国空间站天和核心舱发射(中国空间站的首个升空舱段)
- 2021-05-29　天舟二号货运飞船发射
- 2021-06-17　神舟十二号载人飞船发射(中国空间站首批“住户”)
- 2021-09-20　天舟三号货运飞船发射
- 2021-10-16　神舟十号载人船发射(名航天在轨驻留个月)

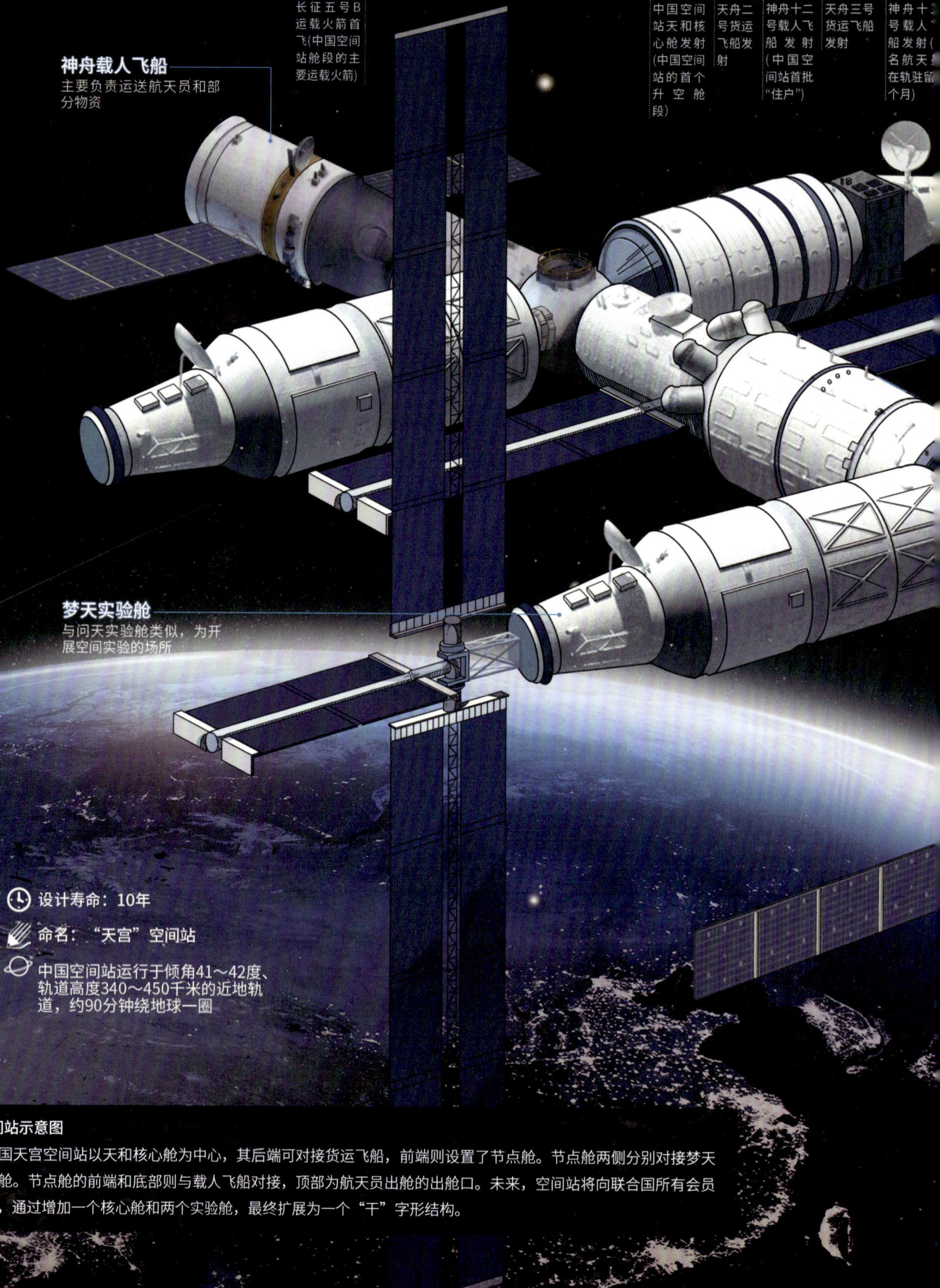

神舟载人飞船
主要负责运送航天员和部分物资
梦天实验舱
与问天实验舱类似，为开展空间实验的场所

设计寿命：10年

命名：“天宫”空间站

中国空间站运行于倾角41～42度、轨道高度340～450千米的近地轨道，约90分钟绕地球一圈

▲ 中国空间站示意图

现阶段的中国天宫空间站以天和核心舱为中心，其后端可对接货运飞船，前端则设置了节点舱。节点舱两侧分别对接梦天和问天实验舱。节点舱的前端和底部则与载人飞船对接，顶部为航天员出舱的出舱口。未来，空间站将向联合国所有会员国开放合作，通过增加一个核心舱和两个实验舱，最终扩展为一个“干”字形结构。

造阶段

- 2022-05-10 天舟四号货运飞船发射
- 2022-06-05 神舟十四号载人飞船发射(3名航天员在轨驻留6个月)
- 2022-07-24 空间站问天实验舱发射
- 2022-10-31 空间站梦天实验舱发射(空间站“T”字基本构型形成，完成中国空间站在轨建造)

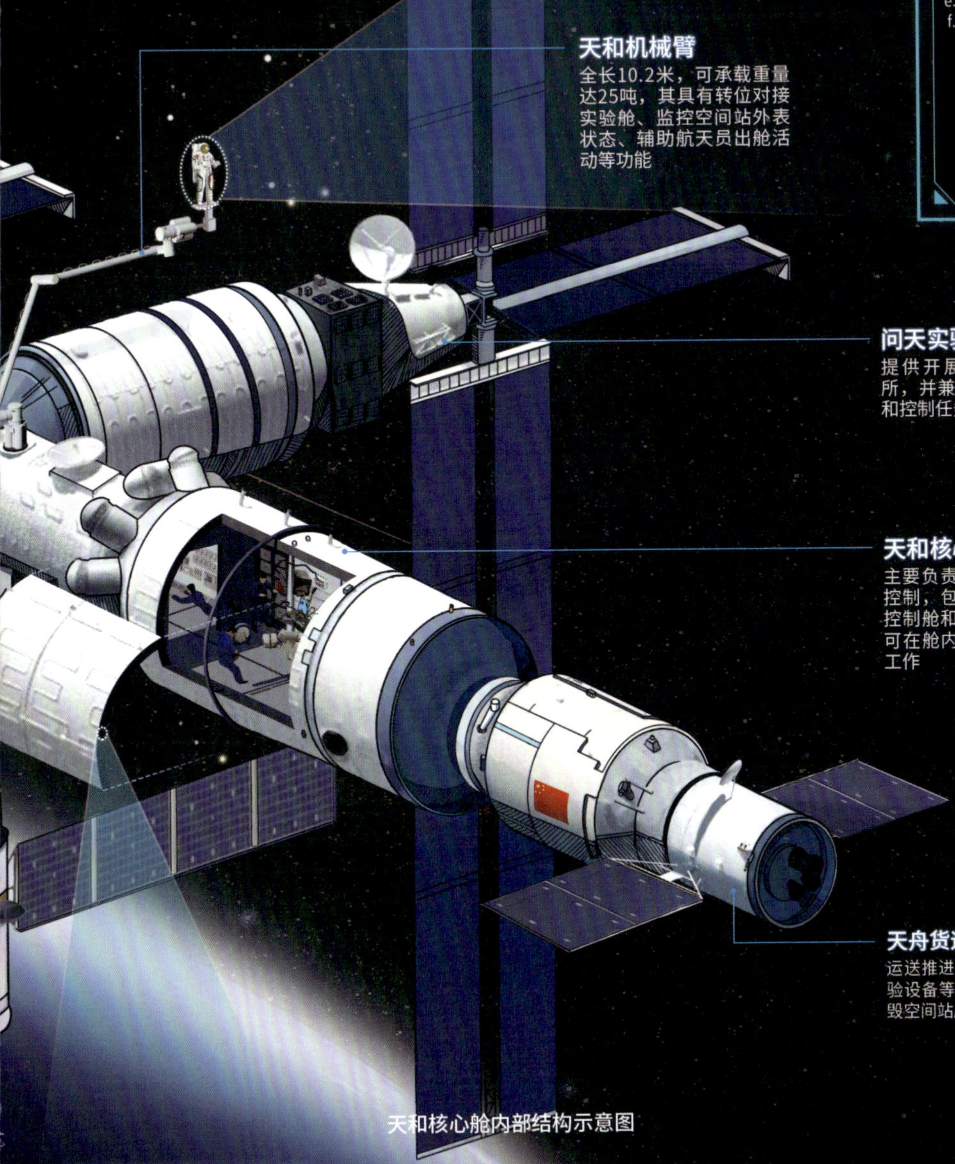

天和机械臂
全长10.2米，可承载重量达25吨，其具有转位对接实验舱、监控空间站外表状态、辅助航天员出舱活动等功能

问天实验舱
提供开展空间实验的场所，并兼有空间站的管理和控制任务

天和核心舱
主要负责空间站的管理和控制，包括节点舱、生活控制舱和资源舱，航天员可在舱内居住及开展实验工作

天舟货运飞船
运送推进剂、生活用品、实验设备等物资，返程时可销毁空间站产生的废弃物

舱外航天服示意图

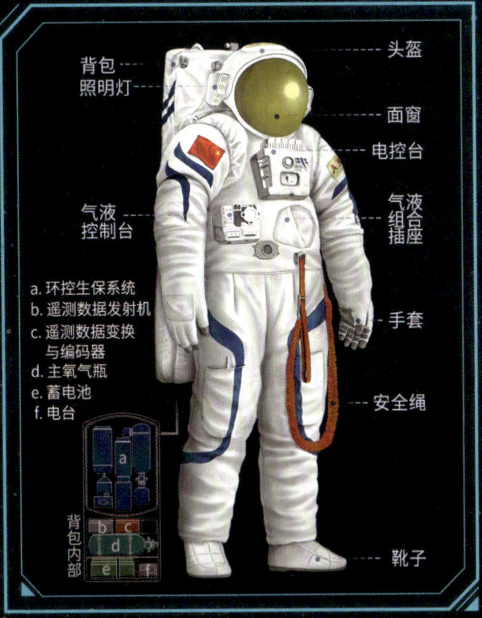

背包
照明灯
头盔
面窗
电控台
气液控制台
气液组合插座
手套
安全绳
靴子
a. 环控生保系统
b. 遥测数据发射机
c. 遥测数据变换与编码器
d. 主氧气瓶
e. 蓄电池
f. 电台
背包内部

*图中绘制的为一代舱外航天服，仅作示意，最新的飞天II型舱外航天服在一代基础上又做出了改进，具有使用寿命更长、灵活性更高、可靠性更强等特点

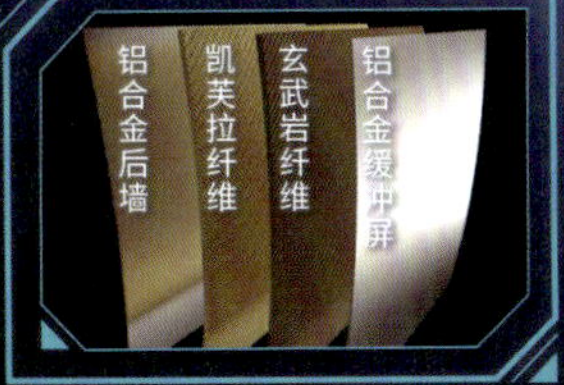

铝合金后墙
凯芙拉纤维
玄武岩纤维
铝合金缓冲屏

空间站外部采用铝合金缓冲屏和各类纤维填充层进行层层防护，以消减撞击物带来的损伤

天和核心舱内部结构示意图

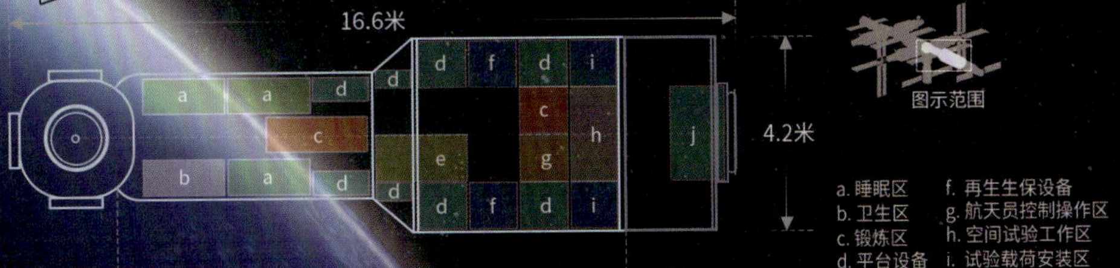

16.6米
4.2米
图示范围
节点舱
生活控制舱
资源舱
a. 睡眠区
b. 卫生区
c. 锻炼区
d. 平台设备
e. 就餐区
f. 再生生保设备
g. 航天员控制操作区
h. 空间试验工作区
i. 试验载荷安装区
j. 物品存放区

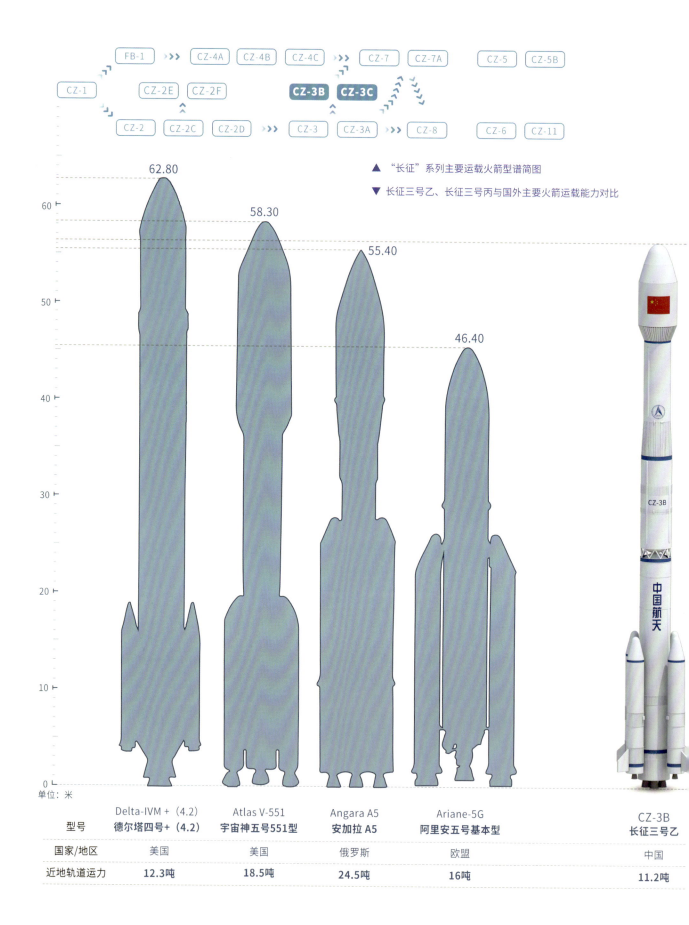

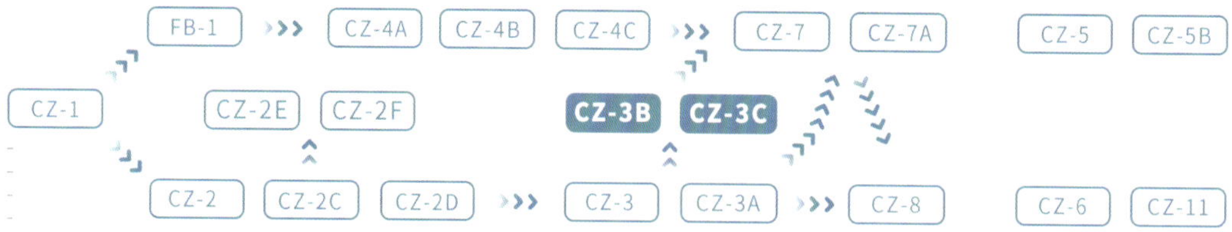
FB-1
CZ-4A
CZ-4B
CZ-4C
CZ-7
CZ-7A
CZ-5
CZ-5B
CZ-1
CZ-2E
CZ-2F
CZ-3B
CZ-3C
CZ-2
CZ-2C
CZ-2D
CZ-3
CZ-3A
CZ-8
CZ-6
CZ-11

▲ “长征”系列主要运载火箭型谱简图

▼ 长征三号乙、长征三号丙与国外主要火箭运载能力对比

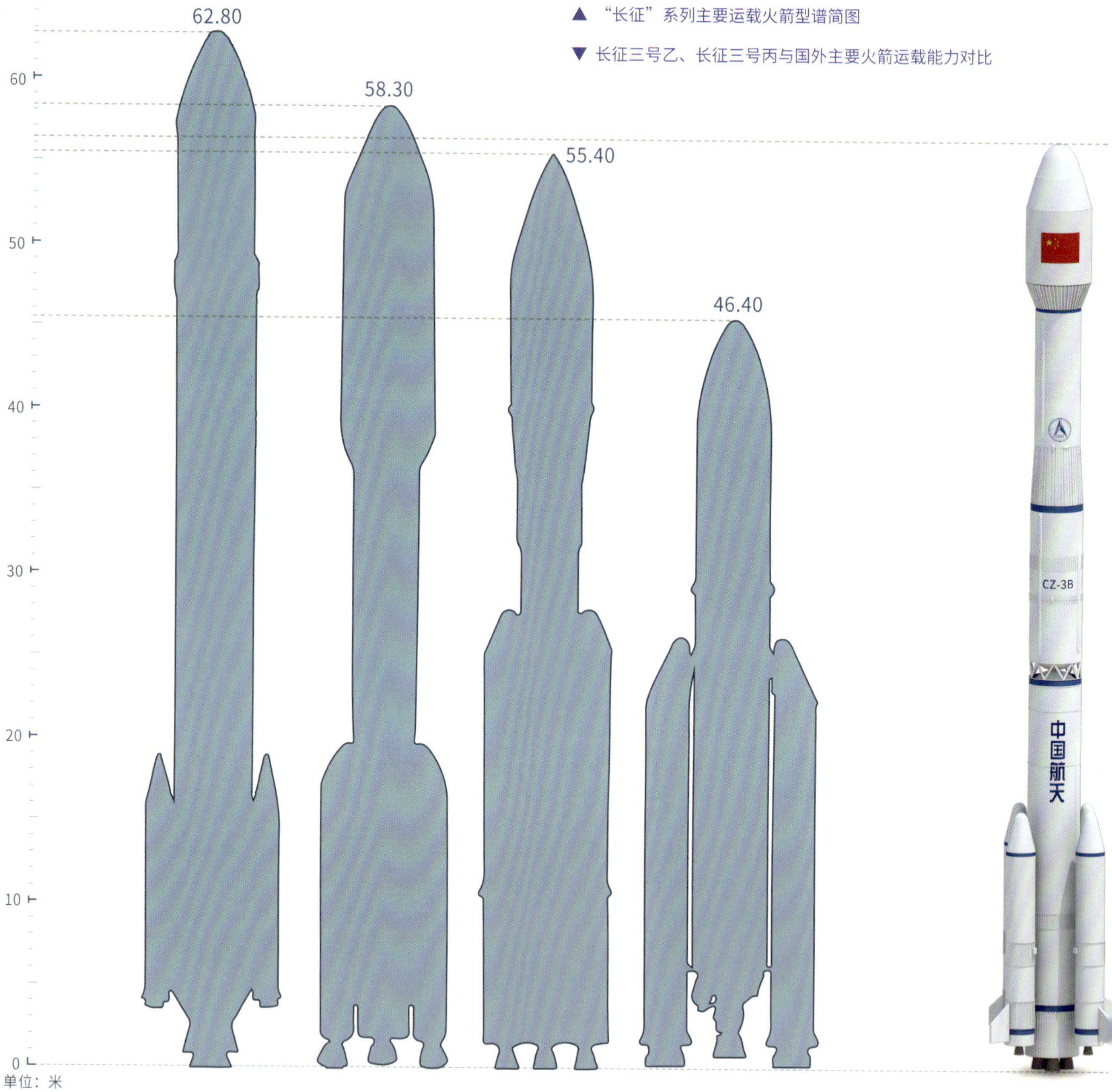
62.80
58.30
55.40
46.40
60
50
40
30
20
10
0
单位：米
CZ-3B
中国航天

型号	Delta-IVM +（4.2） **德尔塔四号+（4.2）**	Atlas V-551 **宇宙神五号551型**	Angara A5 **安加拉 A5**	Ariane-5G **阿里安五号基本型**	CZ-3B **长征三号乙**
国家/地区	美国	美国	俄罗斯	欧盟	中国
近地轨道运力	**12.3吨**	**18.5吨**	**24.5吨**	**16吨**	**11.2吨**

3 全面升级

长征二号系列均为两级火箭，在三级火箭长征三号甲的基础上加长、捆绑，便形成了三级捆绑火箭——**长征三号乙（CZ-3B）**、**长征三号丙（CZ-3C）**。尤其是长征三号乙，作为捆绑了 4 个助推器的三级火箭，在近 20 年间，都是中国运载火箭的“顶配”。它的近地轨道载荷可以达到约 11.2 吨，成为我国中高轨道发射的绝对主力，成功发射了嫦娥三号、嫦娥四号，筑成了中国的登月天梯。

不仅如此，长征三号系列火箭还是我国北斗卫星导航系统的“座驾”，自 2000 年 10 月第一颗北斗导航试验卫星成功入轨，到 2020 年 6 月最后一颗北斗导航卫星飞入太空，在这 20 年间，55 颗导航卫星通过长征三号系列火箭的运载，在太空织就了一张“天罗地网”，中国终于拥有了自己的卫星导航系统。

这一系列的成功，并不意味着对中国运载火箭的改造升级就此止步。当我们放眼全球，与长征三号乙同期的俄罗斯安加拉 A5 运载火箭，它的近地轨道载荷能够达到 24.5 吨，是长征三号乙的两倍多。它使用煤油作为燃料，充分燃烧后只产生水和二氧化碳，清洁无污染。除此之外，还有美国的宇宙神五号系列、德尔塔四号系列，欧盟的阿里安五号系列等，它们的运载能力都在长征三号乙之上。面对美国、欧洲、俄罗斯等国家和地区大型火箭的强大竞争力，中国运载火箭的一次全方位升级迫在眉睫。

56.33

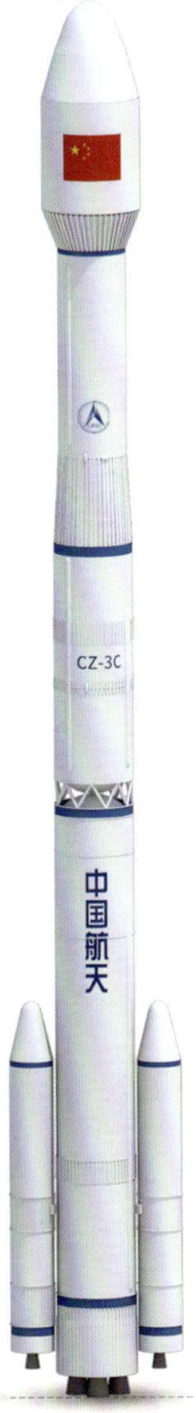
CZ-3C
中国航天

CZ-3C
长征三号丙
中国
9.1吨

2016 年，全面升级的**长征七号（CZ-7）**登场！在推进剂上，长征七号改用“煤油 + 液氧”的组合。煤油燃烧后只产生二氧化碳和水，不仅全程无毒无污染，而且成本大幅降低。随着推进剂的改变，发动机的推进效率提高了约 15%。而助推器达到惊人的 27 米，是此前所有型号助推器的近两倍，长征七号的近地轨道载荷达到 13.5 吨。

2016 年 6 月 25 日，长征七号在海南文昌航天发射场成功首飞，为中国载人航天工程货运飞船的发射打下坚实基础。2017 年，长征七号搭载重约 13 吨的天舟一号货运飞船成功发射，目前它在中国空间站的建造中扮演着至关重要的角色，未来它还将逐步接替长征二号、三号、四号等系列的使命，承担我国约 80% 的发射任务，成为支撑中国航天梦想的中流砥柱。

2020 年 12 月 22 日，“长征”火箭家族的一名新成员——**长征八号（CZ-8）**搭载着 5 颗卫星成功首飞。长征八号是组合型火箭，由长征七号运载火箭一子级与长征三号

▼ 2016 年 6 月 25 日，长征七号在中国文昌航天发射场首飞／摄影 苟秉宸

甲系列运载火箭三子级组合而成。其将我国运载火箭太阳同步轨道运载能力从 3 吨提升至 5 吨，还首次应用了发动机推力调节技术，可以通过调节推进剂的流量控制火箭的飞行速度，而这项技术是未来打造可回收火箭的关键。

至此，我国的中型运载火箭已经全部登场。如果要将火箭近地轨道载荷进一步提升至 20 吨以上，就必须依靠更强大的选手——大型运载火箭。

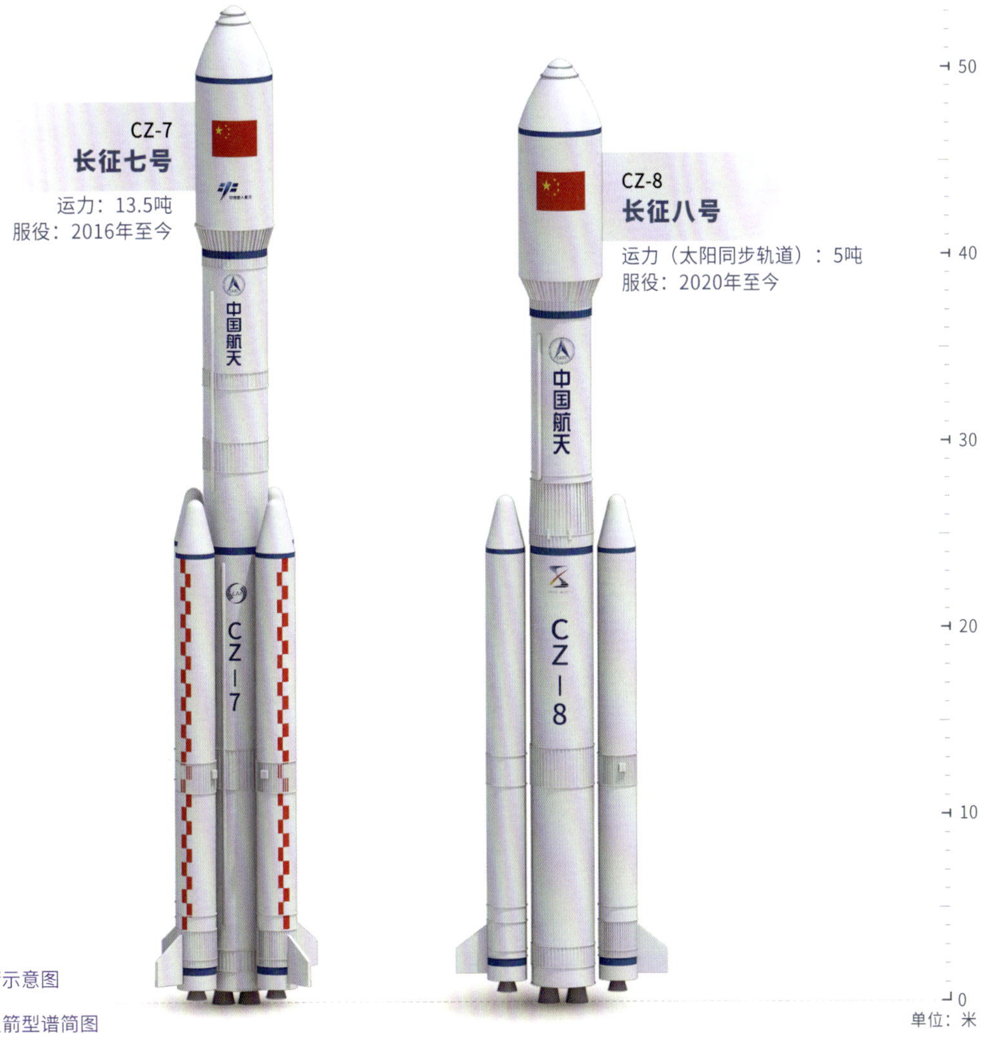

CZ-7
长征七号
运力：13.5吨
服役：2016年至今
CZ-8
长征八号
运力（太阳同步轨道）：5吨
服役：2020年至今
50
40
30
20
10
0
单位：米

▶ 长征七号、长征八号火箭示意图

▼ “长征”系列主要运载火箭型谱简图

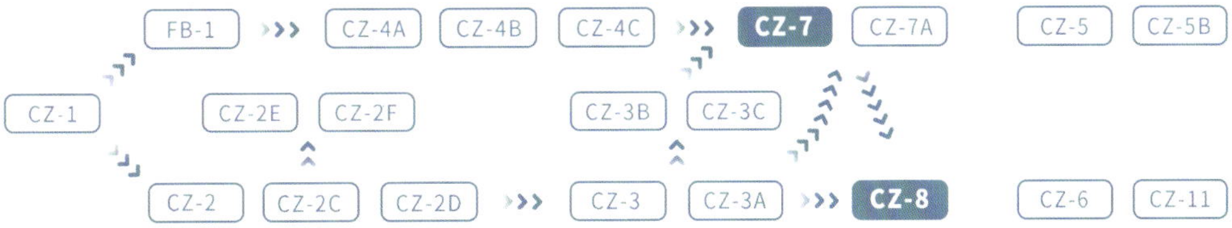

FB-1
CZ-4A
CZ-4B
CZ-4C
CZ-7
CZ-7A
CZ-5
CZ-5B
CZ-1
CZ-2E
CZ-2F
CZ-3B
CZ-3C
CZ-2
CZ-2C
CZ-2D
CZ-3
CZ-3A
CZ-8
CZ-6
CZ-11

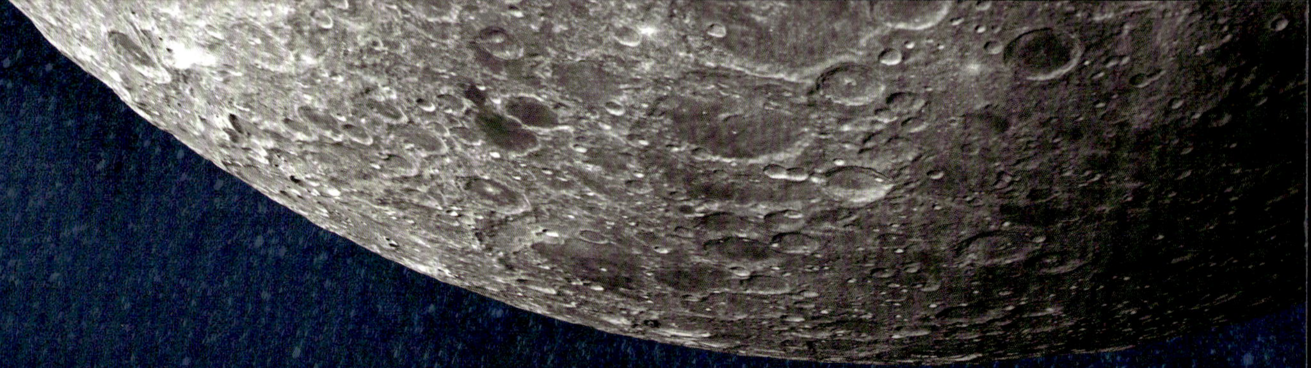

1 第一阶段：探月
将无人月球探测器送上月球。

2 第二阶段：登月
实现载人登月。

3 第三阶段：驻月
建设能够让人短期驻守的月球基地。

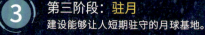

▲ 中国月球探测工程的三大阶段

有意思专栏

九天揽月：中国探月工程

“青天有月来几时，我今停杯一问之。”一千多年前，诗仙李白曾经把酒问月：皎洁的明月，从何时挂在青天之上？千百年来，中国人对月球有着割舍不断的情怀。而如今，拥有长征系列运载火箭的中国人，终于有希望前往月球一探究竟。

对月球的探索并不是一蹴而就的。我国将月球探测工程分为三个大阶段来完成：第一阶段是“探”，要将无人月球探测器送上月球；第二阶段是“登”，要实现载人登月；第三阶段是“驻”，要在月球上建设能够让人短期驻守的月球基地，开展月球科学研究。目前，中国月球探测工程的第一大阶段“探”已经收官。人们用神话中生活在月亮上的仙子嫦娥命名，将中国的探月工程称为“嫦娥工程”。

而“嫦娥工程”又被分为三个小步骤，分别是“绕”“落”“回”。在长征系列运载火箭的支撑下，这三个小步骤已经逐一完成。

“探”的第一步：绕

“嫦娥工程”的第一个步骤是“绕”，即发射人造卫星环绕月球进行探测。这一发射任务，由嫦娥一号卫星和长征三号甲运载火箭来完成。2007 年 10 月 24 日，长征三号甲运载火箭搭载中国第一颗绕月卫星——嫦娥一号顺利升空。嫦娥奔月的神话，终于有了现代科学的演绎。

进入预定绕月轨道的嫦娥一号，传回了全月球表面影像，并探测了月球表面部分化学元素的分布情况。圆满完成任务之后，嫦娥一号又在指挥下撞向月球，掀起重重尘埃，让人们进一步了解了月球表面的性质。

2010 年 10 月 1 日，长征三号丙运载火箭搭载嫦娥二号探月卫星成功发射。此次任务中，嫦娥二号获取了更为清晰的月面影像和地形信息等，为第二步“落”的主任务——嫦娥三号探测器的发射做好了准备。

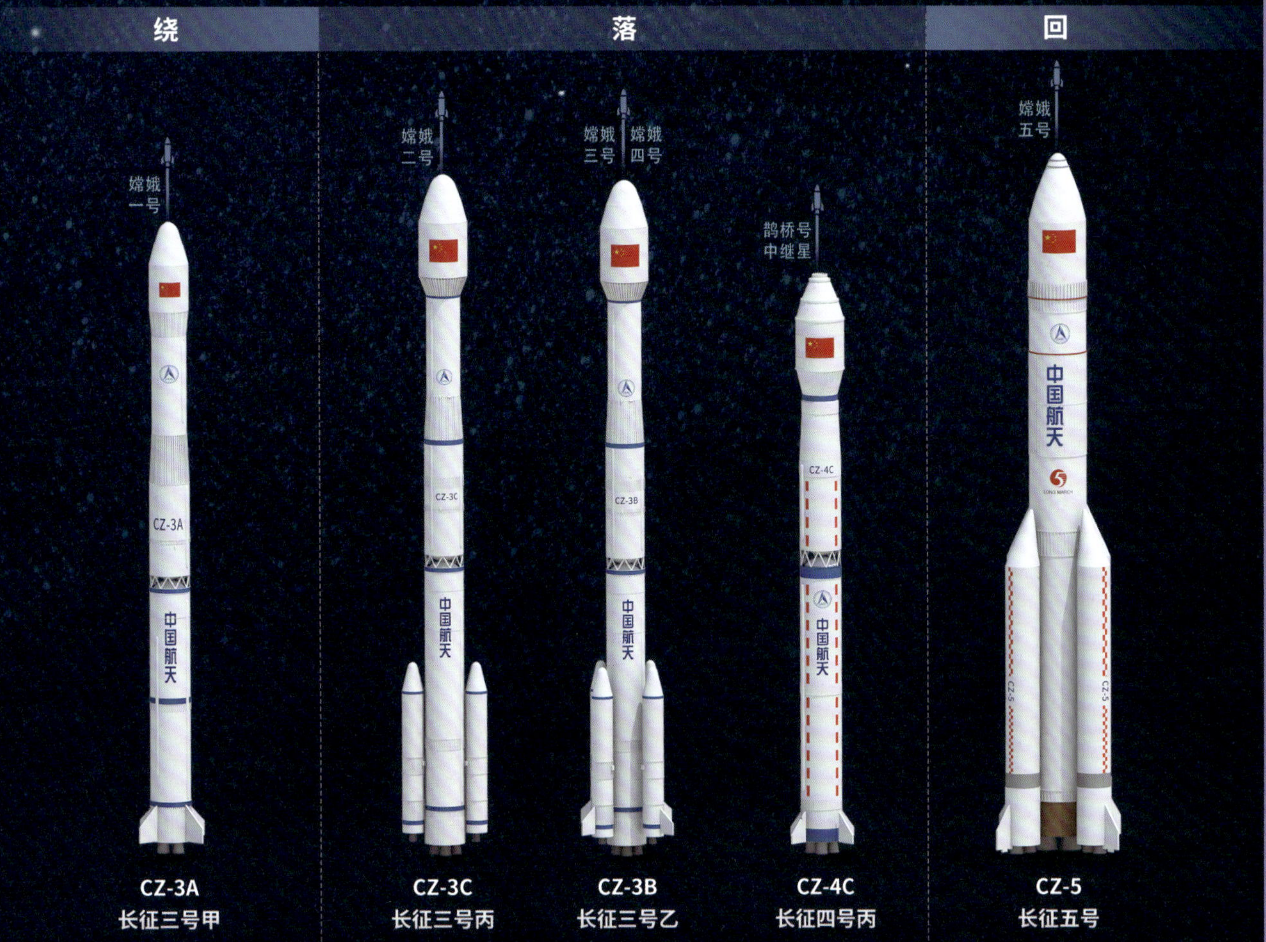
绕
落
回
嫦娥一号
嫦娥二号
嫦娥三号
嫦娥四号
鹊桥号中继星
嫦娥五号
CZ-3A
长征三号甲
CZ-3C
长征三号丙
CZ-3B
长征三号乙
CZ-4C
长征四号丙
CZ-5
长征五号

▲ 参与中国探月工程的主要运载火箭

“探”的第二步：落

“嫦娥工程”的第二个步骤是“落”，也就是让无人月球探测器登陆月球表面。

2013 年 12 月 2 日，嫦娥三号乘着长征三号乙运载火箭发射升空。与嫦娥一号、嫦娥二号不同，嫦娥三号探测器不再远远地环绕月球飞行，而要与月球“亲密接触”。经过十几天的跋涉，2013 年 12 月 14 日 21 时，嫦娥三号稳稳地降落在月球表面。又过了 7 个多小时，藏在嫦娥三号内部的玉兔号月球车缓缓驶出，它可以在月球上行走、巡视和记录。嫦娥三号的成功发射，让中国成为世界上第三个成功实现月球软着陆的国家。

由于月球自转周期与绕地球公转周期一致，月球始终以一面示人，人们对月球背面知之甚少。为了登上月球背面一探究竟，人们将这一使命交付给了嫦娥四号。在嫦娥四号发射之前，要先解决与月球背面的通信问题。2018 年 5 月 21 日，中继卫星——鹊桥号在长征四号丙火箭的运载下发射升空，它在地球和月球背面之间架起通信的“桥梁”，帮助人们传递控制中心与嫦娥四号的无线电信号。“鹊桥”架起，万事俱备。2019 年 1 月 3 日，由长征三号乙运载火箭发射升空的嫦娥四号代表全人类首次实现月球背面软着陆，并放出玉兔二号月球车在月球上巡视。中国成为第一个在月球背面着陆探测的国家。至此，“嫦娥工程”第二步“落”圆满完成。

▶ 地月中继通信示意图

▼ “鹊桥”中继星相对位置及运行轨道示意图

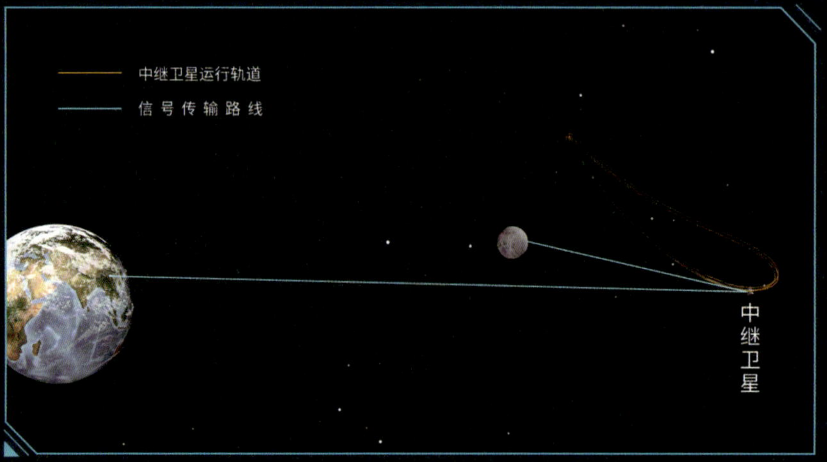
中继卫星运行轨道
信号传输路线
中继卫星

▼ 嫦娥四号着陆过程示意图

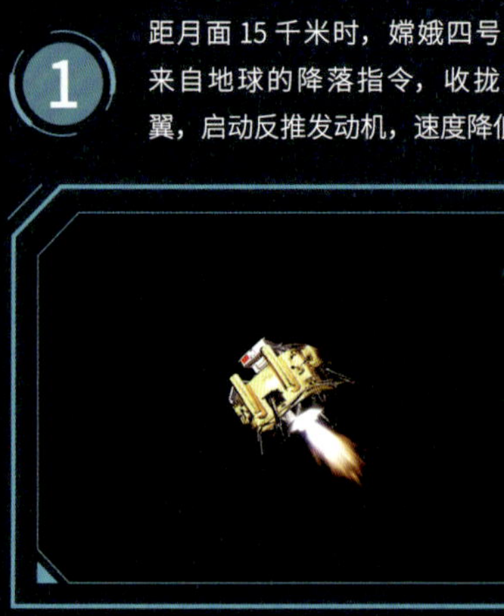
1
距月面 15 千米时，嫦娥四号
来自地球的降落指令，收拢
翼，启动反推发动机，速度降

坎贝尔
维纳
冯·诺伊曼
拉莫尔
赫·乔·威尔斯
莫斯科海
科马罗夫
菲茨杰拉德
詹湖
安德森
祖冲之
马赫
张衡
门捷列夫
中继卫星轨道
伊卡洛斯
科罗廖夫
基勒
亥维赛
艾肯
多普勒
伽罗瓦
加加林
巴斯德
齐奥尔科夫斯基
希尔伯特
范德格拉夫
巴甫洛夫
智海
凡尔纳
奥本海默
莱布尼兹
阿波罗
洛希
科赫
冯·卡门
嫦娥四号着陆地点
“天河基地”
普朗克
庞加莱
环形山
撞击坑
薛定谔
中继星
“鹊桥”号

距月面 2.4 千米时，嫦娥四号启动成像仪并扫描着陆区的地形，寻找合适的着陆点。

3 距月面 3 米时，嫦娥四号发动机关闭，以自由落体的方式着陆月面。

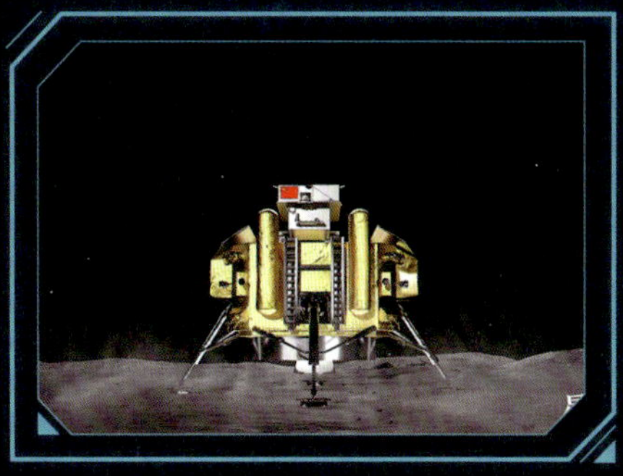

4 玉兔二号月球车从着陆器缓缓驶出，开始在月球表面执行巡视、拍摄、传输数据等任务。

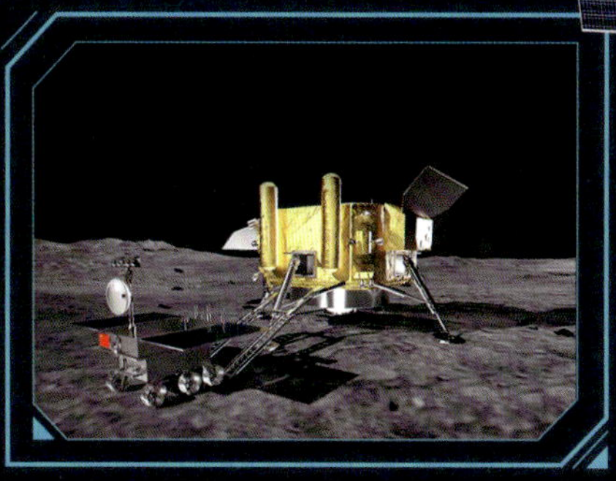

有意思专栏

“探”的第三步：回

“嫦娥工程”的第三步，称作“回”，它意味着中国不仅要把月球探测器运送至月球表面，还要采集样本返回地球。这是“嫦娥工程”的收官之战。

2020 年 11 月 24 日，由长征五号运载火箭所搭载的“嫦娥五号”发射升空，开启中国首次月球表面采样与返回任务之旅，标志着中国“嫦娥工程”三部曲已经进入第三步。此行目标是“挖”取月球的岩石以及土壤等样品并带回地球，这也是人类时隔 40 多年后又一次从月球带回岩石和土壤等宝贵样品。2020 年 12 月 17 日，嫦娥五号返回器在预定区域成功着陆，这份带着月球“土特产”的包裹被成功签收。经过初步测量，嫦娥五号任务采集月球样品约 1731 克。嫦娥五号的这次任务，为中国探月工程“绕、落、回”三步走规划画上了圆满的句号。

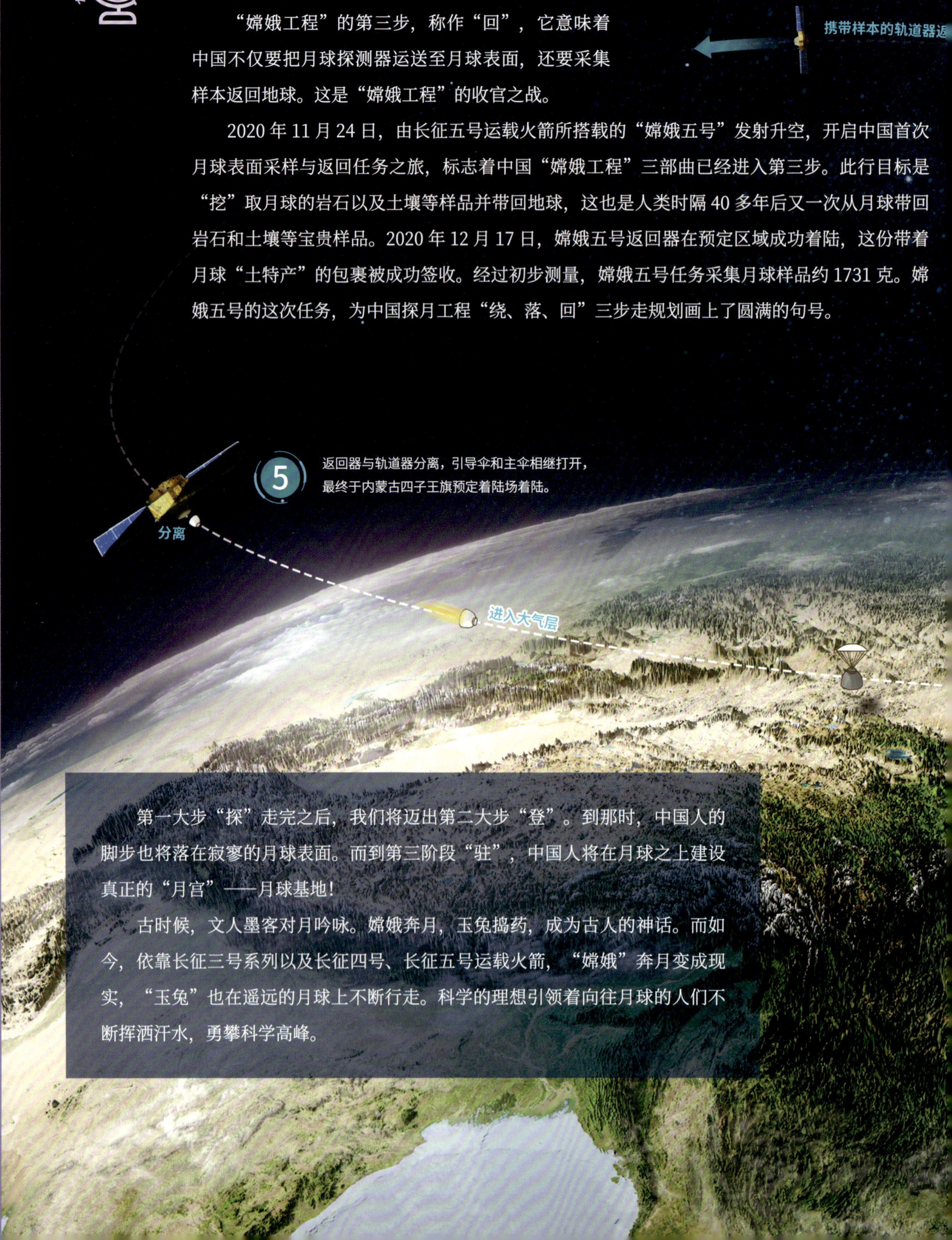
携带样本的轨道器返
5
返回器与轨道器分离，引导伞和主伞相继打开，
最终于内蒙古四子王旗预定着陆场着陆。
分离
进入大气层

第一大步“探”走完之后，我们将迈出第二大步“登”。到那时，中国人的脚步也将落在寂寥的月球表面。而到第三阶段“驻”，中国人将在月球之上建设真正的“月宫”——月球基地！

古时候，文人墨客对月吟咏。嫦娥奔月，玉兔捣药，成为古人的神话。而如今，依靠长征三号系列以及长征四号、长征五号运载火箭，“嫦娥”奔月变成现实，“玉兔”也在遥远的月球上不断行走。科学的理想引领着向往月球的人们不断挥洒汗水，勇攀科学高峰。

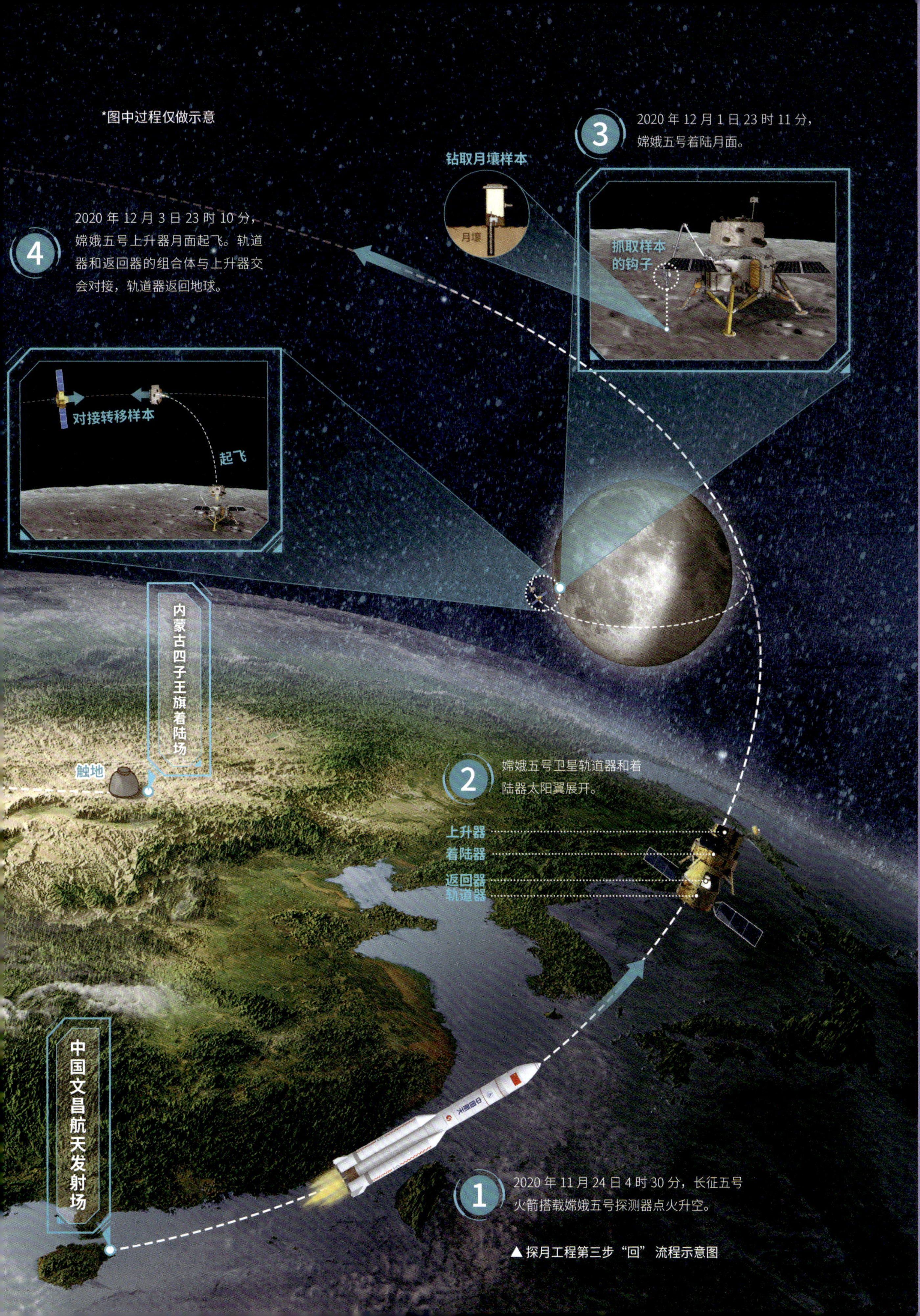

*图中过程仅做示意
3
2020 年 12 月 1 日 23 时 11 分，嫦娥五号着陆月面。
钻取月壤样本
月壤
抓取样本的钩子
4
2020 年 12 月 3 日 23 时 10 分，嫦娥五号上升器月面起飞。轨道器和返回器的组合体与上升器交会对接，轨道器返回地球。
对接转移样本
起飞
内蒙古四子王旗着陆场
触地
2
嫦娥五号卫星轨道器和着陆器太阳翼展开。
上升器
着陆器
返回器
轨道器
中国文昌航天发射场
1
2020 年 11 月 24 日 4 时 30 分，长征五号火箭搭载嫦娥五号探测器点火升空。

▲探月工程第三步“回”流程示意图

第3幕 大型火箭的博弈

2014年10月，位于海南的中国文昌航天发射场建成。其所处的纬度更低，更接近赤道，在此发射的火箭可充分利用地球自转速度，从而能够进一步提高火箭的运载效率。除此之外，中国文昌航天发射场是中国首个沿海发射基地，东南方向1000千米内几乎都是海洋，保证了火箭残骸坠落时的安全性。更重要的是，自此以后，火箭部件可通过海运运输，彻底摆脱3.35米铁路运输尺寸限制。

中国航天
CZ-7

▼ 中国文昌航天发射场，转运途中的长征七号／摄影 宿东

有意思专栏

中国卫星发射场的选址，有讲究！

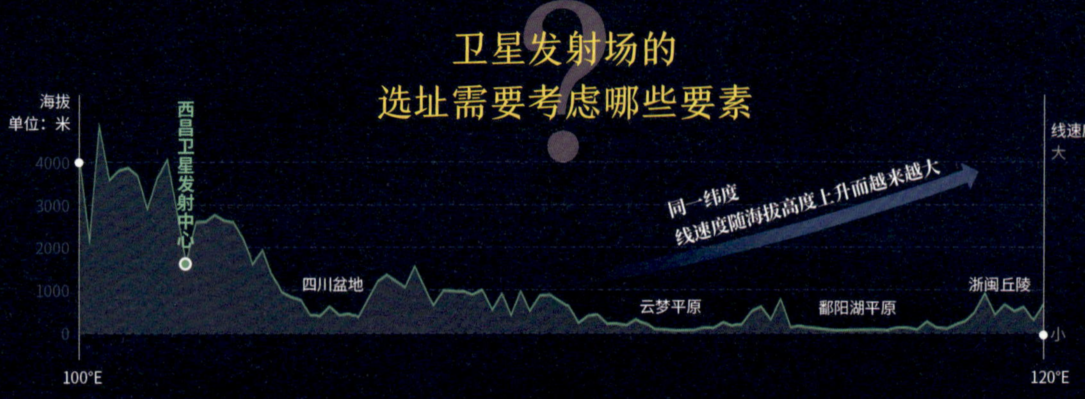
卫星发射场的
选址需要考虑哪些要素
海拔
单位：米
4000
3000
2000
1000
0
西昌卫星发射中心
四川盆地
云梦平原
鄱阳湖平原
浙闽丘陵
同一纬度
线速度随海拔高度上升而越来越大
线速度
大
小
100°E
120°E

纬度高低：地球的自转具有一定速度，其速度的描述有两个维度——线速度和角速度。角速度指一个做圆周运动的点在单位时间内转过的角度。除极点外，地球的任意一点自转的角速度都相同。线速度是指做圆周运动的点在单位时间内走过的距离，在不考虑地势起伏的条件下，地球自转的线速度有纬度差异。纬度越低，地球自转线速度越大，而地球上的物体也同样具有相应纬度的线速度。因此，在纬度低的地区发射卫星，可利用地球的自转速度来提高火箭的飞行速度，从而节省燃料和成本，并大大提升火箭的运载能力。

气象条件：卫星发射对气象条件有着十分严格的要求。温度适中、地面风速小、天气晴朗、能见度高等都是卫星发射较佳的气象条件。

海拔高低：在纬度相同的地区，海拔高低也会影响地球自转线速度的大小。海拔越高，地球自转线速度越大。选择在海拔较高的地方发射卫星，在一定程度上也可以减少火箭发射对燃料的消耗。

除此以外，卫星发射场还需要考虑安全性，需选择远离城镇、地广人稀的地带进行卫星发射，避免火箭坠落的部件砸伤居民或重要设施。同时，卫星发射还需要有便利的交通条件，靠近港口、铁路、公路或机场的发射场地可便于火箭装备部件的运输和回收。由此可见，卫星发射地点的选择，并不是只关注一个条件，而是需要综合评估各发射地多方面条件，根据发射卫星特性的不同，选择综合条件最适宜的发射场地进行发射。

▶ 地球自转线速度与角速度示意图

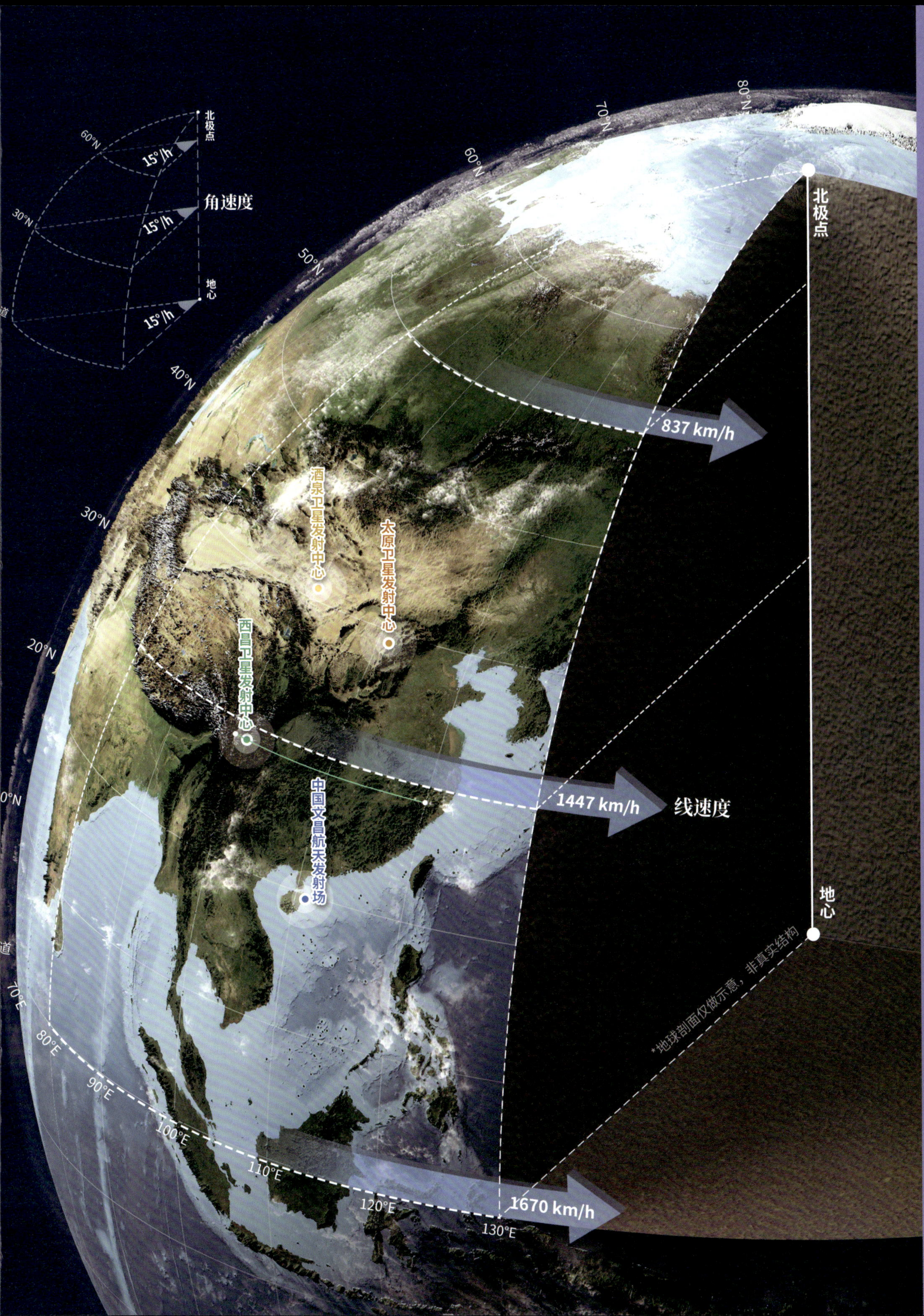

北极点
角速度
15°/h
15°/h
15°/h
地心
60°N
30°N
837 km/h
1447 km/h
线速度
1670 km/h
酒泉卫星发射中心
太原卫星发射中心
西昌卫星发射中心
中国文昌航天发射场
北极点
地心
*地球剖面仅做示意，非真实结构
80°N
70°N
60°N
50°N
40°N
30°N
20°N
70°E
80°E
90°E
100°E
110°E
120°E
130°E

中国的卫星发射场有哪些

酒泉卫星发射中心

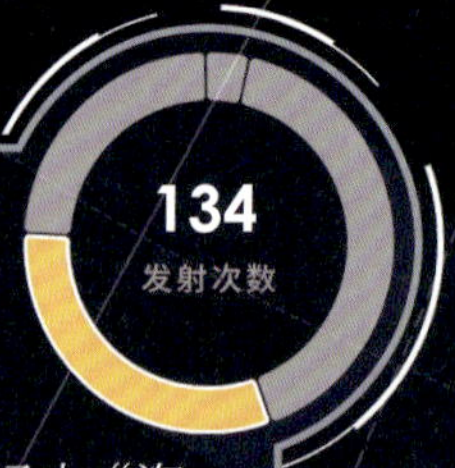
134
发射次数

酒泉卫星发射中心建成于1960年，是中国卫星发射场中“资格最老”、规模最大的一员。它位于甘肃省酒泉市与内蒙古阿拉善盟的交界处。这里地处巴丹吉林沙漠的边缘地带，地势平坦，全年干燥少雨。一年之中，约有300天可以进行发射试验。60多年来，酒泉卫星发射中心创造了多项中国“第一”：第一枚核导弹、第一颗人造卫星、第一颗返回式卫星、第一艘无人飞船、第一艘载人飞船……都从这里成功发射。它见证了中国航天事业从无到有的光辉历程。同时，这里也是我国目前唯一承担载人航天发射任务的发射中心。

西昌卫星发射中心

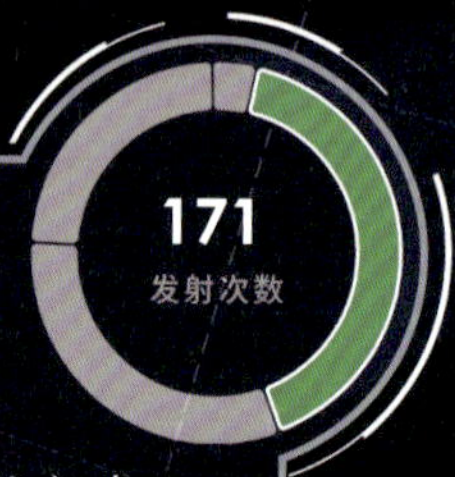
171
发射次数

西昌卫星发射中心位于四川凉山彝族自治州的山谷之中，建成于1982年。相比其他三个卫星发射场，这里海拔更高，而在文昌航天发射场建成之前，这里也是中国纬度最低的发射场。较高的海拔和较低的纬度，能够减少火箭发射所需要的燃料，提高火箭的运行效率，因而这里承担了我国发射轨道最高的地球卫星——地球静止轨道卫星的发射任务。西昌卫星发射中心还被人们称为“月亮城”，我国探月工程的大部分发射任务都是在这里完成的。此外，大名鼎鼎的北斗卫星导航系统也全部从这里升空组网。

70°E
80°E
90°E
50°N
40°N
30°N
20°N
10°N
0°赤道

120°E
130°E
140°E
渤海
黄海
东海
南海
太原卫星发射中心
中国文昌航天发射场

100
发射次数

太原卫星发射中心

太原卫星发射中心位于山西省忻州市的大山之中，建成于 1968 年，是中国第一座自主设计和建造的卫星发射中心。这里群山环抱，环境隐秘，在建成之初，承担了许多高度机密的发射任务。气象、通信、资源等大量关乎国计民生的应用型卫星从这里发射。第一颗气象卫星、第一颗海洋资源勘察卫星……都从这里出发，奔向太空。如今，太原卫星发射中心还承担了许多国际业务，美国、巴西等国家和地区的商业卫星曾在这里发射升空。

17
发射次数

中国文昌航天发射场

中国文昌航天发射场建成于 2014 年。它是我国纬度最低的航天发射场，能够充分利用地球自转速度，实现更大、更重火箭的发射。同时，它也是我国第一个开放性的滨海发射场，既可以利用便捷的海运，运输更大、更重的火箭构件，又可以让坠落的火箭残骸直接落入海中。当有发射任务时，人们可以在现场观看火箭升空，一同感受火箭奔赴长空的澎湃。文昌航天发射场承担了“天问一号”火星探测器、中国空间站“天和”核心舱以及“天舟二号”货运飞船等“重量级”发射任务。未来，文昌航天发射场将继续承担更多深空探测、空间站等发射任务。

注：各发射场地的发射次数仅统计长征系列火箭，时间截至2022年6月28日。

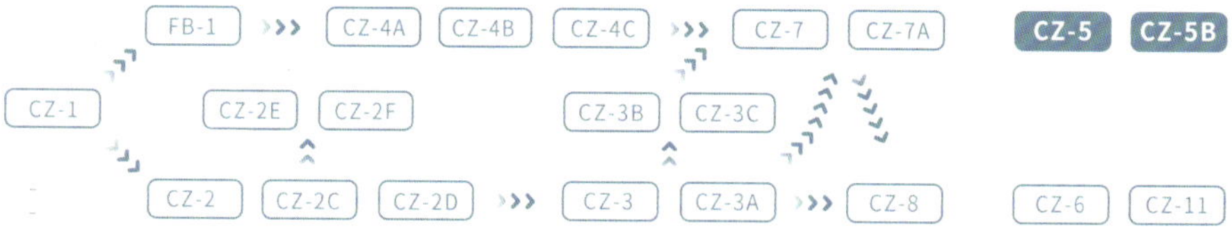
FB-1
CZ-4A
CZ-4B
CZ-4C
CZ-7
CZ-7A
CZ-5
CZ-5B
CZ-1
CZ-2E
CZ-2F
CZ-3B
CZ-3C
CZ-2
CZ-2C
CZ-2D
CZ-3
CZ-3A
CZ-8
CZ-6
CZ-11

◀ “长征”系列主要运载火箭型谱简图

▶ 身形巨大的长征五号／摄影 陈肖

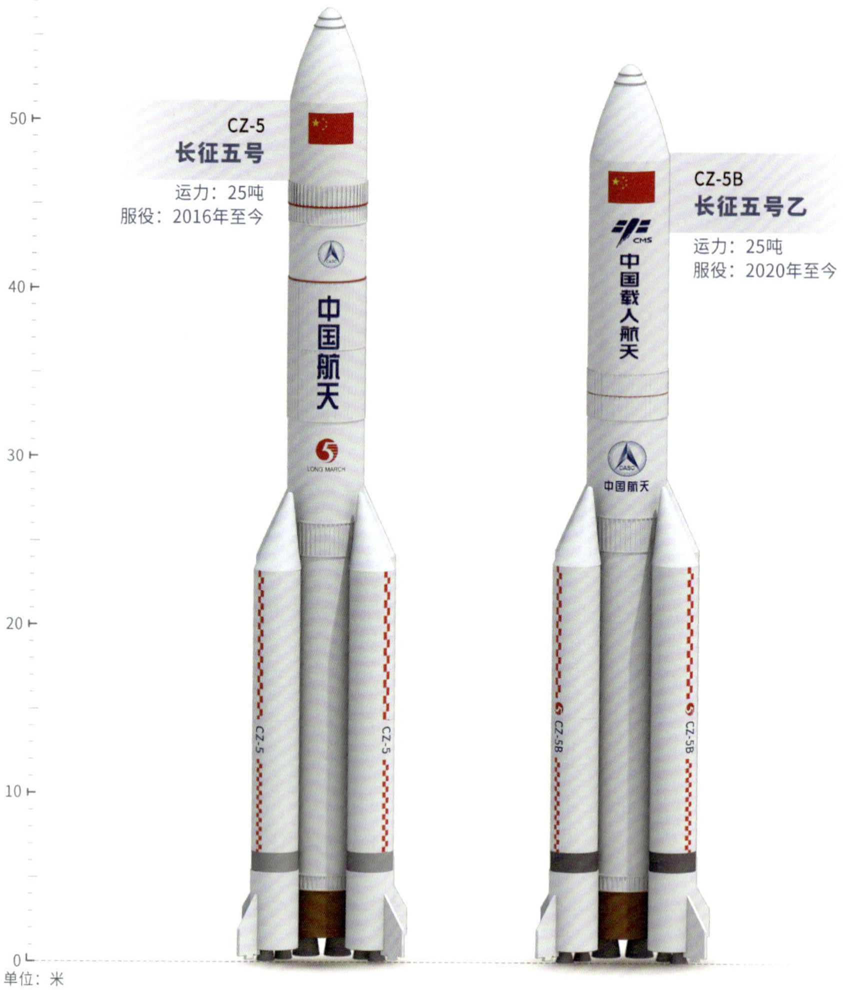
50
40
30
20
10
0
单位：米
CZ-5
长征五号
运力：25吨
服役：2016年至今
中国航天
CZ-5B
长征五号乙
运力：25吨
服役：2020年至今
中国载人航天
中国航天

◀ 长征五号、长征五号乙火箭示意图

中国文昌航天发射场的建成，为中国第一枚大型运载火箭——长征五号的发射提供了场地。长征五号虽然是两级半火箭，但它的高度达到了约 57 米，相当于一座近 20 层的高楼，几乎与现有的三级火箭不相上下，它的直径为长征七号的 1.5 倍，是名副其实的庞然大物，人送外号“胖五”。

此外，长征五号火箭中间的芯级完全改用“液氢 + 液氧”的低温推进剂，4 个助推器的发动机数量也翻倍，达到 8 个之多。起飞时，所有发动机将同时点火喷射，近地轨道载荷可达到 25 吨。这是中国迄今为止起飞质量最大、运载能力最强的火箭，在世界现役火箭阵营中，仅次于美国猎鹰重型运载火箭和德尔塔四号系列重型运载火箭，位列第三。

CHN
中国航天
CZ-5

2016 年 11 月 3 日，长征五号运载火箭在万众瞩目下首飞成功，并将卫星送往预定轨道。2020 年 7 月 23 日，我国首个火星探测器“天问一号”在长征五号遥四火箭的运载下，冲出地球，奔向火星。在未来的 30 年甚至更长的岁月里，长征五号还将参与到月球探测、火星探测等深空探测任务中，见证更多、更激动人心的中国航天历史时刻。

长征五号的出现，并不意味着中国超级火箭梦想的实现，中国人还有更远的目标需要达成。纵观世界航天，有史以来运载能力最强的火箭是美国的土星五号，它的近地轨道载荷高达近 130 吨，从 1967 年起，它便为阿波罗计划（即美国一系列载人登月飞行任务）保驾护航。虽然土星五号已经退役，但迄今没有任何一枚火箭能超越它的运载能力。

有如此卓越的“前辈”存在，中国的航天工程师自然没有停止追赶的脚步，预计在 2028 年到 2030 年，中国的重型火箭长征九号也将飞向太空。长征九号的总长将超过百米，是“胖五”的近 2 倍；近地轨道载荷更将突破 100 吨，是“胖五”的 4 倍有余。即便只在脑海中想象，也足以震撼人心。届时，它将承担起中国载人登月、火星取样返回，以及太阳系的其他行星探测等更加艰巨的任务。

大火箭蒸蒸日上，小火箭同样百花齐放。长征六号可以利用简易发射架快速发射，曾创造“一箭 20 星”的发射记录。长征十一号长度减至约 20 米，直径减至 2 米，可直接在海上平台进行发射。此外，众多民营火箭日趋成熟，可重复使用的火箭也在研制当中。

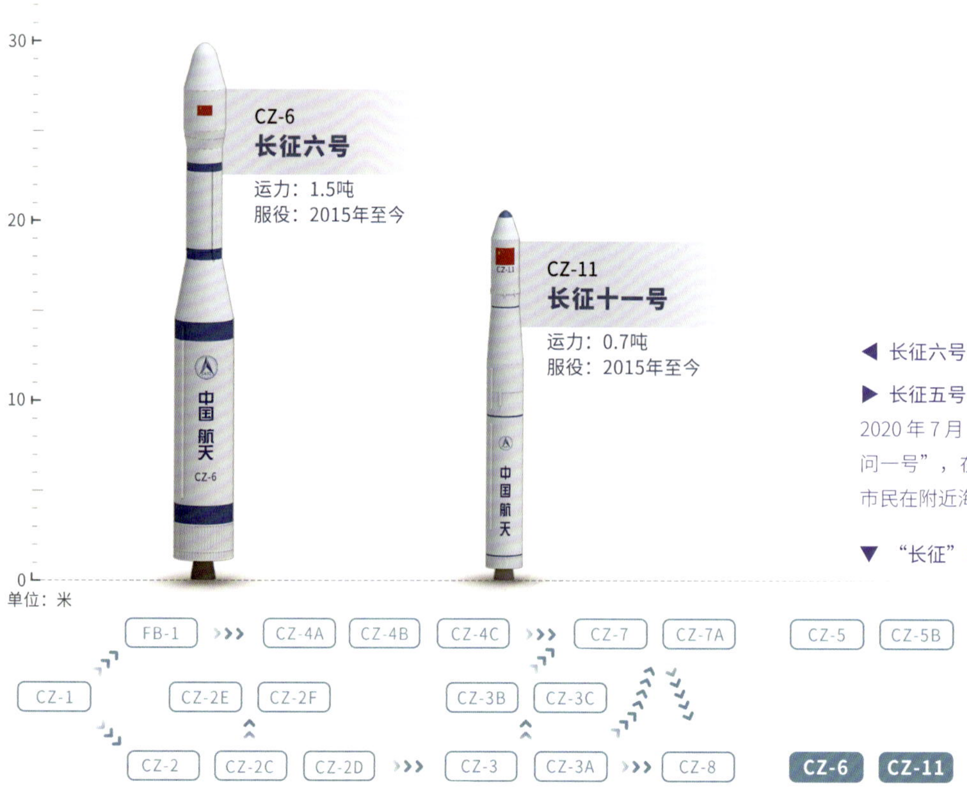
30
20
10
0
单位：米
CZ-6
长征六号
运力：1.5吨
服役：2015年至今
中国航天
CZ-6
CZ-11
长征十一号
运力：0.7吨
服役：2015年至今
中国航天
FB-1
CZ-4A
CZ-4B
CZ-4C
CZ-7
CZ-7A
CZ-5
CZ-5B
CZ-1
CZ-2E
CZ-2F
CZ-3B
CZ-3C
CZ-2
CZ-2C
CZ-2D
CZ-3
CZ-3A
CZ-8
CZ-6
CZ-11

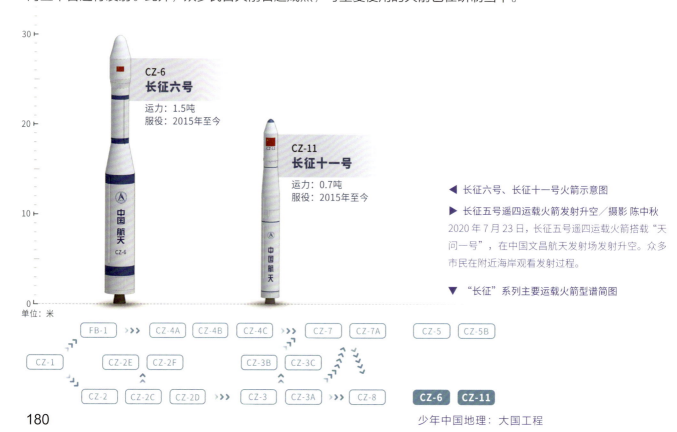

◀ 长征六号、长征十一号火箭示意图

▶ 长征五号遥四运载火箭发射升空／摄影 陈中秋

2020 年 7 月 23 日，长征五号遥四运载火箭搭载“天问一号”，在中国文昌航天发射场发射升空。众多市民在附近海岸观看发射过程。

▼ “长征”系列主要运载火箭型谱简图

▼ 长征二号 F 运载火箭升空／摄影 白龙

第4幕 漫漫征途

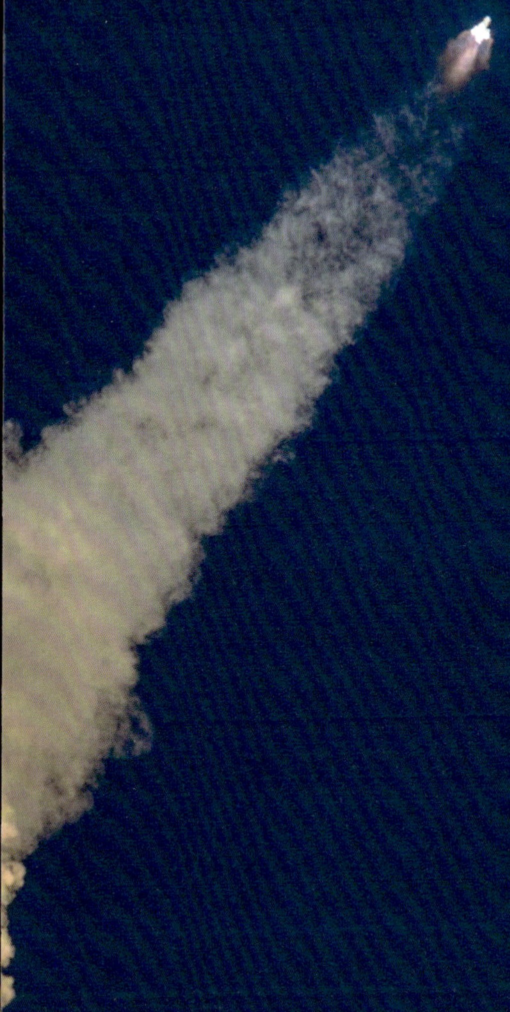

50 多年来，中国运载火箭队伍日益壮大。

每当天空之中又有一颗人造卫星升起之时，每当太空之中又有一艘飞船孤独前行之时，便意味着又有一枚运载火箭功成身退。它们无法陪伴卫星遥望地球，也无法陪伴载人飞船遨游太空。它们能做的只是将卫星与飞船安全地送入浩瀚无涯的宇宙。一旦达成目标，它们或消逝在大气之中，或坠落于荒野、大海。

但这就是它们的使命。科学的高峰需要经过一代又一代人的接力才能够翻越，探索太空同样如此。也正是这前赴后继的不断接力，才能让北斗列阵、嫦娥奔月、火星着陆、天宫建成、天问探火……让一个个中国人的浪漫梦想照进现实。

参考文献

1 中国铁路：锻造“钢筋铁骨”

[1]《中国交通年鉴》社 . 中国交通年鉴 2015[J]. 北京 : 中国交通年鉴社，2015.

[2]《中国铁路建设史》编委会 . 中国铁路建设史 [M]. 北京 : 中国铁道出版社，2003.

[3] 程国栋，吴青柏，马巍 . 青藏铁路主动冷却路基的工程效果 [J]. 中国科学 E 辑：技术科学，2009(1):16-22.

[4] 高铁见闻 . 大国速度：中国高铁崛起之路 [M]. 长沙 : 湖南科学技术出版社，2017.

[5] 国家铁路局 .2021 年铁道统计公报 [R/OL].(2022-04-28)[2022-06-30].http://www.nra.gov.cn/xxgk/gkml/ztjg/tjxx/hytj/202205/P020220507368793863244.pdf.

[6] 国家铁路局 . 中长期铁路网规划 [R/OL].（2016-07-13）[2019-01-31].https://zfxxgk.ndrc.gov.cn/web/iteminfo.jsp?id=366.

[7] 国家铁路局 . 中长期铁路网规划（2008 年调整）[R/OL].（2008-10-8）[2019-01-31].https://zfxxgk.ndrc.gov.cn/web/iteminfo.jsp?id=250.

[8] 国家铁路局 . 中欧班列建设发展规划（2016—2020 年）[Z/OL].（2016-10-19）[2019-1-31].https://www.crct.com/uploadfile/2017/1201/20171201813606.pdf.

[9] 国家统计局 . 国家数据 [DB/OL].[2021-04-19].http://data.stats.gov.cn/.

[10] 姜涛 .2019 年新亚欧大陆桥发展报告 [M]// 司晓宏，白宽犁，谷孟宾 . 丝绸之路经济带发展报告（2020）. 北京 : 社会科学文献出版社，2020:54-262.

[11] 拉巴平措，陈庆英 . 西藏通史 当代卷 [M]. 北京 : 中国藏学出版社，2015.

[12] 李海军 . 铁道概论 [M].2 版 . 成都 : 西南交通大学出版社，2018.

[13] 李红侠 . 京张高速铁路智能化技术应用进展 [J]. 铁道标准设计，2021，65(5):158-161.

[14] 卢春房 . 中国高速铁路 [M]. 北京 : 中国铁道出版社，2013.

[15] 马巍，程国栋，吴青柏 . 多年冻土地区主动冷却地基方法研究 [J]. 冰川冻土，2002(5):579-587.

[16] 铁道部机务局 . 铁路机车概要 [M]. 北京 : 中国铁道出版社，1990.

[17] 吴艳艳，王小丰 . 铁路行车组织 [M]. 成都 : 西南交通大学出版社，2016.

[18] 张鲁新，熊治文，韩龙武 . 青藏铁路冻土环境和冻土工程 [M]. 北京 : 人民交通出版社，2011.

[19] 张念椿，冯之浚 . 火车与铁道 [M]. 北京 : 科学出版社，1981.

[20] 张治中 . 中国铁路机车史 上 [M]. 济南 : 山东教育出版社，2003.

[21] 张治中 . 中国铁路机车史 下 [M]. 济南 : 山东教育出版社，2007.

[22] 赵勇，俞祖法，蔡珏，等 . 京张高铁八达岭长城地下站设计理念及实现路径 [J]. 隧道建设 (中英文)，2020，40(7):929-940，I0003-I0014.

[23] 赵永虎，米维军，韩龙武 . 青藏铁路路基防护技术研究现状与展望 [C]. 川藏铁路建设的挑战与对策——2016 学术交流会论文集 . 北京：人民交通出版社股份有限公司，2017:619-628.

[24] 中国铁道博物馆 . 中国铁道博物馆正阳门馆：中国铁路发展史掠影 [M]. 北京 : 中国铁道出版社，2012.

2 中国电力：14 亿人全民通电

[1]《第一次全国水利普查成果丛书》编委会 . 水利工程基本情况普查报告 [M]. 北京 : 中国水利水电出版社，2017.

[2]《中国电力年鉴》编辑委员会 .2021 中国电力年鉴 [M]. 北京 : 中国电力出版社，2022.

[3]《中国水力发电史》编辑委员会 . 中国水力发电史（1904—2000）: 第 2 册 [M]. 北京 : 中国电力出版社，2007.

[4] BP p.l.c.Statistical Review of World Energy 2022[R/OL].(2022-06-29)[2022-07-6]. https://www.bp.com/content/dam/bp/business-sites/en/global/corporate/pdfs/energy-economics/statistical-review/bp-stats-review-2022-full-report.pdf.

[5] 杜秀荣，唐建军 . 中国地图集 [M].2 版 . 北京 : 中国地图出版社，2011.

[6] 宫晓东，邢华，宫寿安 . 小浪底水库运用后黄河下游地区凌汛问题探究 [J]. 水利科技与经济，2009，15(12):1064-1065.

[7] 国家电网 . 特高压输电网络 [EB/OL].（2021-06-03）[2021-06-03]. http://www.sgcc.com.cn/html/sgcc_main/col2017041259/column_2017041259_1.shtml?childColumnId=2017041259.

[8] 国家发展和改革委员会 . 煤炭物流发展规划 [R/OL].（2013-12-30）[2021-08-03].https://www.ndrc.gov.cn/xxgk/zcfb/ghwb/201401/W020190905497734830840.pdf.

[9] 国家发展和改革委员会，国家能源局 . 电力发展“十三五”规划（2016—2020 年）[R/OL].（2016-11-07）[2019-07-13]. http://www.yzcity.gov.cn/attachment/cmsfile/cnyz/csgh/201612/daofile/46452b3bd331a39c54d6794f4422a29110aee.pdf.

[10] 国家核安全局 . 中国大陆地区核电厂分布 [Z/OL].（2020-05-30）[2021-07-15]. http://spi.mee.gov.cn:8080/spi/.

[11] 国家统计局 . 国家数据 [DB/OL].[2021-08-12].http://data.stats.gov.cn/.

[12] 国务院三峡工程建设委员会办公室 . 中国三峡工程 [M]. 武汉 : 湖北教育出版社，2002.

[13] 黄晞 . 中国近现代电力技术发展史 [M]. 济南 : 山东教育出版社，2006.

[14] 陆佑楣，曹广晶，等 . 长江三峡工程 (技术篇)[M]. 北京 : 中国水利水电出版社，2010.

[15] 吕元平 . 水利工程概论 [M]. 北京 : 水利电力出版社，1984.

[16] 钮新强，宋维邦 . 长江三峡水利枢纽通航建筑物设计 [J]. 人民长江，2003(8):58-62，66.

[17] 钮新强，宋维邦 . 船闸与升船机设计 [M]. 北京 : 中国水利水电出版社，2007.

[18] 濮洪九 . 中国电力与煤炭 [M]. 北京 : 煤炭工业出版社，2004.

[19] 钱显毅，沈明辉 . 风能及太阳能发电技术 [M]. 北京 : 北京交通大学出版社，2013.

[20] 王静爱，左伟 . 中国地理图集 [M]. 北京 : 中国地图出版社，2010.

[21] 曾培炎 . 西电东送 : 开创中国电力新格局 [J]. 中共党史研究，2010(3):5-13，F0002.

[22] 张廷克，李闽榕，尹卫平 . 中国核能发展报告（2021）[M]. 北京：社会科学文献出版社，2021.

[23] 赵畹君，曾南超 . 中国直流输电发展历程 [M]. 北京 : 中国电力出版社，2017.

[24] 中国电力企业联合会 . 中国电力行业年度发展报告 2022[R/OL].(2022-07-07）[2022-07-15]. https://www.cec.org.cn/upload/zt/2022ndfz/index.html.

[25] 中国电业史志编辑委员会 . 中国电力工业志 [M]. 北京 : 当代中国出版社，1998.

[26] 中国核能行业协会 .2020 年 1—12 月全国核电运行情况 [EB/OL].（2021-01-27）[2021-07-13].http://www.china-nea.cn/site/content/38577.html.

[27] 中国煤炭工业协会 . 2020 煤炭行业发展年度报告 [EB/OL].(2021-03-03)[2022-07-06].http://att.dahecube.com/f/210304/61aebf6c2e2674534b066b140ce0f0d6.

[28] 中国水力发电工程学会电网调峰与抽水蓄能专业委员会 . 抽水蓄能电站工程建设文集 2012[M]. 北京 : 中国电力出版社，2012.

[29] 中华人民共和国中央人民政府 . 中华人民共和国国民经济和社会发展第十四个五年规划和 2035 年远景目标纲要 [R/OL].(2021-03-13)

[2022-07-06]. http://www.gov.cn/xinwen/2021-03/13/content_5592681.htm.

[30] 中华人民共和国自然资源部 . 2020 年全国矿产资源储量统计表 [R/OL].(2021-11-22)[2022-07-08].http://m.mnr.gov.cn/dt/ywbb/202111/P020211122581854693756.pdf.

[31] 周建平，钱钢粮 . 十三大水电基地的规划及其开发现状 [J]. 水利水电施工，2011(1):407-414.

[32] 朱华 . 核电与核能 [M]. 杭州：浙江大学出版社，2009.

3 南水北调：惠及 1.4 亿人的超级工程

[1]《中国南水北调工程建设年鉴》编纂委员会 . 中国南水北调工程建设年鉴 2017[M]. 北京：中国电力出版社，2017.

[2] 北京市南水北调工程建设委员会办公室，北京市文物局 . 饮水思源——南水北调中线工程 [M]. 北京：燕山出版社，2015.

[3] 北京市水务局 . 北京水资源公报 [EB/OL].[2021-08-21].http://swj.beijing.gov.cn/zwgk/szygb/.

[4] 陈志康，谢波，郑光俊 . 南水北调中线一期水源工程丹江口大坝加高设计 [C]. 大坝安全与新技术应用 . 北京：中国水利水电勘测设计协会，2013:293-298.

[5] 杜秀荣，唐建军 . 中国地图集 [M].2 版 . 北京：中国地图出版社，2011.

[6] 国家统计局 . 国家数据 [DB/OL].[2021-06-14].http://data.stats.gov.cn/.

[7] 国务院办公厅 . 南水北调工程总体布局 [Z/OL].(2006-01-02)[2021-08-10]. http://www.gov.cn/ztzl/2006-01/02/content_145297.htm.

[8] 国务院南水北调工程建设委员会办公室 . 南水北调工程知识百问百答 [M]. 北京：科学普及出版社，2015.

[9] 联合国粮农组织 . 农业与水信息系统 [DB/OL].[2021-08-11].https://data.worldbank.org/indicator/ER.H2O.INTR.PC?end=2017&name_desc=false&start=2008&view=chart.

[10] 刘克传 . 江汉运河——引江济汉工程 [J]. 水电与新能源，2018，32(6):1-4，9.

[11] 水利部南水北调工程管理司，水利部南水北调规划设计管理局 . 中国南水北调工程效益报告 2020[R/OL].（2022-04-01）[2022-06-10]. http://nsbd.mwr.gov.cn/zw/gcgk/gczs/202204/P020220415565580543834.pdf.

[12] 王静爱，左伟 . 中国地理图集 [M]. 北京：中国地图出版社，2010.

[13] 文丹 . 南水北调中线工程焦点关注 [M]. 武汉：长江出版社，2010.

[14] 温荣平 . 河北省地下水超采及造成的危害和治理 [J]. 水利科技与经济，2015，21(12):10-12.

[15] 闫富有 . 地下工程施工 [M].2 版 . 郑州：黄河水利出版社，2018.

[16] 尹魁浩，袁弘任，廖奇志，等 . 南水北调中线工程对汉江中下游“水华”影响 [J]. 人民长江，2001(7):31-36，50.

[17] 中共中央党校理论研究室 . 历史的丰碑：中华人民共和国国史全鉴 5：经济卷 [M]. 北京：中共中央文献出版社，2005.

[18] 中华人民共和国生态环境部 .2021 中国生态环境状况公报 [R/OL].(2022-05-27)[2022-06-10]. https://www.mee.gov.cn/hjzl/sthjzk/zghjzkgb/202205/P020220608338202870777.pdf.

[19] 中华人民共和国水利部 .2021 年中国水资源公报 [R/OL].(2022-06-15)[2022-07-05]. http://www.mwr.gov.cn/sj/tjgb/szygb/202206/t20220615_1579315.html.

[20] 中华人民共和国水利部 . 2021 中国河流泥沙公报 [R/OL].(2022-07-04)[2022-07-06]. http://www.mwr.gov.cn/sj/tjgb/zghlnsgb/202207/t20220704_1583075.html.

[21] 中华人民共和国住房和城乡建设部 . 油气输送管道穿越工程设计规范 :GB50423-2013[S]. 北京：中国计划出版社，2014.

4 中国运载火箭：铸造“飞天神箭”

[1]《世界航天运载器大全》编委会 . 世界航天运载器大全 [M]. 北京 : 中国宇航出版社，1996.

[2] 陈闽慷，茹家欣 . 神箭凌霄：长征系列火箭的发展历程 [M]. 上海 : 上海科技教育出版社，2007.

[3] 陈善广 . 载人航天技术：全 2 册 [M]. 北京 : 中国宇航出版社，2018.

[4] 陈晓明 . 中国时刻： 40 年 400 个难忘的瞬间 1978—1988[M]. 济南 : 山东画报出版社，2018.

[5] 陈煜 . 中国生活记忆：追梦进程中的百姓民生 [M]. 北京 : 中国轻工业出版社，2016.

[6] 戴维 • 贝克 . 太空前哨基地：国际空间站大揭秘 : 图解版 [M]. 杜金龙，谢靖，译 . 北京 : 人民邮电出版社，2014.

[7] 邸乃庸 . 梦圆天路：纵览中国载人航天工程 [M]. 北京 : 中国宇航出版社，2011.

[8] 中国航天科技集团有限公司 . 发射记录 [Z/OL].[2021-08-19]. http://www.spacechina.com/n25/n142/n152/n657792/index.html.

[9] 亢建明 . 问鼎太空 : 中国航天“天路”征程全记录 [M]. 西安 : 陕西人民出版社，2015.

[10] 李成智 . 中国航天技术发展史稿 [M]. 济南 : 山东教育出版社，2006.

[11] 李选清，柳刚 . 问天之路：中国航天发展纪实 [M]. 上海 : 上海交通大学出版社，2018.

[12] 连懿，何龙，孟治国，等 . 基于场理论的“嫦娥 4 号”着陆区亮温时空分布特征研究 [J]. 深空探测学报，2018(1):27-33.

[13] 梁伟光，周文艳，雪丹，等 . 解析计算在月球中继卫星 Halo 轨道设计中的应用 [J]. 宇航学报，2016，37(10):1171-1178.

[14] 刘家騑，李晓敏，郭桂萍 . 航天技术概论 [M]. 北京 : 北京航空航天大学出版社，2014.

[15] 梅瑟施米德，伯特兰 . 空间站系统和应用 [M]. 周建平，等，译 . 北京 : 中国宇航出版社，2013.

[16] 穆山，蒲婷 . 航天发射场选址条件与场址勘选方法 [J]. 飞行器测控学报，2011，30(1):11-15.

[17] 牛顿 . 自然哲学的数学原理 [M]. 赵振江，译 . 北京 : 商务印书馆，2011.

[18] 冉隆燧 . 航天工程设计实践：全 2 册 [M]. 北京 : 中国宇航出版社，2013.

[19] 人民网 . 神舟十二号载人飞船发射成功 [Z/OL].（2021-06-18）[2021-08-16]. https://baijiahao.baidu.com/s?id=1702855475171962399&wfr=spider&for=pc.

[20] 任悦鸣 . 我国新一代运载火箭“长征”八号在中国文昌航天发射场首飞成功 [J]. 中国航天，2020(12):43.

[21] 孙泽洲，张廷新，张熇，等 . 嫦娥三号探测器的技术设计与成就 [J]. 中国科学 : 技术科学，2014(4):331-343.

[22] 王坤杰，赵仲丽，王喜存 . 遨游太空的航天材料 [M]. 兰州 : 甘肃科学技术出版社，2012.

[23] 吴伟仁，王琼，唐玉华，等 .“嫦娥 4 号”月球背面软着陆任务设计 [J]. 深空探测学报，2017，4(2):111-117.

[24] 吴沅 . 探月工程 : 人类探月为得月 [M]. 上海 : 上海科学技术文献出版社，2017.

[25] 吴子牛 . 空气动力学 [M]. 北京 : 北京航空航天大学出版社，2016.

[26] 新华网 . 天宫一号与神舟八号空间交会对接 [Z/OL].[2021-08-23]. http://www.xinhuanet.com/mil/zt/tiangong1/.

[27] 徐江华 . 航空航天概论 [M]. 北京 : 北京航空航天大学出版社，2015.

[28] 杨建中，满剑锋，曾福明，等 .“嫦娥三号”着陆缓冲机构的研究成果及其应用 [J]. 航天返回与遥感，2014，35(6):20-27.

[29] 杨建中，曾福明，满剑锋，等 . 嫦娥三号着陆器着陆缓冲系统设计与验证 [J]. 中国科学 : 技术科学，2014(5):440-449.

[30] 中国航天科技集团有限公司 .[Z/OL].[2021-07-21].http://www.spacechina.com/n25/index.html.

[31] 中国科学院月球与深空探测总体部 . 月球与深空探测 [M]. 广州 : 广东科技出版社，2014.

[32] 中国运载火箭技术研究院 .[Z/OL].[2021-01-04].http://www.calt.com/.

[33] 中国运载火箭技术研究院 . 天穹神箭：长征火箭开辟通天之路 [M]. 北京 : 中国宇航出版社，2008.

[34] 周建平 . 我国空间站工程总体构想 [J]. 载人航天，2013，19(2):1-10.

[35] 邹春梅 . 从嫦娥奔月到“天宫一号”[M]. 上海 : 上海科学普及出版社，2014.

图书在版编目（CIP）数据

少年中国地理．大国工程 / 星球研究所著．-- 长沙：湖南科学技术出版社，2023.1（2024.9 重印）
ISBN 978-7-5710-1840-5

Ⅰ．①少… Ⅱ．①星… Ⅲ．①地理—中国—少儿读物
Ⅳ．① K92-49

中国版本图书馆 CIP 数据核字 (2022) 第 189904 号

上架建议：地理 · 普及读物

SHAONIAN ZHONGGUO DILI.DAGUO GONGCHENG
少年中国地理．大国工程

著　　者：星球研究所
出 版 人：潘晓山
责任编辑：刘　竞
监　　制：毛闽峰
策划编辑：陈　鹏　史义伟
特约编辑：赵志华
特约审定：张志亮
营销编辑：杜　莎　刘　珣　焦亚楠
封面设计：郑伯容　鲁明静
版式设计：李　洁　鲁明静　王　巍
出　　版：湖南科学技术出版社
（湖南省长沙市芙蓉中路 416 号　邮编：410008）
网　　址：www.hnstp.com
印　　刷：北京中科印刷有限公司
经　　销：新华书店
开　　本：870mm × 1120mm　1/16
字　　数：208 千字
印　　张：11.75
版　　次：2023 年 1 月第 1 版
印　　次：2024 年 9 月第 4 次印刷
审 图 号：GS（2022）4746 号
书　　号：ISBN 978-7-5710-1840-5
定　　价：102.00 元

若有质量问题，请致电质量监督电话：010-59096394
团购电话：010-59320018